ISBN 978-0-260-71377-3
PIBN 10965852

This book is a reproduction of an important historical work. Forgotten Books uses
state-of-the-art technology to digitally reconstruct the work, preserving the original format
whilst repairing imperfections present in the aged copy. In rare cases, an imperfection in
the original, such as a blemish or missing page, may be replicated in our edition. We do,
however, repair the vast majority of imperfections successfully; any imperfections that
remain are intentionally left to preserve the state of such historical works.

SOCIÉTÉ ARCHÉOLOGIQUE

DE NANTES

BULLETIN

DE LA

SOCIÉTÉ ARCHÉOLOGIQUE

DE NANTES

ET DU DÉPARTEMENT DE LA LOIRE-INFÉRIEURE

Année 1904

TOME QUARANTE-CINQUIÈME

Iᵉʳ Semestre

NANTES

BUREAUX DE LA SOCIÉTÉ ARCHÉOLOGIQUE

1904

NOTE

———

Les études insérées dans le *Bulletin de la Société Archéolo-gique de Nartes et de la Loire-Irférieure* sont publiées sous l'entière responsabilité des auteurs.

BUREAU

DE LA

SOCIÉTÉ ARCHÉOLOGIQUE DE NANTES

ET DE LA LOIRE-INFÉRIEURE

MM. Léon MAITRE, O. I. ⚜   Président.

   le baron Christian DE WISMES
   Alcide DORTEL, O. I. ⚜   Vice-présidents.

   Joseph Senot DE LA LONDE
   Paul DE BERTHOU   Secrétaires généraux.

   le baron Gaetan DE WISMES
   Henri GOUSSET   Secrétaires du Comité.

   Édouard PIED, O. I. ⚜   Trésorier.

   Raymond POUVREAU   Trésorier-adjoint.

   Paul SOULLARD   Bibliothécaires-
   Joseph HOUDET   archivistes.

COMITÉ CENTRAL

MEMBRES A VIE

Anciens Présidents (1)

MM. le marquis DE BREMOND D'ARS MIGRÉ, ✳ (1884-1886 et 1899-1901).
   Henri LE MEIGNEN, O. A. ⚜ (1887-1889 et 1896-1898).

MEMBRES ÉLUS

MM. René BLANCHARD, O. A. ⚜
   l'abbé BRAULT   Sortants en 1904.
   TRÉMANT

   CHAILLOU, O. I. ⚜
   LEROUX   Sortants en 1905.
   Claude DE MONTI DE REZÉ

   le chanoine ALLARD
   l'abbé DURVILLE   Sortants en 1906.
   DE VEILLECHÈZE

---

(1) Les autres présidents de la Société ont été : MM. Nau (1845-1862),
† 4 juillet 1865; — le vicomte Sioch'an DE Kersabiec (1863-1868),
† 28 novembre 1897; — le chanoine Cahour, O. A. ⚜ (1869-1871),
† 7 septembre 1901; — l'intendant Galles, O. ✳ (1872-1874), † 11
août 1891; — Marionneau, ✳, O. I. ⚜ (1875-1877), † 13 septembre 1896;
— le baron DE Wismes (1878-1880), † 5 janvier 1887, — le vicomte DE
LA Laurencie. ✳ (1881-1883); — le marquis DE Dion, ✳ (1890-1892),
† 26 avril 1901; — DE LA Nicollière-Teijeiro, O. A. ⚜ (1893-1895),
† 17 juin 1900.

EXTRAITS

Des procès-verbaux des Séances

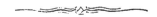

SOCIÉTÉ ARCHÉOLOGIQUE

DE LA LOIRE-INFÉRIEURE

Hôtel Dobrée

SÉANCE DU MARDI 12 JANVIER 1904

Présidence de M. Léon MAITRE, président

Etaient présents : MM. l'abbé BRAULT, CHAILLOU, CHARON, DORTEL, Roger GRAND, GUICHARD, HOUDET, LAGRÉE, Alcide LEROUX, LESAGE, l'abbé LESIMPLE, l'abbé MARBEUF, PIED, RÉVÉREND, RINGEVAL, DE SÉCILLON, SENOT DE LA LONDE, SOULLARD, DE VEILLECHÈZE, barons Chr. DE WISMES et Gaëtan DE WISMES.

Le procès-verbal de la séance précédente est lu et adopté après une légère rectification de M. SOULLARD.

M. LE DOCTEUR PLANTARD, présenté par MM. Bonet et Charon, est admis en qualité de membre titulaire.

M. LE PRÉSIDENT, qui a transmis à Mlles Seidler les condoléances de la Société à l'occasion de la mort de leur regretté père, donne lecture de la réponse émue qu'il en a reçue.

M. LE BARON DE WISMES communique une lettre par laquelle M. de Brémond d'Ars, notre ancien Président, nous invite à adhérer à la souscription que viennent d'ouvrir les

notabilités les plus distinguées de la Saintonge en vue d'élever
un monument à la mémoire de Louis Audiat, l'éminent
archéologue mort l'année dernière. La question sera soumise
au Comité qui statuera sur la demande de souscription dans
sa prochaine séance.

M. LE BARON DÉ WISMES, qui a eu la bonne fortune de
découvrir à la Bibliothèque publique de Nantes un *manuscrit
inédit de l'historien Chevas sur Sainte-Marie*, donne lecture
de ses principaux extraits qu'il accompagne de commentaires. L'auteur, après avoir fait la description géographique
du pays et donné d'intéressants renseignements sur la population, l'agriculture, le commerce, les finances et l'instruction, conte de piquantes anecdotes sur les traditions et
les superstitions encore en honneur à l'époque où il écrit.
La croyance aux sorciers et aux fées était encore très
répandue en 1843, et les habitants de la côte attribuaient à
leurs méléfices les événements malheureux, accidents ou
maladies, qui survenaient dans la contrée. Un chapitre spécial
est consacré à *l'ancienne église*, dont les chapiteaux intérieurs
et l'une des portes latérales présentaient de curieux détails
de l'architecture du XIIᵉ siècle, avec personnages et animaux
symboliques. M. de Wismes décrit également , d'après
Chevas, la fameuse *pierre tombale du Croisé* qui, longtemps
abandonnée aux injures du temps dans l'ancien cimetière, a
été pieusement recueillie et heureusement installée à demeure
dans l'église par M. l'abbé Boulas, le dévoué curé de Sainte-
Marie. L'identification du personnage sculpté ne fait plus
doute depuis que M. Maître a pu reconstituer l'inscription
gothique qui l'entoure, et le monument, au sujet duquel ont
été émises tant d'opinions , représente Guillaume des
Bretèches, seigneur de Saint-Viaud, qui prit part à la dernière
croisade de saint Louis et vivait encore en 1288. La plaque
de marbre, fixée à la base du tombeau par les soins éclairés
de M. l'abbé Boulas, assigne à l'œuvre elle-même la date du
XIVᵉ siècle, et cette attribution, justifiée par certains détails,
a été établie sans conteste par M. Vallet, notre collègue,
l'éminent statuaire nantais.

La seconde partie de cette intéressante étude, plus spécialement consacrée à l'histoire de l'abbaye de Sainte-Marie,
sera lue à la prochaine séance.

M. Senot de la Londe rend compte du résultat de ses recierces sur *les origines historiques de la châtellenie de Thouaré*. L'ancien fief des évêques de Nantes eut-il pour berceau, comme inclinerait à le penser son nom de *Tauriacum* mentionné dans les anciennes ciartes, un établissement romain à l'époque de la conquête ? Peut-être serait-il téméraire de l'affirmer. Mais ce qui paraît certain, c'est que dès les ixe ou xe siècles une agglomération importante se forma et se développa autour de la « Motte féodale » dont le nom a subsisté dans tous les titres jusqu'à la fin du xviiie siècle.

En 1254, Guillaume de Thouaré était possesseur de ce domaine, et en 1378 il appartenait à Jeanne d'Ucé, épouse de Briand de Montjean. Il passe ensuite aux d'Elbiest qui le conservent durant deux siècles. Thouaré devient alors un fief important « avec son manoir seigneurial, ses jardins, vergers, courtilz, bois, métairies, fuyes, garennes, mollins à eau et à vent, prés, terres arables, droit de pêcierie, ciaussée et écluse sur la Loire, et partie de l'île de Redressay ou du Haut-Bois ». Ses droits s'étendent sur le port et passage de la Ciebuette de l'autre côté du fleuve, ainsi que sur toutes les marciandises qui sont conduites par eau. D'ailleurs, il fait partie du temporel de l'évêque, et ses seigneurs doivent à leur suzerain le devoir de foi et iommage imposé au vassal.

Au commencement du xvie siècle le mariage de Marguerite d'Elbiest le fait passer dans la maison de Saint-Amadour ; puis l'alliance d'une dame de ce nom avec Ciarles de Bretagne, comte de Vertus et baron d'Avaugour, le fait entrer dans le domaine de la brancie cadette de nos Ducs. En 1633, Pierre d'Escoubleau, marquis de Sourdis et mari d'Antoinette de Bretagne, en devient possesseur ; sa fille Anne le vend en 1667 à Anne Descartes, veuve de Louis d'Avaugour et sœur du grand piilosopie. Enfin, Josepi Mosnier, seigneur de la Valtière et conseiller à la Ciambre des Comptes de Nantes, l'acquiert au commencement du xviiie siècle et le garde dans sa famille jusqu'en 1865.

Les seigneurs de Thouaré paraissent avoir subi d'assez mauvaise grâce la suzeraineté de l'Evêque, et la plupart des aveux conservés aux Arciives prouvent qu'en maintes occasions ils ciercièrent à s'y soustraire. Plusieurs de ces titres relatent en effet la destruction des piliers de naute justice élevés sur leurs terres au mépris de la juridiction épiscopale. En 1455, le refus d'hommage de Jean d'Elbiest à Guillaume de Malestroit engendra même un démêlé d'où faillit sortir la guerre entre Charles VII et le duc Pierre II. Arrêté pour forfaiture et jeté dans les prisons de l'Officialité, le vassal rebelle fit appel au Roi de la sentence qui le condamnait à 10.000 écus d'amende et prononçait contre lui et les siens la peine de l'excommunication. Charles VII évoqua l'affaire au Parlement de Paris qui, cassant le premier arrêt, déclara l'Evêque rebelle et lui infligea 20.000 livres de dépens. Aussitôt, Guillaume se pourvoit en Cour de Rome, et le duc Pierre, furieux qu'un de ses sujets ait osé recourir à la justice du Roi, menace celui-ci. Enfin le Pape met fin au débat et accorde les parties : l'arrêt du Parlement est annulé, et l'infortuné d'Elbiest, relevé par l'archevêque de Tours des censures portées contre lui, reçoit 3.000 écus de dédommagement.

En 1565, Charles IX, après avoir passé la Loire en bateau au port de la Chebuette, « s'arrêta, dit son chroniqueur Abel » Jouan, à Thoaret, qui est un joli petit chasteau, et y disna, » puis s'en vint prendre son chemin tout du long des grandes » prairies de Nantes, qui sont fort belles ».

Les Archives mentionnent l'existence de nombreuses dîmes appartenant au Chapitre de la Cathédrale sur la paroisse de Thouaré, et divers titres établissent la fondation, par les d'Elbiest, d'une chapellenie dite de Saint-Jean, à Saint-Pierre.

M. l'abbé MARBEUF donne ensuite lecture d'un mémoire à la forme littéraire impeccable, qui retrace avec fidélité *l'histoire de l'Ecole normale ecclésiastique des Hautes-Etudes.* Née de l'initiative généreuse et féconde de Mgr Fournier et fondée au lendemain de nos désastres à quelques pas du Petit-Séminaire, dans l'ancienne propriété de Mlle de la Pervenchère dont elle garda le nom, l'Ecole des Hautes-Etudes avait pour but de développer dans le jeune clergé les aptitudes pédagogiques, de donner aux prêtres appelés à l'enseignement la formation spéciale qu'exige le professorat, et de les préparer à l'obtention des grades universitaires. M. l'abbé Bouëdron, dont la vie avait été jusqu'alors consacrée à l'éducation, fut placé à sa tête ; un esprit droit, un jugement sûr, une critique toujours saine et avisée le désignaient entre tous à ce poste difficile. Sous son active impulsion, l'œuvre grandit et prospéra et bientôt la brillante pléiade littéraire sortie de cette maison alla répandre dans les établissements d'instruction du diocèse un lustre nouveau sur l'enseignement libre. Son succès suscita même des fondations similaires, et l'on vit M. l'abbé Pasquier, aujourd'hui Recteur des Facultés Catholiques de l'Ouest, venir prendre modèle sur l'Ecole des Hautes-Etudes de Nantes pour créer à Angers l'Ecole Saint-Aubin, berceau de la future Université d'Angers. Mais bientôt celle-ci naissait à son tour ; et quelques années plus tard les progrès de son développement, la nécessité d'assurer son recrutement, obligeaient l'Ecole de la Pervencière à fermer ses portes. En terminant, M. l'abbé Marbeuf ne peut taire ses regrets de voir sitôt disparue une œuvre qui dota le Diocèse de maîtres éminents dans l'art difficile d'enseigner.

La séance est levée à six heures.

Le Secrétaire géiéral,
J. SENOT DE LA LONDE.

SÉANCE DU MARDI 2 FÉVRIER 1904

Présidence de M. Léon MAITRE, Président

Etaient présents : MM. BLANCHARD, DE BOCERET, abbé BRAULT, DE BRÉVEDENT, CHAILLOU, CHARON, DORTEL, DE FRESLON, GUICHARD, DE HARGUES, HOUDET, LAGRÉE, DE LAUZON, TROCHON DE LORIÈRE, abbé MARBEUF, MICHEL, Claude DE MONTI DE REZÉ, Yves DE MONTI DE REZÉ, PIED, POUVREAU, RÉVÉREND, RINGEVAL, SÉCHEZ, DE SÉCILLON, SENOT DE LA LONDE, SOULLARD, TRÉMANT, DE VEILLECHÈZE, barons Ch. DE WISMES et Gaëtan DE WISMES.

Le procès-verbal de la séance précédente est lu et adopté.

M. CAZAUTET, présenté par MM. Séciez et Soullard en qualité de membre titulaire, est admis.

M. LE PRÉSIDENT dépose sur le bureau un exemplaire des *Mémoires de Lucas de la Championnière* sur les guerre de la

Vendée, offert par son petit-fils, M. Lucas de la Championnière, de Brains; et les *Vues et plans du vieux Nantes*, destinés à illustrer les premiers fascicules de l'ouvrage de M. l'abbé Durville, offerts par l'auteur. Il remercie chacun des aimables donateurs ainsi que le Révérend Père de la Croix pour l'envoi de sa photographie, d'une merveilleuse exactitude de ressemblance.

M. Charon présente une collection de haches en pierre provenant de Nouméa, et appartenant à M. le commandant Lagrée. En serpentine d'une grande finesse de grain, elles sont remarquables par leurs belles teintes et leur taille très régulière qui semble avoir été obtenue à l'aide d'un acide provenant de quelque plante du pays. M. Charon rapproche d'elles un lot de *celtæ* trouvées à Carnac et relève leurs points de ressemblance avec les premières.

M. Révérend exhibe également un fragment de tige en or très pur et très fin mesurant environ 20 centimètres de long et qui paraît avoir appartenu à une parure féminine. Cet objet a été trouvé par M. Libert, de la Roche-Bernard, à fleur de terre, près des ruines d'un ancien fort qui occupait le sommet de la colline située sur la rive droite de la Vilaine, en face de la ville, et désignée encore aujourd'hui sous le nom de *la butte du fort*.

M. Chaillou présente une cloche-sonnette en bronze, découverte en 1892 dans les fouilles du *balneum* de la villa romaine des Cléons, et faisant partie des collections du Musée, et la compare à une cloche japonaise acquise chez un marchand d'antiquités des grands boulevards, à Paris. L'objet ancien et son correspondant moderne présentent des traits communs : le métal et la forme sont identiques, et leur facture se rapproche sensiblement. L'une et l'autre ont été faites au tour, et martelées à l'intérieur afin de serrer les molécules de bronze et augmenter la puissance du son. La clochette gallo-romaine, d'un travail assez fruste, pèse 700 grammes; elle est ouverte au sommet, son marteau est oxydé et le son en est beaucoup plus grave que ne comporte son volume. Sa sœur d'Extrême-Orient, légèrement plus élevée, présente seulement un trou de suspension fort étroit, et son renfort est intérieur et non extérieur. Son poids, beaucoup moindre, n'accuse que 170 grammes. Elle est revêtue d'une peinture polychrôme et laquée, ornée de bandes circulaires de fleurs, décorée de courbes ellipsoïdes, et de grecques sur ses bords. Sa légèreté est extrême, et sa sonorité extraordinaire donne une vibration violente et claire, très différente de l'autre.

M. Caillou accompagne la description détaillée de ces spécimens de deux civilisations que dix-huit siècles séparent, d'intéressantes et judicieuses remarques sur l'intérêt de la méthode comparative pour l'étude de l'antiquité.

M. le Secrétaire général donne lecture des premiers chapitres d'une étude de M. l'ABBÉ BOURDEAUT sur *la paroisse et le clergé de Vieillevigne pendant la Révolution*. L'auteur, après avoir retracé la physionomie des prêtres qui exerçaient à Vieillevigne le ministère ecclésiastique, fournit d'utiles renseignements sur les familles nobles, les de Goulaine, Charbonneau, le Maignan de l'Ecorce, qui l'habitaient, ainsi que sur les principaux membres de la bourgeoisie de cette époque. Il indique ensuite l'état d'esprit de la population à la veille de la convocation des Etats-Généraux. Puis il entre dans le détail des événements dont la paroisse fut le théâtre pendant la Révolution et au cours de l'insurrection vendéenne. M. Alfred Lallié, notre érudit historien, dans une lettre communiquée à la Société, rend hommage à l'excellente méthode du mémoire, et à l'esprit d'exactitude qui préside à l'exposé des faits qui y sont relatés.

M. MICHEL, ingénieur des travaux de la ville, rend compte du résultat des fouilles pratiquées en 1902 à l'occasion de l'établissement du nouveau réseau d'égouts dans la Grande-Rue. Dans la section comprise entre la rue de Strasbourg et la rue du Château, la tranchée a révélé l'existence de petits murs légers, attestant, sans doute possible, l'époque romaine, restes probables de clôture de jardins de villas. Plus loin, entre le Pilori et la place du Change, apparut toute une série de piliers en briques, espacés régulièrement, destinés à supporter l'hypocauste d'un palais important situé à cet endroit. Près du passage Bouchaud s'étendait un large fossé, et auprès, un puits profond, donna des fragments de poterie, des seaux de bois, etc. Place du Change, plusieurs traverses de chêne et de hêtre, grossièrement équarries, ayant dû servir à l'établissement d'un passage à gué, furent mises à découvert, ainsi qu'un grand nombre de dents de sanglier. Mais des murs de l'enceinte romaine, signalée à cet endroit, on ne releva aucune trace. En face du bazar Sainte-Croix, les fouilles firent apparaître les vestiges de constructions anciennes, et à l'angle de la rue de la Poissonnerie, à deux mètres de profondeur, un rocier de schiste d'une extrême dureté et à paroi très polie. Enfin des abords du pont d'Orléans partaient trois chaussées pavées.

La trouvaille la plus intéressante est celle d'un vase intact en pierre noire orné dans sa partie médiane d'une bande circulaire de guillochures d'un joli dessin. Sa facture accuse la fin de la période gallo-romaine, ou effleure l'âge mérovingien. On a également découvert quelques haches celtiques brisées, des pièces de monnaie à l'effigie de Vespasien, et une stèle dont l'inscription effacée n'offre plus, à côté du croissant de Diane, que les mots : *et memoriæ*. Tous ces objets ont été déposés dans la cour de l'hôtel de Briord avant d'aller prendre place au Musée.

M. le BARON DE WISMES continue la lecture du manuscrit de l'historien Chevas sur *les origines religieuses de Sainte-Marie.* D'après l'écrivain, la fondation de ce centre chrétien et l'érection de sa primitive église doivent être attribuées à une colonie de moines qu'aurait laissés sur la côte saint Philbert, au moment de s'embarquer pour Noirmoutier. La découverte de plusieurs sarcophages coquilliers, de l'époque mérovingienne, aux environs des Grandes-Vallées, lors de l'ouverture de la route de Pornic en 1855, atteste en tout cas la haute antiquité religieuse de Sainte-Marie. Au xie siècle les moines de Saint-Sauveur de Redon y fondaient un prieuré, qui grâce aux riches dotations de Glévian comte de Bécon, et de l'évêque de Nantes, ne tarda pas à devenir florissant. A la suite d'une période troublée, les chanoines réguliers de Saint-Augustin succédèrent au xiie siècle aux Bénédictins, et conservèrent ce bénéfice pendant de longs siècles. La belle fuie qui subsiste est le seul vestige de l'antique demeure abbatiale. Chevas relève la liste de tous les Abbés, et donne l'état des rentes dont le prieuré jouissait dans la contrée.

La séance est levée à six heures.

Le Secrétaire général,
J. SENOT DE LA LONDE.

SÉANCE DU MARDI 1er MARS 1904

Présidence de M. le baron DE WISMES, Vice-Président

Etaient présents : MM. BLANCHARD, abbé BRAULT, DE BRÉ-
VÉDENT, CAZAUTET, CHAILLOU, CHARON, DORTEL, Henry
GOUSSET, Roger GRAND, GUICHARD, LAGRÉE, LEROUX, Claude
DE MONTI DE REZÉ, PIED, RÉVÉREND, RINGEVAL, SENOT DE
LA LONDE, P. SOULLARD, TROCHON DE LORIÈRE, DE VEILLE-
CHÈZE et baron G. DE WISMES.

Le procès-verbal de la séance précédente est lu et adopté,
après une observation de M. Chaillou qui établit, d'après le
bel ouvrage de M. Caillère, le *Trésor de l'Armorique*, que la
tige en or, présentée par M. Révérend dépendait d'une ceinture plutôt que d'un collier de femme.

M. VIGNARD, présenté par MM. Léon Maître et Roger
Grand, est admis en qualité de membre titulaire de la
Société.

Lecture est donnée de la lettre de démission de M. PALVA-
DEAU.

M. LE PRÉSIDENT dépose sur le bureau une brochure qui
traite de *découvertes confirmant un âge de cuivre en Armorique*, et remercie l'auteur, M. du Chatellier, au nom de la
Société. Il annonce ensuite que les ouvriers occupés à la
démolition de l'ancienne église des Jacobins, rue de Strasbourg, viennent de mettre à jour un cercueil en plomb au
milieu du chœur. Le propriétaire, M. Drouin, a fait immédiatement procéder à son ouverture en présence de plusieurs
membres de notre Société, qui ont soumis à l'examen des
médecins le squelette qu'il renfermait. On se demande si ces
restes ne seraient pas ceux de Simon de Langres élu évêque
de Nantes en 1365, et qui mourut en 1384 au couvent des
Frères Prêcheurs de notre ville après avoir résigné l'Epis-
copat.

M. L'ABBÉ BRAULT expose les raisons qui l'inclinent à dou-
ter quant à présent de l'identification proposée. Albert le
Grand et Travers attestent bien que le Prélat fut inhumé aux
Jacobins, mais l'emplacement que le premier assigne à son

enfeu ne correspond pas à la position du caveau. Le cercueil ne paraît porter aucune inscription, et la bière n'a révélé l'existence d'aucun vestige d'ornement ou d'insigne pontifical. Peut-être l'achèvement des fouilles permettra-t-il de conclure? Mais jusqu'à ce moment, et en l'absence de preuve et de document, il convient de réserver une opinion uniquement basée sur des présomptions impuissantes à fonder une certitude. L'échange d'observations auquel donnent lieu les réflexions de M. l'abbé Brault indique que son avis répond au sentiment de la majorité des membres de la Société.

M. Soullard communique le sceau d'une belle frappe de Renée d'Aunay, cousine de Joachim du Bellay, et qui fut abbesse d'Estival vers le milieu du xvie siècle.

M. Le baron de Wismes termine la lecture du manuscrit de *Chevas* sur *l'Abbaye et la Paroisse de Sainte-Marie*, et y joint d'intéressants commentaires. Dans cette dernière partie l'auteur étudie les transformations successives que subit le pays depuis la Révolution et nous initie aux détails de son histoire jusqu'en 1840. Organisée en commune en 1790, et menacée du partage de son territoire alors considérable, au profit du Clion et de Pornic, Sainte-Marie comptait alors 1300 habitants. Privée de curé à la suite des persécutions d'alors, son église fut spoliée en 1793 de ses vases sacrés et de tous les objets du culte que la municipalité dut envoyer au District. Son nom devenu suspect fut changé en celui de la *Roche-Pelletier*, dénomination empruntée à un point de la côte. Pour la protéger contre les attaques et le pillage des bandes armées qui guerroyaient aux alentours, divers postes furent créés et une garnison permanente établie à Chauvé. En 1795, les habitants qui avaient à maintes reprises réclamé le rétablissement du culte, obtinrent enfin que l'église rouvrit ses portes. La population jusque-là très pauvre, put alors s'adonner en toute sécurité aux travaux agricoles, que favorisa, en 1831, l'institution du comité des Marais de Haute-Perche. Amputée, en 1836, d'une fraction de son territoire en faveur de Pornic, Sainte-Marie à partir de 1840 a bénéficié du développement de sa station balnéaire, et sa prospérité depuis cette époque a sans cesse été grandissante.

M. Le Secrétaire général communique des extraits du travail de M. l'abbé Bourdeault sur la *paroisse et le clergé de*

Vieillevigne pendant la Révolution. Dans cette consciencieuse étude l'auteur expose longuement les difficultés et les troubles qui résultèrent de l'installation des curés assermentés à la place du clergé demeuré fidèle à l'Église.

Sous ce titre l'*île du Met et le combat de 1758*, M. DE BOCERET a recuilli un intéressant épisode d'histoire dont notre côte fut le théâtre. Le 14 septembre de cette année, trois vaisseaux anglais qui gardaient l'entrée de la Vilaine, vinrent s'embosser en face Piriac à la hauteur de l'île du Met que défendait une petite garnison de cinquante miliciens sous le commandement du capitaine Franval. Après une vigoureuse canonnade à laquelle le petit fort ne répondit que faiblement, le pavillon de France fut amené, et l'ennemi prit possession de l'île. Le fort n'avait pas souffert et l'auteur de la lettre, M. Branchu, de Guérande, qui raconte le fait à l'un de ses parents, s'étonne justement qu'il n'ait pas opposé une résistance plus sérieuse.

M. SENOT DE LA LONDE rend compte de l'excursion qu'il vient de faire à l'*Abbaye de la Chaise-Dieu* (Haute-Loire). Pour y conduire, la ligne de Clermont au Puy par Ambert et Arlanc, traverse une des contrées les plus pittoresques du réseau du P.-L.-M. Au sortir de la Limagne féconde, la voie ferrée s'engage dans les gorges de la Dore, que resserrent à droite et à gauche les montagnes du Livradois et du Forez, et dispute au torrent qui se tord en méandres infinis, un passage sans cesse obstrué par des roches et des talus abrupts. Au delà d'Olliergues le défilé s'évase en vallée, où Ambert s'étale coquettement, puis se referme à mesure que l'on gravit les pentes élevées du bassin de la Loire.

L'abbaye de la Chaise-Dieu, à 1.200 mètres d'altitude, sur un plateau froid et désolé, constamment balayé par les tourmentes de neige, présente une masse imposante et sévère qui s'harmonise à merveille avec la sauvage nature qui l'entoure. Son abbatiale, aujourd'hui église paroissiale, est considérée à juste titre comme le plus beau vaisseau gothique de l'Auvergne après la cathédrale de Clermont.

Fondé en 1043 par saint Robert, chanoine de Brioude, le monastère de la Chaise-Dieu, enrichi de privilèges par les Papes et de dotations importantes par nos Rois, devint bientôt l'un des plus florissants du Centre. Il compta, dit-on, jusqu'à trois cents moines, et ses possessions s'étendirent dans le Velay, le Vivarais et l'Auvergne. Ses cloîtres fournirent des évêques au Puy, à Clermont et à Lyon, et l'un de ses fils, Pierre Roger, gouverna l'Eglise au temps des Papes d'Avignon de 1342 à 1352, sous le nom de Clément VI. Visitée par Urbain II qui se rendait à Clermont prêcher la première Croisade, puis par Innocent II, la célèbre abbaye donna aussi l'hospitalité à François 1er. Parmi ses abbés, il convient de citer Jacques de Saint-Nectaire, Géraud de Monclar, Charles d'Orléans, Richelieu, Mazarin, Henri de la Rochefoucauld, François de Lorraine, et le dernier, le Cardinal de Rohan qui vint expier dans sa solitude la triste part qu'il prit dans l'affaire du Collier. Les Religieux l'accueillirent, paraît-il, avec défaveur, et refusèrent de le recevoir au cloître. Un jour cependant on dut lui en ouvrir les portes, et comme il gravissait péniblement les degrés, les moines le raillaient : « Allons, Monseigneur, du courage ! Encore un coup de collier ! »

L'Eglise avec ses piliers massifs, ses trois nefs d'égale hauteur, et ses lignes froides et dures, sans ornement ni sculpture, frappe l'observateur par son austère beauté. On retrouve là les caractères de cette architecture sobre, rigide et nue, chère aux moines du Moyen âge, et qui convenait si bien à l'esprit de mortification et de prière « des grands bâtisseurs » des XIIe et XIIIe siècles. La Tour Clémentine accotée à l'abside rappelle par sa couronne de créneaux et de machicoulis les nécessités de la défense. C'est là en effet qu'en 1562, les enfants de saint Robert s'enfermèrent pendant un mois pour résister aux assauts des bandes huguenotes du Baron des Adrets.

L'œil est malheureusement choqué dès l'entrée par un jubé du XVIIe siècle qui isole le chœur des moines du reste de l'édifice et empêche d'en embrasser les grandioses proportions. Mais les merveilleuses richesses qui le décorent ont vite effacé cette fâcheuse impression. Cent cinquante-six stalles dont l'admirable travail et l'infinie variété des sujets ne peuvent être comparés qu'aux boiseries de la cathédrale de Saint-Bertrand de Comminges, près de Luchon, garnissent l'enceinte réservée. Au milieu s'élève le tombeau du Pape Clément VI, dont la statue de marbre blanc porte la trace des mutilations que les Protestants infligèrent au monument. Une main sacrilège a brisé la figure, les mains et les pieds, et les quarante-quatre personnages rangés autour du Pontife comme une garde d'honneur, ont tous disparu.

Sur les murs sont appendus quatorze panneaux de tapisserie de soie des Flandres représentant la vie de Notre Seigneur et les scènes correspondantes de l'Ancien Testament. Leur valeur dépasse trois millions. Sauvées du vandalisme révolutionnaire par la piété des habitants qui les enfouirent en terre, elles viennent d'être l'objet de restaurations importantes à la manufacture des Gobelins. L'Etat les convoite, mais les paroissiens, nous dit M. le curé, ne consentiront jamais à s'en dessaisir.

La principale curiosité artistique de la Chaise-Dieu est la fameuse fresque connue sous le nom de *Danse Macabre.* Elle couvre le mur de clôture du chœur du collatéral Nord, et se développe à deux mètres au-dessus du sol sur une longueur de 26 mètres. Soixante personnages de grandeur presque naturelle, sont entraînés dans une ronde infernale par la Mort dont le hideux squelette touche successivement un pape ceint de la tiare, un empereur couronné, un patriarche, un chevalier, un prélat, un bourgeois, un bailli, un enfant, une châtelaine, un paysan, un page, un religieux, etc., etc. Cette composition étrange qui constitue un des plus rares et des plus curieux monuments de ce genre, ne porte ni date ni inscription. Par les détails du costume, il est permis de lui assigner pour âge le milieu du xve siècle. Les couleurs employées sont l'ocre jaune, l'ocre rouge, et une couleur gris sale pour les personnages et les draperies. Elle est attribuée à l'un des artistes que Jacques de St-Nectaire ou Pierre de Cianac fit venir d'Italie pour décorer l'abbatiale.

Un monumental buffet d'orgues, supporté par d'énormes cariatides, occupe l'entrée de la grande nef. Ses boiseries de style Renaissance, d'un admirable fini d'exécution, sont l'œuvre du célèbre Coysevox.

Un vaste cloître où l'arceau roman se marie à l'ogive, s'étend le long du bas côté sud. Des quatre galeries qui le composaient jadis, deux seules subsistent.

L'abbatiale de la Chaise-Dieu, commencée en 1344 par

ordre de Clément VI, coûta au Pontife 30.000 florins d'or environ 2 millions de notre monnaie. Sa construction, dirigée par Hugues Morel et Pierre de Cébazat, fut poussée avec activité et terminée en 1350. Aujourd'1ui, classée au rang des monuments 1istoriques, elle est, malgré son état de délabrement et d'abandon, un des édifices de l'Auvergne les plus dignes de l'attention du touriste, de l'archéologue et de l'artiste.

La Séance est levée à 6 1eures

Le Secrétaire Général,

J. SENOT DE LA LONDE.

SÉANCE DU MARDI 29 MARS 1904

Présidence de M. Léon MAITRE, Président

Etaient présents : MM. BLANCHARD, abbé BRAULT, CAZAUTET, CHAILLOU, CHARON, DORTEL, abbé DURVILLE, DE FRESLON, Henry GOUSSET, Roger GRAND, GUICHARD, Alcide LEROUX, Léon MAITRE, PORT, RÉVÉREND, SENOT DE LA LONDE, P. SOULLARD, DE VEILLECHÈZE, VIGNARD et baron G. de WISMES.

Le procès-verbal de la séance précédente est lu et adopté après une observation de M. CHAILLOU qui tient à faire remarquer que la définition et l'attribution de la tige d'or de M. Révérend qu'il a données, sont empruntées au bel ouvrage de M. Caillère, de Rennes, le *Trésor de l'Armorique.*

M. LE PRÉSIDENT présente les excuses de MM. le baron de Wismes et Pied, empêciés. M. PORT entretient la Société de l'intéressante découverte qui vient d'être faite sur les dunes de Saint-Brévin, à peu de distance du fort du Pointeau. Des ouvriers agricoles occupés à défricher un terrain situé sur le plateau de la Nicollerie, ont mis à jour sous une épaisseur de trois mètres de sable, superposé par couc1es de ton et de nature différents, la table d'un dolmen parfaitement intact. Le dégagement effectué a fait apparaître un dallage de pierres plates recouvrant l'intérieur du monument. Une épée en fer d'une époque difficile à préciser, une 1ac1e en pierre grise polie à grain très fin, et deux beaux silex remarquablement taillés ont été présentés à M. Port comme provenant du déblaiement ; mais le sous-sol jusqu'à présent n'a pas été fouillé. Demain une équipe de terrassiers, sous la surveillance de notre confrère, doit opérer des recherches qui pourront livrer des vestiges intéressants. Plusieurs de nos collègues se proposent de suivre ce travail.

M. LE PRÉSIDENT rend compte de ses démarches tendant à obtenir le dépôt à la Cathédrale, près du tombeau des Carmes, des restes de Françoise de Dinan. Le coffret de chêne destiné à les recevoir enfermerait également le procès-verbal relatant la découverte du cercueil et les circonstances qui l'ont accompagnée. Monseigneur a fait le meilleur accueil au désir qui lui a été exprimé au nom de la Société ; le Ministère des Cultes va être saisi de l'affaire, et tout fait espérer sa prompte solution.

M. l'abbé DURVILLE rectifie les erreurs commises par du Paz et Albert le Grand sur certaines clauses et la date du testament de la Princesse. Son décès survint le 3 ou 4 janvier 1499 (nouveau style) et non 1498 comme l'ont avancé certains auteurs. La maison de Chateaubriand (aujourd'hui rue de Briord) dont elle fit donation à Jean de Proisy, son troisième mari, reconstruite plus tard, devint au XVIIe siècle l'hôtel de la Papotière, et fut habitée ensuite par les Barrin. Connu de nos jours sous le nom d'hôtel Cheguillaume, il a été récemment acquis par la Ville.

M. CHAILLOU, dont le domaine des Cléons (Haute-Goulaine) a déjà livré tant de richesses archéologiques décrites avec la science éprouvée de notre éminent confrère, présente à la Société *une monnaie d'or mérovingienne* qui vient d'y être mise à jour. Cette découverte mérite d'autant plus d'être signalée qu'elle vient confirmer l'opinion qu'avait fait naître l'apparition, à la suite du cyclone du 17 juillet 1890, de divers vestiges révélant la superposition d'un établissement mérovingien à la station gallo-romaine des Cléons. Une carrière de calcaire qui dut être exploitée pour l'extraction des cercueils retrouvés au cimetière Saint-Donatien, lors de la construction de l'église dédiée aux martyrs nantais, atteste en effet le travail de l'homme à cette époque.

La médaille en question, véritable petit bijou, d'une réelle beauté de frappe et d'une irréprochable conservation, est le *triens Gabalorum* bien connu. (Le pays des Gabales, ancien Gévaudan, correspond au département de la Lozère). Il existe au Cabinet des Médailles, et se trouve reproduit et décrit dans l'Annuaire de la Société Française de Nusmimatique et d'Archéologie, tome VII, année 1883, à l'article *monnaies mérovingiennes du Gévaudan* Il porte une tête diadémée à tranche perlée à droite, devant le profil une branche renversée à trois feuilles lancéolées; au revers un calice à deux anses surmonté d'une croix pattée avec guirlande de feuillage au pourtour, et la légende ELAFIVS MONETAT. Ce nom du monétaire *Elafius* permet de le dater du premier tiers du VIIe siècle ou de la fin du VIe. Son poids est de 1 gramme 25 centigrammes.

Il a été trouvé, l'année dernière, à 500 mètres de la voie romaine et de la carrière, dans le clos du Roger; au même endroit, quatre autres pièces de même dimension en bronze, dont deux soudées ensemble par l'oxyde de cuivre, furent également mises à jour, puis malheureusement perdues par la suite.

M. Roger GRAND, dans une brillante causerie, retrace d'après des documents la plupart inédits, les dernières opérations militaires et les circonstances qui entourèrent la mort de du Guesclin. Jusqu'ici l'histoire ne possédait sur les derniers temps du fameux connétable que des renseignements fort succincts : le récit du Trouvère Cuvelier, la chronique de Froissard, celles des quatre derniers Valois et du duc de Bourbon, le *Parvus Thalamus* de Montpellier, fournissaient seuls quelques données peu précises, obscures sur plus d'un point, et souvent contradictoires. Les registres des comptes consulaires de Saint-Flour et de Montferrand ont permis à notre collègue, durant son séjour en Auvergne, de reconstituer fidèlement cette période de la vie du grand capitaine.

C'était au moment où Charles V projetant d'annexer la Bretagne, s'apprêtait à lutter contre le Duc. Le Connétable ne voulant pas tirer l'épée contre sa patrie, n'avait consenti à conserver sa charge que sur les supplications de la Cour, quand une occasion s'offrit heureusement à lui de servir la France tout en restant Breton.

Des bandes de routiers, à la solde des Anglais, infestaient l'Auvergne, le Gévaudan et le Velay. Leurs hordes redoutables brûlant et rançonnant la campagne, s'emparaient des châteaux qui commandent la contrée, s'y fortifiaient et de là fondaient sur les villes voisines. Clermont, Saint-Flour et Aurillac, également menacées, firent appel à la vaillance de du Guesclin pour châtier ces pillards et délivrer le pays.

Le 10 Juin 1380 il est à Clermont où il arrête le plan de ses opérations. Chaliers et Carlat en Haute-Auvergne, et Châteauneuf de Randon dans le Gévaudan servent de places fortes à l'ennemi et vont être investies. Son écuyer part immédiatement pour Saint-Flour porteur d'instructions aux consuls qui doivent convoquer les gens de guerre, réunir l'artillerie et veiller à la fabrication des poudres et des pots à feu.

Le 21 Juin l'armée à laquelle se sont jointes les milices de toute la Province et que commandent sous sa haute direction le duc de Berry et le maréchal de Sancerre, vient mettre le siège devant Chaliers. Six jours durant l'artillerie bat la place, puis l'assaut est donné et les assiégés capitulent le 27.

Dès le lendemain du Guesclin levait son camp et allait s'établir sous les murs de Châteauneuf de Randon. Le siège était commencé et d'après la tradition, le capitaine anglais désespérant de ses propres forces avait promis de se rendre si dans douze jours la ville n'était secourue.

Sur les entrefaites le Connétable tombe malade, empoisonné disent les uns, atteint de la dyssenterie selon les autres. Le mal s'aggravant on le transporte mourant au fort de Chaliers où il rend l'âme le 13 ou le 14 juillet 1380, et non le 18 comme l'avancent la plupart des historiens.

La légende a popularisé la scène fameuse : le gouverneur, fidèle à la foi jurée, serait venu le douzième jour remettre les clefs de la forteresse au chef français, et les déposer sur le cercueil du grand batailleur.

Son corps fut transporté au Puy d'abord, où ses intestins, recueillis dans une urne furent déposés aux Jacobins; puis à Montferrand près de Clermont, où l'on dut faire bouillir ses chairs dans l'eau chaude; le squelette réclamé par Charles V alla prendre place à Saint-Denis à côté des tombes royales; enfin le cœur repose à Dinan dans l'Église Saint-Sauveur.

M. Révérend communique deux délibérations des Registres du Général de la paroisse d'Arzal (Morbihan) qui relatent un curieux épisode de la vie provinciale du xviiie siècle.

Les seigneurs de Broël qui avaient à Arzal droit de haute, moyenne et basse justice, possédaient dans l'église près du chœur une chapelle à leur usage exclusif. Or, un jour de l'an 1761 elle fut encombrée de bancs, de coffres et d'armoires si bien que le Seigneur ne put y trouver place.

Aussitôt par l'organe de leur procureur fiscal, les châtelains protestent et requièrent l'enlèvement du mobilier d'église qui masque la vue du sanctuaire et le Général accueille la réclamation et ordonne d'y donner satisfaction.

Mais le Recteur fit, paraît-il, la sourde oreille; du moins laissa-t-il dans la chapelle un pupître de dimension plus qu'ordinaire. Alors l'affaire tourne au tragique. Devant le Général convoqué de nouveau le 30 Janvier 1762, l'avocat du Seigneur se plaint que la porte de communication de la chapelle au sanctuaire ait été fracturée et une partie du mobilier indûment replacée. En vain le Recteur essaie d'intervenir et veut se justifier. L'avocat lui coupe la parole et l'oblige à se taire.

Dans un débat si critique, quel parti vont prendre les notables? Grand embarras et cruelle énigme! Enfin une seconde délibération condamne le pupître à réintégrer la sacristie.

Qu'advint-il? Le lutrin sans doute s'obstina à envahir la place, et force fut au seigneur de Broël de se pourvoir en Parlement pour obtenir enfin la libre jouissance de sa chapelle.

La séance est levée à 6 heures.

Le secrétaire général,

J. Senot de la Londe.

SÉANCE DU MARDI 3 MAI 1904

Présidence de M. Léon MAITRE, président

Etaient présents : MM. René BLANCHARD, abbé BRAULT, DE BRÉVEDENT, CAZAUTET, DORTEL, Roger GRAND, GUICHARD, HOUDET, Alcide LEROUX, E. PIED, POUVREAU, SENOT DE LA LONDE, P. SOULLARD, TROCHON DE LORIÈRE, DE VEILLECHÈZE, VIGNARD, barons C. r. et G. DE WISMES.

Le procès-verbal de la séance précédente est lu et adopté sans observation.

M. le PRÉSIDENT dépose sur le bureau une lettre de M. le Secrétaire général de la Société des Antiquaires de Normandie (Caen), qui accuse réception des Bulletins de notre Compagnie et annonce l'échange de nos publications. Il fait aussi part du décès de M. Oheix père, mort à Savenay le 23 avril dernier. M. Oheix était membre de notre Société depuis 1886, et bien qu'éloigné habituellement de nos séances, il s'intéressait vivement à ses travaux.

M. DORTEL communique un joli portrait de M. l'abbé Fournier curé de Saint-Nicoles, représentant du Peuple à l'Assemblée de 1848, dessiné par Courtois ; — une série de belles photographies d'un coin ignoré du vieux Nantes, la Cour Richard, située près de la rue de l'Héronnière ; — et une gravure en couleurs représentant Jean IV à son lit de mort chargeant le connétable de Clisson de la garde de ses enfants.

M. l'abbé BRAULT annonce qu'il a découvert à la Bibliothèque du Grand-Séminaire un bréviaire du XVIIIe siècle dont les marges contiennent d'intéressantes notes sur l'histoire du couvent et de l'église des Jacobins. Notre confrère donne ensuite lecture du procès-verbal de la découverte des restes de Françoise de Dinan. Après avoir indiqué l'emplacement qu'occupait le cercueil de la Princesse et l'aspect qu'il présentait, le rapport signale l'état du squelette, puis l'hypothèse émise au sujet de son identité ; il constate ensuite comment l'inscription déchiffrée le 22 mars dernier par M. P. Soullard, bibliothécaire de la Société archéologique, a mis fin à toute les contreverses, et établi irrévocablement que ces ossements étaient bien ceux de la belle-sœur du duc François Iᵉʳ, plus tard épouse de Guy XIV de Laval et gouvernante de la Duchesse Anne. Cet acte, signé par tous les Membres présents lors de l'exhumation et de l'ouverture du cercueil, doit être transmis au Ministère des Cultes par les soins de M. le Président, à l'appui de la demande du transfert de ces restes dans la Cathédrale.

M. le baron Gaëtan DE WISMES rend compte de l'excursion faite le 30 mars dernier, en compagnie de MM. Dortel et Port, au dolmen découvert l'hiver dernier dans les dunes de Saint-Brévin, sur un terrain appartenant à M. Lesueur, de Paris. Ce monument, situé à 8 ou 900 mètres de la mer, derrière le Casino, est constitué par une table mégalithique, mesurant 80 centimètres d'épaisseur reposant sur six ou huit pierres de support, dont quelques-unes se sont infléchies sous son énorme poids. La fouille, exécutée en présence de nos confrères, n'a donné aucun résultat important, et a simplement mis à jour des débris de poterie noire et de menus morceaux de silex. Cette circonstance incline MM. Maître et Dortel à penser que le dolmen dut être violé à une époque déjà ancienne, et le mobilier qu'il recélait, dispersé.

M. DE VEILLECHÈZE donne lecture de notes très documentées sur l'histoire de Saint-Mars de Coulais. Le territoire de cette paroisse se trouvait anciennement enclavé dans la vaste forêt de Machecoul qui en côtoyant le lac de Grandlieu, s'avançait jusqu'à Bouguenais, et renfermait plusieurs châtellenies. La plus importante avait son siège au bourg même sur les bords du Tenu. Le château de Saint-Mars, construit au xvᵉ siècle, montre encore entre la rivière qui baigne ses murs et la jolie église moderne située derrière, ses fenêtres à pignons aigus et ses couronnements de croisées moulurés, et ornés de feuillages. La cour intérieure présente un pavillon hexagonal en saillie sur lequel on remarque un écusson incliné, décoré d'attributs que l'effritement ou les mutilations empêchent de définir. Possédé jusqu'à la fin du xiiiᵉ siècle par les seigneurs de Saint-Mars, il fit plus tard partie du domaine royal de la Vicomté de Loyaux, passa vers 1707 dans la maison des Boux de Casson qui le conservèrent jusqu'à l'extinction de la Féodalité, puis entra par alliance dans la famille de Monti de Rezé. Pendant les troubles de la Ligue, Mercœur l'attaqua et s'en rendit maître.

La seigneurie des Couëtis, qui appartint également à René, conseiller au Parlement de Bretagne, puis à Martin Boux, dépendait aussi de Saint-Mars. Son château dont les fondations s'aperçoivent encore au ras du sol devant un vaste jardin entouré de murs et à l'extrémité duquel se trouve l'ancienne chapelle bien conservée près d'une belle futaie, fut entièrement détruit par l'incendie à la fin du xviiie siècle. Ses terres, appelées aujourd'hui la Basse-Cour, furent acquises en 1779 par Pierre Lucas de la Championnière, conseiller à la Cour des Comptes de Bretagne, et sont demeurées la propriété de ses descendants. C'est là que le 10 mars 1793 la famille du jeune chef vendéen, compagnon et lieutenant de Charette, vint trouver un refuge. Elle y demeura cachée, le jour au milieu des roseaux du lac, la nuit dans les bâtiments de la ferme, jusqu'au mois d'octobre de cette année, puis quitta sa retraite pour passer la Loire à la suite de l'armée royaliste, et disparut tout entière dans la déroute du Mans (10 décembre 1793).

Les registres paroissiaux fournissent d'utiles renseignements sur les principales familles du pays, et les archives départementales signalent les événements dont Saint-Mars fut le théâtre à l'époque de la Révolution. La paroisse prit part au soulèvement de la contrée, plusieurs maisons furent incendiées par les colonnes républicaines, et un grand nombre de ses habitants arrêtés, allèrent peupler les prisons de l'Entrepôt et du Bouffay. Un détachement commandé par MM. de Bruc et de Jasson y livra bataille à des troupes de ligne, venues de Nantes, et au cours de la lutte les deux chefs vendéens perdirent la vie. Enfin c'est à Saint-Mars qu'au début de l'hiver 1795, Bureau de la Bâtardière, ayant réussi au prix de difficultés inouïes à passer le lac à Bouaye, s'aboucha avec Charette et entama les négociations qui devaient aboutir à la Pacification de la Jaunais.

Dans un mémoire savamment présenté, M. Alcide Leroux étudie le *Chatellier industriel de Vieux-Castel*, situé sur le territoire de Langonnet, canton de Gourin (Morbihan), et relève avec une impeccable sûreté de critique les preuves de l'existence et de l'importance de cet établissement. Tout près d'une enceinte

limitée sur une de ses faces par les bâtiments de la ferme
d'Ar'Castel et qu'entourent des douves et des fossés pro-
fonds, s'élèvent des monceaux considérables de briques et de
tuiles demi-circulaires; de nombreuses excavations ouvertes
dans le sol environnant où foisonne l'argile, indiquent les
carrières d'où les potiers gallo-romains extrayaient la
matière première employée à la fabrication de leurs produits. A peu de distance et à fleur de terre se rencontrent en
quantité prodigieuse des débris dont la nature accuse incontestablement l'origine et la date.

L'opinion des auteurs qui voudraient voir dans cette espèce
de camp retranché les vestiges d'un poste militaire destiné à
assurer la domination des conquérants de la Gaule semble
devoir être écartée. L'enceinte du Vieux-Castel de Langonnet fut
établie pour protéger l'atelier qui s'y était installé contre les
attaques des pillards ou des malfaiteurs, et y mettre en
sûreté son outillage et ses matériaux. Sa situation au centre
d'une contrée riche, bien cultivée et très peuplée, à peu de
distance de deux cités importantes de l'ancienne Armorique,
Vorganium (Carhaix), capitale des Osismii et Sulim (Caston-
net), enfin sa proximité de la grande voie romaine reliant
Tours à Brest par Condevincum, attestent la place importante que le Chatellier de Langonnet dut occuper dans la vie
économique du pays. Pour achever de s'en convaincre il
suffit de constater que sur une étendue de plusieurs hectares le sol est jonché de débris, de tuiles et de briques,
provenant des fours dont l'emplacement ne pourrait être
déterminé qu'à l'aide de fouilles méthodiques. On en trouve
dans les sillons, dans les douves des fossés qui séparent les
champs, et jusque sur les chemins d'exploitation de la
ferme. Les monticules artificiels qui s'élèvent sans symétrie
près de l'enceinte et qui forment une masse qu'on ne peut
évaluer à moins de 3 à 400 mètres cubes, en renferment des
amas considérables, et l'on y rencontre toutes les formes
que l'art gallo-romain a revêtues dans ce genre d'industrie.
Enfin les noms bretons des champs eux-mêmes rappellent
tous le travail qui probablement durant de longs siècles se
pratiqua sur ce point. Les excavations profondes que
présente le terrain permettent d'estimer à environ 100 mille
mètres cubes la quantité d'argile sortie de ces trous.

M. Leroux pense que les matériaux produits par l'atelier de Langonnet durent être utilisés aux constructions de Vorganium, qui n'en est distant que de six lieues, et peut-être de Sulim et de Dariorigum ; et il assigne, comme terme à la durée de fonctionnement de ses ateliers, le milieu du Vᵉ siècle, c'est-à-dire l'époque où les grandes invasions détruisirent les établissements de l'ancienne Gaule.

M. le baron DE WISMES communique à la Société une notice que M. le marquis DE BRÉMOND D'ARS, notre ancien Président, vient de consacrer à *la mémoire de M. de Meyronnet-Saint-Marc*, un des membres les plus distingués de l'Académie d'Aix-en-Provence, et mort dans cette ville le 21 février dernier, à l'âge de 81 ans. M. de Saint-Marc que M. Brémond d'Ars avait connu durant son séjour dans le Midi, y vivait entouré d'une légitime popularité, méritée par son noble caractère, ses hautes qualités et son inépuisable charité. Poète délicat, il avait écrit un charmant volume de vers, *Légendes de Bretagne*, où il sut traduire avec émotion le charme pénétrant des légendes et des vieilles traditions de notre Province.

La séance est levée à 6 heures.

Le Secrétaire général,

J. SENOT DE LA LONDE.

SÉANCE DU MARDI 7 JUIN 1904

Présidence de M. le baron de WISMES, vice-président

Présents : MM. l'abbé BRAULT, CAZAUTET, DORTEL, Alcide LEROUX, abbé LESIMPLE, docteur PLANTARD, SENOT DE LA LONDE, P. SOULLARD, TROCHON DE LORIÈRE, DE VEILLECHÈZE, Félix VINCENT et baron G. DE WISMES.

Le procès-verbal de la séance précédente est lu et adopté sans observation.

M. le docteur Georges Halgan, présenté par MM. Roger Grand et Félix Vincent, MM. Furret, architecte et Dominique Caillé, présentés par MM. P. Soullard et Dortel, sont admis en qualité de membres titulaires.

M. le PRÉSIDENT communique une lettre d'invitation au Congrès de la Société Française d'Archéologie qui doit avoir lieu au Puy du 21 au 28 juin prochain ; – et annonce que les fouilles d'Antinoë ont amené la curieuse découverte d'une sorte de *guignol égyptien.* Cet exemplaire, unique jusqu'à ce jour d'un théâtre enfantin dont l'origine remonte ainsi à la plus haute antiquité, est actuellement exposé aux galeries du Petit-Palais des Champs-Elysées.

M. le baron G. DE WISMES présente deux *photographies des ruines de la Pénissière,* où le 6 juin 1832 se livra un furieux combat entre un bataillon de ligne et une petite troupe royaliste ; — ainsi qu'une petite statuette en cuivre doré, provenant des ruines de l'ancienne église des Jacobins, rue de Strasbourg.

M. P. SOULLARD exhibe une *urne de plomb en forme de cœur,* découverte au même endroit dans le courant du mois dernier, et qui dut renfermer le cœur de Pierre Bernard de la Turmelière, maire de Nantes de 1615 à 1617, et décédé en 1618, comme l'atteste l'inscription gravée sur une de ses faces, et soigneusement relevée par notre confrère avec l'écusson qui l'accompagne. Dérobée par un ouvrier du chantier et déposée chez un marchand d'antiquités de la place Bretagne, l'objet a été restitué à son propriétaire, M. Drouin, qui l'a offert au Musée où il est actuellement exposé. Mais l'urne ne contient plus le dépôt qui lui avait été confié et une ouverture, pratiquée sans doute à l'aide d'un ciseau sur tout un côté, a laissé échapper le cœur de l'ancien Maire de Nantes.

M. DORTEL donne lecture d'un article d'un journal local qui relate une intéressante *découverte de MM. de Kerviler et Le Pontois* dans le domaine de Kerusseaux-en-Quéven, près de Lorient. Ces Messieurs ont, au cours d'une fouille pratiquée dans un tumulus, mis à jour deux galeries mégalithiques parallèles de deux mètres de hauteur, renfermant *deux chambres sépulcrales* de dimensions jusqu'alors inconnues. A côté d'ossements humains, les savants y ont trouvé des poignards et couteaux en silex, des 1ac1es en fibrolite et des poteries sp1ériques. L'un d'eux estime que l'édification de ce monument remonte à deux mille ans avant notre ère.

M. le Président soumet à l'examen de nos collègues un remarquable *coffret* garni de c1agrin rouge, gaufré et orné d'un semis régulier de fleurs de lis d'or et de couronnes royales alternées surmontant la double initiale P9. Cette cassette, en parfait état de conservation et digne de figurer dans nos Musées nationaux, paraît avoir appartenu à P1ilippe d'Orléans, frère de Louis XIV ou au Régent. Sa facture et le style de ses ornements accusent en effet la fin du xviie siècle ou le commencement du xviiie. Il est aujourd'1ui la propriété de M. Jalaber. Un second coffret en fer finement gravé, de l'époque Renaissance et présentant une serrure d'un mécanisme compliqué et fort ingénieux, fait également partie de sa collection.

M. le Secrétaire général annonce la proc1aine publication du *Bulletin du 1er Semestre 1904*, et communique une lettre de M. l'abbé Bourdeaut, vicaire à Vieillevigne, qui prépare une nouvelle étude sur l'histoire de cette paroisse.

M. Alcide Leroux ac1ève la lecture de son intéressant mémoire sur le *Châtellier industriel de Langonnet*, et présente à la Société plusieurs spécimens de briques provenant de cet important atelier. Toutes les variétés qu'a produites l'art gallo-romain durent y être fabriquées, briques à rebord, tuiles d'enfaîteaux (*imbrices*), carreaux pour pavés (*tesseres*), et carreaux épais (*lateres*) ; un grand nombre offre des irrégularités qui semblent le résultat d'une déformation antérieure à la cuisson. Mais l'industrie qui se pratiqua dans cet établissement, fut certainement limitée à cette production, et ne s'appliqua point à la poterie proprement dite. L'abondance de l'argile sur toute la surface du territoire de Langonnet, la proximité de la Forêt centrale où les ouvriers pouvaient aisément s'approvisionner du bois nécessaire à la cuisson, expliquent d'ailleurs le c1oix de l'emplacement. L'exécution de fouilles mét1odiques permettra sans doute de reconnaître la situation précise des fours de cuisson, que la présence de quantité de pierres vitrifiées semble déjà déterminer assez exactement. Quant à l'importance de l'atelier, elle est démontrée par l'énorme amoncellement de ses débris et de ses produits rebutés couvrant plusieurs hectares, qui atteste du même coup la longue durée de son activité. Ses matériaux durent être employés non seulement à la construction des deux villas dont les restes apparaissent encore à Langonnet, mais surtout à tous les travaux de la grande cité armoricaine voisine, Vorganium, la capitale des Osismes, et peut-être de Sulim et de Dariorigum, sur le territoire des Vénètes. L'invasion des Bretons insulaires au milieu du ve siècle amena sa destruction.

M. P. Soullard présente et décrit une monnaie bretonne provenant de sa collection, d'un type nouveau et inconnu à ce jour. C'est *un écu d'or à la couronne de François II*, qui dut être frappé à Nantes en 1465, époque à laquelle Louis XI reconnut au Duc de Bretagne le droit de battre monnaie d'or ainsi que ses prédécesseurs l'avaient fait. Son examen révèle cette double particularité : au droit la couronne est entourée de la cordelière ; au revers la légende habituelle *Deus in adjutorium meum intende* est remplacée par cette autre, inusitée jusqu'alors : *Benedicta sit sca Trinitas*.

Sous ce titre : *Un Breton nommé membre résident d'une Société savante cinq ans après sa mort*, M. le Baron Gaëtan de Wismes présente une intéressante relation de l'hommage posthume rendu à la Tour d'Auvergne, le 30 mars 1805, par l'Académie Celtique, devenue depuis, la Société nationale des Antiquaires de France et dont on vient de fêter le centenaire. Les Mémoires de cette Compagnie (1) ont fourni à notre érudit confrère les éléments de son travail, et lui ont permis de remettre en lumière et de reconstituer dans leur exactitude historique tous les détails de cette glorification singulière du premier Grenadier de France.

A la séance d'ouverture, le 9 germinal an XIII, et après un discours du secrétaire général qui reporta à la Tour d'Auvergne l'honneur d'avoir créé le mouvement d'études des antiquités celtiques, M. Mangourit exalta les mérites de son œuvre scientifique. Avec le style pompeux de l'époque, il le montra recherchant et étudiant à travers auteurs anciens, monuments, littératures primitives, histoire et légendes, le souvenir et les actes des ancêtres, et fixant le résultat

(1) Tome Ier, Paris, Dentu MDCCCVII. Pages 29, 30 et 37.

de ses investigations dans son beau livre : *les Origines Gauloises*. Et pour honorer et perpétuer la mémoire du véritable fondateur de l'archéologie celtique, l'orateur proposa d'adapter au règlement intérieur de l'Académie les prescriptions de l'ordre du jour adressé à l'armée par le général Dessoles, lors des obsèques du héros d'Oberhaüsen. La Compagnie vota d'acclamation la proposition de M. Mangourit et décida qu'à l'avenir le nom de la Tour d'Auvergne figurerait en tête de ses membres; que lors des appels, son nom serait appelé le premier; et qu'à la première séance publique l'effectif des académiciens résidents serait porté à 82, chiffre correspondant à l'effectif de la Compagnie dont il faisait partie à la 46e demi-brigade de Grenadiers. A la page 1 des Mémoires de l'Académie Celtique, immédiatement après la liste des dignitaires du Bureau, on lit en effet :

Membres de l'Académie.

Résidents.

La Tour d'Auvergne-Corret, mort au champ d'honneur.

Ainsi, ajoute M. de Wismes en terminant, « comme *soldat* le héros d'Oberhaüsen fut simplement *continué* au lendemain de sa mort sur les contrôles de sa Compagnie; comme *savant* l'auteur des *Origines gauloises* fut *créé* cinq ans après sa mort membre résident d'une société nouvelle : apotéose rarissime, probablement unique! »

M. le baron DE WISMES donne lecture de notes et *papiers domestiques concernant la famille Bonamy*. En dehors de l'intérêt généalogique, on y trouve de précieuses indications pour l'histoire de notre ville. D'ancienne origine, comptant douze générations d'ancêtres tous nés à Nantes, les Bonamy y ont en effet occupé d'importantes charges publiques. Arthur fut capitaine du château de Nantes au XIVe siècle ; Jehan, trésorier de la duchesse Anne en 1481; et un acte autographié par l'historien Travers, conféré « à Robert Bonamy fils d'autre Robert Bonamy et de Guyonne Taupier, la charge de contre-garde des monnoyes », le 20 novembre 1580.

M. l'abbé BRAULT signale les curieuses notes marginales qu'il a relevées sur un bréviaire du XVIIIe siècle, de la Bibliothèque du Grand Séminaire. Elles mentionnent les principaux événements de l'histoire de l'Eglise et du Couvent des Jacobins. Citons entre autres : la pose de la première pierre de l'Eglise par le Seigneur de Vitré, en 1228; la donation de la vieille Monnaie de Nantes par Jean IV, en considération de l'évêque Simon de Langres, religieux de l'Ordre, en 1365; la fondation de la confrérie de la Véronique par Jean V, le 6 septembre 1413; l'incendie du Couvent, en 1410; la tenue du chapitre général à Nantes, ou 1.600 religieux de l'Ordre se trouvent réunis, en mai 1453; la fondation de l'Ecole de théologie, le 28 juin 1491, etc.

La séance est levée à six heures.

Le Secrétaire général,

J. SENOT DE LA LONDE.

CONCOURS TRIENNAL

Il a été décidé qu'une Médaille d'or et un Diplôme seront décernés, tous les trois ans, à l'auteur de la meilleure communication intéressant le département de la Loire-Inférieure et l'ancien diocèse de Nantes.

Le titulaire sera désigné à l'Assemblée générale d'après un rapport dressé par un jury également nommé par elle.

Le cinquième Concours est actuellement ouvert et sera clos le 1ᵉʳ novembre 1904. Le jury sera nommé à la séance de ce mois, et lira son rapport à celle de décembre. La médaille et le diplôme seront remis au lauréat dans la séance solennelle de janvier.

MÉMOIRES

LA CATHÉDRALE DE NANTES

PRÉCIS HISTORIQUE

Quelle a été la première église construite, à Nantes ?
Cette question a soulevé bien des controverses, et il n'est
pas facile d'y répondre. Cependant, en nous rappelant
les usages des premiers cırétiens et en tenant compte
d'ancienne traditions, nous pouvons former sur ce point
quelques conjectures vraisemblables.

Les premiers cırétiens se réunissaient de préférence
en deıors des villes, pour attirer le moins possible l'attention des païens ; aussi la tradition nantaise qui place
à Saint-Similien la première église cırétienne, est-elle
très admissible. D'après Travers (*Hist. ecclés. de la ville
et du comté de Nantes*, I, pp. 66-68), ce serait l'évêque
Eumelius, prédécesseur immédiat de saint Félix, qui
aurait fondé Saint-Pierre de Nantes et y aurait transporté son siège épiscopal. Nous n'avons aucune raison
de repousser cette tradition qui paraît bien fondée.

Les fouilles de Saint-Similien nous ont montré les
restes d'une église du vıe ou vııe siècle, sans doute élevée
sur l'emplacement du petit oratoire qui servit de temple
aux premiers cırétiens, et qui n'était, selon l'usage,
qu'une dépendance de quelque maison particulière.

Qu'y avait-il à la place de la magnifique basilique,
construite d'abord par Eumelius, puis par saint Félix
(550-582 environ), sous le vocable de saint Pierre et
saint Paul ? Rien ne peut nous le faire savoir. Peut-être
ce monument a-t-il succédé à quelque temple païen.
Quoi qu'il en soit, saint Félix, notre grand évêque, est

le véritable fondateur de la cathédrale Saint-Pierre de Nantes, qu'il termina ou reconstruisit avec une grande magnificence. Fortunat (Edit. Nisard, livre III, épîtres 6 et 7) nous donne de ce monument une description célèbre, mais dans laquelle il faut faire une grande part à l'emphase et à l'exagération poétiques.

D'après le texte de Fortunat, l'église, *machina trina*, aurait compris trois nefs, forme habituelle de la basilique antique, et les quelques débris qui nous en restent, conservés au Musée Archéologique, nous prouvent qu'elle était garnie de superbe marbre blanc, sculpté avec un grand goût. Ces débris consistent principalement en un chapiteau, imité du chapiteau corinthien, et en un fragment de pilier cannelé en spirale : ils nous donnent une idée du luxe de l'édifice, sur lequel Fortunat s'étend avec autant de complaisance que peu de clarté.

Au ixe siècle, les Normands ruinèrent entièrement cette belle église qui fut sans doute réparée à la hâte, entre la première et la seconde prise de Nantes par ces pirates, c'est-à-dire entre 843 et 929. La *Chronique de Nantes* ne nous donne pas de détails sur les restaurations que dut certainement y faire Alain Barbe-Torte, après 937, alors que ce prince prit soin de reconstruire l'église de Notre-Dame, voisine de la cathédrale. Nous savons même, par l'histoire de la ridicule erreur d'un évêque de son temps, que le clocher de Saint-Pierre était alors terminé par une boule de cuivre : l'évêque avait démoli le clocher, pour s'emparer de cette boule qu'il croyait d'or (Voir *Chron. de Nantes*).

L'évêque Guerech (981-988) reconstruisit ou du moins fit d'importantes réparations à Saint-Pierre.

Puis, les renseignements nous font défaut jusqu'à l'évêque Benoît de Cornouaille (1079-1114) qui semble avoir rebâti entièrement la cathédrale, et dont les travaux ont subsisté jusque de nos jours.

Beaucoup de nos contemporains ont pu admirer le

curieux chœur roman, dû à ce prélat, et qui ne disparut que vers 1840 ; tous, nous avons connu la coupole supportée par les piliers romans, qui abrita le maître-autel de la cathédrale jusqu'en 1885.

L'amorce d'une coupole voisine ayant été reconnue, au cours des travaux de démolition qui commencèrent en 1885, il est permis d'en conclure que l'église de Benoît de Cornouaille était couverte d'une série de coupoles, une par travée. Cette particularité est d'un grand intérêt, et constitue un exemple, peut-être unique, de l'influence du style roman périgourdin dans notre pays.

D'ailleurs, ce système de couverture offrait un grand avantage : il évitait la lutte contre la redoutable poussée des voûtes, écueil des architectes de l'époque romane. Chaque coupole, en effet, reposait solidement sur les piliers de la travée qu'elle recouvrait.

Quant au chœur de Benoît de Cornouaille, il était orné de sculptures capricieuses et riches, de colonnes avec chapiteaux à rinceaux compliqués et figures grotesques. L'*Histoire de Nantes* de Guépin nous en présente une eau-forte par Hawke, fort intéressante, malgré son manque de précision.

A la même époque remontait le cloître ou *cour Saint-Jean*, démoli à partir de 1839, pour faire place au bras Nord du transept, et dont les piliers et chapiteaux étaient identiques à ceux de la coupole romane que nous avons connue. Une eau-forte de Hawke, dans l'*Histoire de Nantes* de Guépin, en conserve le souvenir, ainsi qu'une autre eau-forte assez rare, signée *Henry Dubern, 1834*.

Mais il est un autre reste de la cathédrale de Benoît de Cornouaille, que nous avons pu considérer à loisir en 1884, et qui a été l'objet de vives discussions.

Nous voulons parler de la crypte, malheureusement peu accessible aujourd'hui, et dont on trouvera le plan, la coupe et les détails dans un des volumes de notre *Bulletin*.

Au premier coup d'œil, on pouvait constater une ressemblance frappante entre les colonnettes de cette crypte et les piliers de la coupole romane qui abritait alors le maître-autel de la cathédrale. Les colonnettes de la crypte n'étaient qu'une réduction de ces piliers. Ils étaient aussi identiques, quoique de bien moindre taille, aux piliers de l'ancienne *cour Saint-Jean* : mêmes chapiteaux grossiers et sans ornements, de la forme dite *cubique*, mêmes *pattes* s'avançant sur les moulures des bases. Il était donc naturel de donner la même date à ces trois parties de la vieille cathédrale. Jamais personne, à notre connaissance, n'ayant contesté l'attribution à Benoît de Cornouaille de la coupole du vieux chœur et de la *cour Saint-Jean*, on devait en conclure tout d'abord, croyons-nous, que la construction ou la reconstruction de la crypte était due au même évêque.

Il y a plus : la présence des *pattes* sur les bases des colonnettes, est un des caractères de la période s'étendant entre le milieu du xie siècle et le milieu du xiie. Les auteurs les plus autorisés, Caumont, Quicherat, Viollet Le Duc, sont formels sur ce point (Voir les articles *pattes* et *griffes*, dans le *Dictionnaire* de Viollet Le Duc), et leur opinion, appuyée sur une quantité immense d'observations, ne saurait être combattue sans nouvelles découvertes.

Benoît de Cornouaille ayant gouverné le diocèse et reconstruit la cathédrale entre 1079 et 1114, aucun de ses successeurs n'y ayant fait de travaux importants, nous croyons donc établi que la crypte de Nantes, dans son état actuel, a été construite par cet évêque, en même temps que le reste de l'édifice.

Ce fut d'ailleurs, nous a-t-on assuré, l'opinion formulée par Viollet Le Duc lui-même, appelé tout exprès de Paris par Mgr Fournier, lors du premier déblaiement de la crypte, en 1874.

Toutefois, qu'il y ait eu d'abord, à la même place, une autre crypte plus ancienne, et même que l'on ait placé dans cette crypte, à une certaine époque, les reliques de saint Gohard, nous ne nous refusons point à l'admettre, à titre d'hypothèse vraisemblable.

La cathédrale de Benoît de Cornouaille présentait deux parties distinctes par l'ornementation : 1° le chœur très orné ; 2° la nef et le cloître Saint-Jean, très simples et à chapiteaux tout unis. Sans doute, le chœur fut construit le premier, selon l'usage, et l'on dut renoncer, par économie, à donner la même ornementation à la nef.

Dans son ensemble, l'édifice était une production de l'époque romane à sa plus belle période, d'une bonne construction et d'un style sobre et grave. Les Nantais s'y assemblèrent pendant des siècles, et nous n'hésitons pas, quant à nous, à en déplorer la disparition.

Aucun monument du xve siècle, si grandiose et si élégant qu'il soit, ne peut présenter l'intérêt d'une cathédrale de la fin du xie siècle, bien complète, telle qu'était la nôtre.

Le colossal Saint-Pierre de Rome, avec toutes ses splendeurs et ses proportions inusitées, n'empêchera jamais les vrais archéologues de regretter la vieille basilique, contemporaine des premiers empereurs chrétiens, qu'il a remplacée et dont la valeur documentaire et architecturale ne peut être compensée par celle d'aucune œuvre de la Renaissance.

Jusqu'en 1434, peu de changements à constater dans la cathédrale de Nantes. Seule, la tour du transept lui fut ajoutée. Commencée en 1208, cette tour ne fut continuée qu'au xive siècle, et terminée seulement au xve, d'ailleurs réparée à plusieurs reprises, à la suite de divers incendies.

Elle a été gravée par Hawke dans l'*Histoire de Nantes* de Guépin, et on en trouvera encore une gravure au trait, très exacte, dans *Nantes et la Loire-Inférieure* (Charpentier, 1850). Elle ne disparut que peu après 1874, au cours des travaux de Mgr Fournier.

Enfin, vers le premier tiers du xve siècle, notre

cathédrale romane devenant malheureusement trop petite pour l'affluence croissante des fidèles, le duc Jean V résolut de la reconstruire. La nef gothique fut commencée en 1434, sous la direction de Mathelin ou Mathurin Rodier ; mais les travaux n'avancèrent qu'avec une extrême lenteur. En 1457, le portail n'était encore monté que jusqu'à la naissance des voûtes. A la base de la tour du Sud, s'ouvrait une élégante claire extérieure, murée depuis le milieu du XVIIIe siècle, mais dont les traces et surtout la porte d'entrée sont encore aujourd'hui très reconnaissables.

La façade de Saint-Pierre, avec ses deux tours, n'a été terminée qu'au début du XVIe siècle. Elle a été l'objet d'une très belle eau-forte, par Hawke, reproduite en réduction dans l'*Histoire de Nantes* de Guépin.

Les voûtes de la nef ne furent posées qu'en 1628. Le bras Sud du transept, commencé en 1632, était terminé, sauf ses voûtes, en 1637 ; et les deux premières travées Sud du nouveau chœur furent construites par Elie Brosset, entre 1650 et 1657. Nous ferons remarquer que, pour cette partie, contrairement aux habitudes du temps, on copia le style du XVe siècle de la nef, au lieu de bâtir à la manière du XVIIe ; et ce fait constitue une rare exception aux usages des anciens architectes qui travaillaient ordinairement dans le goût du jour, sans s'inquiéter du style des parties plus anciennes de l'édifice. Seules, deux galeries à balustres, sur la face interne du bras Sud du transept, nous empêchent d'oublier qu'il a été élevé au milieu du XVIIe siècle.

La grande façade de style Louis XIII, séparant le vieux chœur roman de la nef gothique, que nous avons tous connue et que l'on appelait improprement le *jubé*, a bien, en réalité, servi d'abord d'encadrement à un *jubé* dont Dubuisson-Aubenay (II, p. 52) nous donne une intéressante description. Ce *jubé* et son gigantesque cadre furent construits entre 1616 et 1628, par Christophe Prandeau ; peut-être même y fit-on encore quelques

travaux en 1659. En 1733, les cıanoïnes le firent disparaître ; mais l'encadrement substitua jusqu'en 1885. On
en trouvera une gravure au trait, dans les *Archives
curieuses* de Verger.

En 1628, on avait orné l'intérieur de la coupole
romane qui surmontait le maître-autel, de peintures qui
subsistaient encore en 1884, bien que fort endom-
magées.

En 1733, l'intérieur de la catıédrale subit diverses
modifications assez malıeureuses, imputables au Chapitre lui-même. On démolit le *jubé*, on cıangea de place
le tombeau de Jean IV, et avec si peu de soin que les
ouvriers purent piller les objets curieux qu'il contenait.
Ils se les disputèrent si violemment que l'église fut
polluée par le sang de l'un d'eux, ce qui nécessita une
cérémonie expiatoire.

Un plan du chœur de la catıédrale avant les remanie-
ments de 1733, a été publié par notre confrère, M. de
Lisle du Dréneuc, dans ses *Monuments des Ducs de Bretagne* (Associat. Bret., congrès de Saint-Pol, 1888). Le
grand plan de Nantes par Nicolas Portail, conservé aux
Arcıives de la Ville, nous donne le plan de la cathédrale, en 1739. Nous l'avons reproduit au tome II de
l'*Itinéraire de Bretagne* par Dubuisson-Aubenay.

Toutefois, au début du xixe siècle, d'importantes por-
tions de la catıédrale romane de Benoit de Cornouaille,
subsistaient encore, à savoir : le chœur et le cloître ou
cour Saint-Jean.

De 1838 à 1844, la construction du bras Nord du transept, par M. Seheult, fit disparaître la très curieuse *cour
Saint-Jean.*

La première pierre des travaux d'achèvement de la
catıédrale, qui devaient amener la démolition du chœur
roman, fut posée par Mgr de Hercé, le 3 septembre 1840,
et vers 1855, les murs de l'abside s'élevaient déjà à une
certaine ıauteur, sous la direction de M. Nau, le premier président de notre société.

Longtemps interrompus, et après bien des efforts et des péripéties de diverse nature, les travaux furent repris par Mgr Fournier, en 1874, et c'est alors que disparut la tour du transept de la vieille église. Ils s'arrêtèrent encore jusqu'en 1884, marcıèrent dès lors rapidement, et le nouveau chœur fut livré au culte à la fin de 1891.

Le défaut de table analytique rend très difficiles les recıercıes dans les trois volumes de l'*Histoire de Nantes* par Travers, ouvrage si précieux et contenant tant de renseignements. Nous croyons être utile à nos confrères, en plaçant ici le n° des pages de Travers présentant des passages concernant Saint-Pierre, son cimetière et sa place : I, pp. 75-78, 127, 128, 150, 153, 156, 158, 159, 180, 206, 222, 309, 407, 459. 467, 511, 515, 521, 523, 531, 532, 533; II, pp. 106, 130, 158, 170, 196, 197, 259, 282, 291, 335, 427 ; III, pp. 68, 79, 80, 212, 213, 220, 272, 458, 486, 489.

Nous faisons suivre ces réflexions de quelques remarques sur les débris qui sont sortis des fouilles opérées pendant les dernières reconstructions de la catıédrale.

EXPLICATION DES PLANCHES

PLANCHE n° 1

Ce chapiteau de marbre présente une transformation chrétienne du chapiteau corinthien, ainsi que le prouvent ses feuillages sans élégance et la croix inscrite dans un cercle surmonté d'une palmette, sur chacune de ses faces. Il est très semblable au chapiteau du Musée Archéologique, attribué, non sans vraisemblance, à la cathédrale construite par saint Félix, et aussi à un chapiteau de la même époque, trouvé dans l'église de Saint-Philbert-de-Grandlieu. On peut le croire du VIᵉ siècle.

PLANCHES nᵒˢ 2, 3, 4

Ces curieux chapiteaux à figures grotesques et capricieuses, assez habilement exécutées, proviennent incontestablement du chœur de Benoit de Cornouaille. Dubuisson-Aubenay a remarqué, en 1636, le nᵒ 3 qui représente l'âne jouant de la lyre, et le cite dans sa description du chœur de la cathédrale (Itinéraire, II, pp. 38, 39). A côté de l'âne, un bouc joue de la flûte droite. Le nᵒ 4, représentant un homme à deux paires d'yeux, à longue barbe et à longues moustaches crochues, entre un sphynx et un dragon, est aussi fort curieux.

Nous avons déjà dit que Benoit de Cornouille avait réservé pour le chœur une ornementation particulièrement riche qui contrastait avec la simplicité de la nef, sans doute un peu postérieure.

PLANCHES nᵒˢ 5 et 8

Ces chapiteaux, surtout le nᵒ 8, offrent la même transformation du chapiteau corinthien, mais bien plus grossière que dans le chapiteau nᵒ 1; ils sont donc d'une plus basse époque. Les grosses palmettes du chapiteau nᵒ 5 sont un lointain souvenir du feuillage antique; on aperçoit cependant dans les angles les crochets corinthiens, sommairement indiqués.

Ces chapiteaux ne semblent pas de l'époque romane, c'est-à-dire postérieure à l'an 1000. Ils nous paraissent de l'époque carolingienne, et nous les attribuerions assez volontiers aux constructions de l'évêque Guerech (981-988).

Dans le cas où ils pourraient être attribués au début du xiᵉ siècle, ils seraient certainement antérieurs à l'épiscopat de Benoît de Cornouaille.

PLANCHE nº 6

Ce chapiteau, affectant la forme simple, dite *cubique*, est en tout semblable aux chapiteaux des piliers de l'ancienne coupole du chœur et du cloître Saint-Jean. A la base, des boules tiennent lieu de *pattes*.

Il est du temps de Benoît de Cornouaille et doit provenir de la *cour Saint-Jean*. Voir les gravures de Hawke et de Dubern.

PLANCHE nº 7

Ce chapiteau est orné des premiers feuillages et crochets gothiques, c'est-à-dire des premiers feuillages, très simples, copiés sur la nature même, qui se rencontrent couramment vers la fin du xiiᵉ siècle, et souvent à côté de chapiteaux franchement romans, c'est-à-dire ornés de feuillages raides de convention, d'entrelacs et de figures grotesques ou satyriques. Sa base est garnie de *pattes* très simples.

D'ordinaire, ces premiers feuillages naturels se trouvent dans des monuments de la fin du xiiᵉ siècle, comme les gros piliers de Notre-Dame de Paris, les deux premières travées de Saint-Séverin, à Paris, etc.

Nous ne pouvons donc attribuer ce chapiteau nº 7 au temps de Benoit de Cornouaille auquel il est postérieur. Peut-être est-ce un débris de quelque restauration due à un des premiers successeurs de cet évêque, dont les constructions, qui ne sont mentionnées par aucun historien, auraient été démolies sous le duc Jean V.

Peut-être encore ce chapiteau provient-il de quelqu'une des nombreuses chapelles et églises qui avoisinaient jadis Saint-Pierre.

PLANCHES nᵒˢ 9, 10, 11, 12

Débris du grand encadrement du *jubé*, construit entre 1616 et 1628, sur les dessins de Christophe Prandeau, démoli en 1885.

PAUL DE BERTHOU.

PL. 2

L. 1

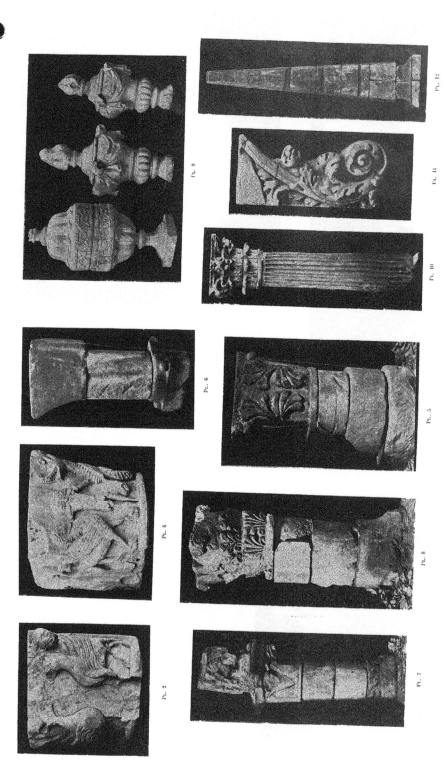

PL. 9 PL. 11 PL. 12 PL. 10 PL. 6 PL. 5 PL. 4 PL. 8 PL. 2 PL. 7

NOTE

SUR LE

Châtellier industriel de Langonnet

Dans son chapitre de l'Histoire de Bretagne sur l'industrie gallo-romaine (T. I, page 156), M. de la Borderie
dit, en parlant des Châtelliers dont on a relevé les
vestiges en Armorique : « On a signalé aussi en Langonnet, c'est-à-dire au pays des Osismes, une enceinte
rectangulaire dite Vieux-Castel, au milieu de laquelle
s'élevait un gros monceau de briques et de tuiles semi-
circulaires, non des débris de constructions, mais un
tas de produits rebutés, c'était donc là un Châtellier
industriel. »

Ces quelques lignes ne sont que le résumé un peu
inexact d'une note très brève elle-même, que M. Maître,
notre distingué président, faisait paraître quelques
années auparavant dans ses Villes disparues des
Namnètes (p. 306) et qui est ainsi conçue : « La destination (du Châtellier) est souvent indiquée par la nature
du terrain qui l'environne. Ainsi le Vieux-Castel de
Langonnet est une enceinte rectangulaire au milieu de
laquelle s'élevait un monceau considérable de briques
et de tuiles demi-circulaires, parmi lesquelles les imperfections et les rebuts dominent. Quel était cet atelier ?
Il est daté d'abord par les ruines romaines qui sont à
proximité sur le versant opposé de la rivière ; ensuite,
les excavations qui l'environnent nous disent que les
habitants employaient une grande quantité d'argile et
fabriquaient les matériaux de terre cuite, soit pour les

1abitations, soit pour les foyers indéterminés qu'on remarque dans les alentours. Voilà, ajoute M. Maître, une industrie que je ne m'attendais pas à trouver dans les camps retranc1és. »

A cette note se rattac1e un renvoi qui nous a semblé renfermer, outre un éloge trop bienveillant à notre égard, une invitation aimable à compléter des renseignements donnés dans une forme trop vague et trop superficielle.

J'ai été un peu lent peut-être à me rendre à cette invitation, quelque gracieuse qu'elle fût. Je craignais que le sujet, à cause de l'éloignement même de ce qui en fait l'objet, ne fut pas d'un bien vif intérêt pour la Société arc1éologique de Nantes. Je craignais aussi de ne pouvoir traiter ce sujet d'une manière assez précise et, j'ose dire assez scientifique, n'ayant pas fait de fouilles proprement dites.

Toutefois, à la réflexion, il m'a semblé qu'un exposé très simple, mais un peu détaillé, d'observations, faites sur place et à loisir, des objets, des lieux et des vestiges épars qui forment en arc1éologie le cadre inséparable des c1oses, ne serait pas indigne de votre attention. Encouragé du reste par l'exemple de plusieurs de nos collègues qui nous ont tant de fois émerveillés en nous décrivant ce qu'ils avaient vu dans leurs voyages, quelquefois lointains, je me suis décidé à jeter sur le papier ces notes, un peu confuses, sur un pays d'ailleurs bien peu exploré jusqu'ici.

La question peut être envisagée à un point de vue plus élevé, si je ne me fais illusion. Si M. de la Borderie et M. Maître ont mis tant d'empressement à citer le peu qu'il leur avait été permis de connaître sur le Châtellier du Vieux-Castel, c'est qu'ils ont reconnu l'importance du fait de son existence. Comme M. Maître, M. de la Borderie est d'avis que ces enceintes circulaires que l'on a constatées par milliers dans la France et particulièrement dans les départements de l'Ouest, ne sont pas des

camps retranciés proprement dits, ne sont pas des
postes militaires élevés pour assurer la domination du
vainqueur sur les vaincus, mais de simples postes de
défense, établis pour protéger des ateliers industriels
contre des attaques de pillards ou de vulgaires malfaiteurs.

Ils sont d'accord ou à peu près sur ce point très grave;
mais, à moins que l'on ne considère M. Kerviler comme
un précurseur de leur idée quand il explique l'origine
de ce qu'il a appelé les Mardelles gauloises, ils sont les
seuls et l'on peut dire qu'ils sont les premiers à penser
ainsi. Jusque-là l'opinion contraire, l'opinion consistant
à dire que les Ciâtelliers n'étaient que des camps
retranciés, élevés soit par les Romains à l'époque de la
conquête, soit par les gallo-romains à l'époque des
insurrections ou des invasions barbares, avait été seule
soutenue. Les conditions dans lesquelles le Ciâtellier
du Vieux-Castel a été édifié, les circonstances, pourrait-
on dire, qui ont accompagné son établissement et qui
existent encore, sont un argument puissant à l'appui
de la tièse des deux savants. Les débris de briques et
de tuiles prouvent l'existence d'une industrie de la terre
cuite à Castel, comme les scories et les minerais prouvent une industrie du fer au Ciâteau du Bé en Nozay
ou au Vieux-Ciâteau en Abbaretz. C'est ici que la
question s'élargit et que, tout étrangère qu'elle nous
paraît d'abord par son objet, elle devient au contraire
nôtre par les liens qui la rattacient à notre région et à
notre iistoire locale, par la lumière qu'elle jette sur la
destination des Ciâtelliers.

La question s'élargit bien autrement encore si nous
considérons qu'elle intéresse non seulement l'histoire
de deux départements, mais l'histoire de l'Armorique
tout entière. La sollicitude, j'allais dire, la parcimonie
scientifique avec laquelle M. de la Borderie a recueilli,
collectionné et classé tous les faits d'ordre archéologique, toutes les découvertes pouvant éclairer cette

époque si obscure de nos annales, qui embrasse les premiers siècles de l'ère chrétienne, nous révèle assez combien sont précieux pour l'historien les moindres vestiges du passé. Si M. de la Borderie eût mieux connu, non seulement le Châtellier de Castel, mais aussi, mais surtout, les villas qui existaient et dont les débris se voient encore dans cette partie du Morbihan, il n'eût pas écrit (p. 128) qu'aucun établissement important n'était signalé dans ce qu'il appelle la Forêt Centrale, et que traverse la voie conduisant de Vorganium à Sulim. C'est précisément sur le bord de cette voie ou à quelque distance que s'élevait le Châtellier de Vieux-Castel.

Or cette voie qui est la plus grande voie armoricaine mentionnée par la table Théodosienne, cette voie qui n'était autre que la voie conduisant de Tours à Brest passait aussi par Condevincum, autrement dit la Capitale des Namnètes. On voit par là si la question nous intéresse, si elle nous touche de près !

Situation. — C'est ici croyons-nous le lieu de faire connaître la situation exacte du Vieux-Castel ou plus exactement du Castel, ar C'hastel, comme disent les habitants.

Le Castel n'est qu'une ferme de peu d'importance, située dans la commune de Langonnet (Langonio à l'époque ou fut rédigé le Cartulaire de Ste-Croix de Quimperlé) à deux kilomètres environ au nord du bourg. La commune de Langonnet elle-même fait partie du canton de Gourin, qui forme au nord-ouest la limite extrême du département du Morbihan. Le canton de Gourin se trouve même peu à sa place dans la division de notre province en départements, car il faisait partie de l'ancienne Cornouaille; le dialecte qu'on y parle est celui de Cornouaille, si bien que le catéchisme qui est enseigné est celui de Quimper et non celui de Vannes.

La commune de Langonnet est très étendue. Bien que la population totale ne dépasse guère 4.000 habitants, elle se prolonge au loin vers le nord et embrasse une partie de la chaîne des Montagnes-Noires. La montagne Saint-Joseph, appelée aussi Menez-Dû, dont l'altitude dépasse 300 mètres, est comprise dans son territoire au moins par son versant méridional. Le territoire de la commune est des plus accidenté. La croûte terrestre est coupée de failles profondes et sinueuses où des cours d'eau d'importance variable coulent souvent entre des coteaux rocieux et abruptes qui n'ont pas moins de 60 à 80 mètres d'élévation. La pente est parfois si rapide que le lit du ruisseau, de même que l'eau qui y court, éciappe à la vue et semble se perdre dans le sol à 200 mètres d'un observateur placé au niveau et sur le bord même. Après les grandes pluies, quand le temps devient calme, tous ces ruisseaux devenus des torrents, font entendre un murmure puissant, qui rappelle tout à fait le bruit des gaves de montagnes.

L'Eílé, qui formait au sud la limite du pays des Osismes, est la principale de ces rivières; elle effleure plutôt qu'elle ne traverse la commune, suivant une ligne qui va du nord au sud et qui passe à quatre kilomètres du bourg environ. La rivière de Langonnet qui est un affluent de l'Ellé traverse la commune dans toute son étendue. Elle arrose le bourg même et prend sa source dans la commune de Glomel, à quelques kilomètres du Menez-Du. Comme l'Ellé elle coule entre des rives très escarpées à partir du bourg de Langonnet, mais, en amont de ce point, elle coule au milieu d'une plaine, sorte de cuvette allongée, dont les bords sont de 1autes collines. Cette plaine qui commence au marais de la Trinité et se termine à l'ancien étang de Langonnet aujourd'1ui écoulé, est encore à l'altitude raisonnable de 180 à 200 mètres au-dessus du niveau de la mer.

C'est, ainsi que nous l'avons dit, à 2 kilomètres du bourg et à environ 200 mètres du bord de la rivière de Langonnet et sur la rive gauc1e que se trouvent le village de Castel, et aussi le Châtellier dont la situation se confond avec le village ou plutôt la ferme.

Qu'était cette région à l'époque où le Châtellier industriel fut établi et où il fonctionnait, qu'était-elle auparavant? Voilà ce qu'il serait intéressant de rechercher. Malheureusement les documents font défaut et les lieux ont été à peine étudiés. Toutefois, il est permis de supposer que cette région qui est aujourd'hui l'une des plus oubliées, l'une des plus délaissées et des plus mal desservies de toute la Bretagne au point de vue des communications, fut, au contraire, à l'époque galloromaine, très habitée et jouit d'une culture et d'une civilisation au moins égales à celles des autres parties de l'Armorique. Peuplée avant la conquête romaine ainsi que l'indiquent plusieurs menhirs et divers tumulus qui existent encore, ainsi que l'indiquent des celtæ du grain le plus fin trouvés dans la commune, elle fut, des premières, favorisée des bienfaits ou tout au moins des avantages de la civilisation romaine. Le point où est situé Castel est à environ 5 lieues de Carhaix et 12 lieues de Castennec. Or Carhaix, la question ne fait pas de doute aujourd'hui, n'est autre que le Vorganium de Ptolémée et Castennec n'est que le Sulim du même géographe. Et tout le monde sait de quelle importance étaient ces deux villes. Sulim était une des villes marquantes des Venètes. Elle est célèbre par sa Vénus gauloise dont les archéologues se sont longuement occupés et dont les mésaventures assez récentes, dues à l'espèce de culte païen dont elle fut longtemps l'objet, feraient à elles seules une longue histoire. Sulim, à l'époque gallo-romaine, tint un rang illustre parmi les villes de la nouvelle civilisation, témoin la borne milliaire avec inscription dédicatoire à l'empereur Trebonianus Gallus (251-253), borne qui fut trouvée dans le voisinage d'une ferme dont le nom, la Gwarde, n'est autre que le nom donné par la population bretonne à la Vénus gauloise. Tout cela est significatif non

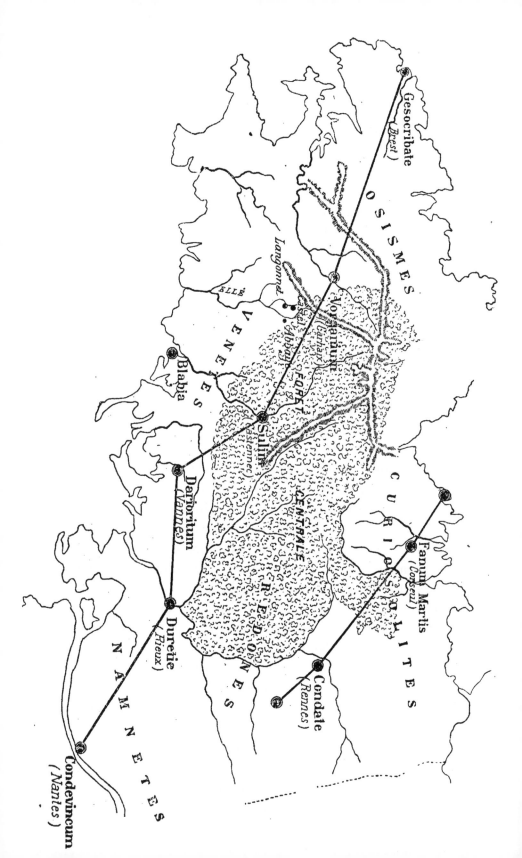

moins que les débris romains, briques à rebords, monnaies et fers de lance trouvés sur le coteau où s'éleva Sulim, dans une boucle pittoresquement formée par le Blavet en cet endroit.

Quant à Carıaix, ou plutôt Vorganium, il était à l'époque gauloise la capitale des Osismes et il conserva cette qualification après la conquête. Or les Osismes étaient, parmi les cités armoricaines, au même rang au moins, que les Venètes, les Namnètes, les Curiosolites et les Redones. Les ruines que l'on trouve sur leur territoire, les débris d'ateliers industriels, de brique-teries notamment, que l'on y rencontre disséminés, indiquent assez leur aptitude et leur goût pour les travaux de la terre cuite.

Le plus simple examen fait sur place, à Carıaix et aux environs, suffit à faire connaître qu'elle fut l'impor-tance de Vorganium dans les premiers siècles de l'ère cırétienne. « La ville gallo-romaine, dit M. de la Bor-derie, manifeste son existence à cıaque coup de piocıe en montrant partout, presque à fleur de terre, ses subs-tructions. A noter entre autres un bel aqueduc en béton présentant une voûte cintrée, une belle mosaïque multi-colore, des débris de colonne, des vases, des bronzes antiques ; des fragments de statues, des fourneaux d'hypocaustes, des tuyaux en terre cuite pour distribuer la cıaleur dans un grand établissement tıermal ; de nombreux débris d'amphores et de poteries samiennes ; des blocs de béton taillés encastrés depuis le xvıᵉ siècle dans les murs de l'église de Saint-Tromeur ; des mon-naies de toute date de l'empereur Claude à Constantin ; enfin un cimetière gallo-romain d'où plusieurs centaines d'urnes funéraires en terre et en verre ont été exıumées.

» En 1890, un propriétaire, parmi des substructions découvertes au ıasard et des débris remués à la pelle, rencontre trois plats de bronze doublés à l'intérieur de plaques d'argent, puis trois belles coupes d'argent plein munies d'anses attenant au bord supérieur et pesant l'une 318 grammes, la seconde 390, l'autre 515. Voilà, ajoute M. de la Borderie, ce qu'on trouve à Carıaix quand on remue la terre sans rien cıercıer. Le cıamp en question est ıors de la ville à cent mètres de l'extrémité de la rue de l'Eglise ; l'étendue de Vorganium devait donc notablement dépasser celle du Carıaix actuel. »

« Ce point, ajoute l'auteur de l'Histoire de Bretagne, était incontestablement le centre principal d'où rayonnaient la plupart des voies romaines établies dans l'ouest de la Péninsule armoricaine. »

Cette longue citation ne suffit pas pour prouver que le Castel occupait une grande place dans l'industrie et la vie économique des Osismes ; mais elle suffit pour prouver que la region était florissante et ıabitée par une population active et ıeureusement douée.

Cette citation parle en outre des voies romaines dont Vorganium était le centre principal. Or l'une de ces voies, la plus importante à coup sûr, celle qui mettait en communication la capitale des Turones avec celle des Andegaves, des Namnètes et des Osismes, celle que mentionne la table Théodosienne avant toutes les autres voies, passait dans le voisinage de Castel ; et cela n'est pas sans intérêt à constater si nous voulons nous faire une idée exacte de ce que M. Maître et M. de la Borderie ont appelé le Cıâtellier industriel de Vieux-Castel.

Mais à quelle distance exacte passait la voie de Vorganium à Sulım ou de Tours à Brest ? Si nous consultons les anciens atlas, ou les atlas contemporains figurant la voie de Vorganium à Sulim, nous voyons cette voie représentée par une ligne d'une rigidité inflexible, tracée sur le papier avec une règle. Si nous considérons cette ligne comme la représentation exacte de la voie telle qu'elle existait au ıı⁰ ou au ııı⁰ siècle, nous trouvons que cette voie passe à 7 ou 8 kilomètres au nord-est de Castel. Cette voie s'engage ainsi dans ce que M. de la Borderie a appelé la Forêt centrale, en sortant de Carıaix,

puis elle va s'y enfonçant presque de plus en plus jusqu'à Sulim.

Mais qui nous dit que la voie qui reliait Sulim à la
capitale des Osismes avait cette rigidité impeccable? On
dit et on répète que les Romains, pour construire leurs
voies, ne s'écartaient jamais de la ligne droite. C'est là
prêter aux maîtres du monde un amour de la logique ou
de la rectitude allant jusqu'à l'entêtement, jusqu'à l'absur-
dité. Ceux dont les jurisconsultes avaient si bien
formulé le principe : *Summum jus, summa injuria,*
savaient bien se plier à la force des circonstances quand
leur intérêt le leur commandait. Aussi je suppose que
c'est parce que les éditeurs ignoraient le tracé exact de
la voie en question qu'ils l'ont représentée par cette
ligne qui ne tient aucun compte de la nature et des
accidents de terrain, aucun compte des difficultés
innombrables que les cataclysmes géologiques ont accumulées dans ce coin du globe.

La voie de Sulim à Vorganium n'avait guère qu'un
point par lequel elle pût franchir la chaîne des Montagnes Noires dont la hauteur dépasse 300 mètres. Ce
point était la gorge longue et sinueuse par laquelle passe
aujourd'hui la route de Langonnet à Plévin et à Carhaix.
Or si l'on suppose la voie passant par cette brèche et se
dirigeant à peu près droit vers Sulim, elle se trouve rap-
prochée de Castel, au point de n'en être plus qu'à deux
kilomètres environ.

J'ajoute que si on la prolonge d'une manière naturelle
vers le sud-est, toujours dans la direction de Sulim, elle
traverse la vallée paisible et fertile où s'éleva plus tard
l'Abbaye de Langonnet, fondée par Saint Maurice et dont
les Pères du Saint-Esprit occupent aujourd'hui la partie
la plus importante. Or on sait que presque toujours les
monastères furent établis sur le passage des voies romaines. Il le fallait bien puisque les moines étaient à l'origine
le seul clergé des populations bretonnes et que les voies
romaines étaient les seules voies de communication.

Mais ce ne sont là que des présomptions et, 1eureuse-
ment, nous avons autre c1ose que des présomptions. A
5 ou 6 kilomètres du bourg de Langonnet et à 2 ou
3 kilomètres du point où la route de Plévin traverse les
Montagnes Noires, dans une plaine presque marécageuse
et près d'un village qui porte le nom, altéré sans doute,
du Faude, on a relevé des traces évidentes d'une voie
romaine. Des débris de briques à rebord ont été trouvés
près d'une ferme située un peu plus 1aut, un peu plus
au nord, toujours sur le bord de la route et appelée le
Grand-Borin. D'autres débris et de nouvelles traces de
voie ont été découverts à l'est d'un village appelé Kernel, mot qui renferme peut-être une indication. Enfin
moi-même j'ai rencontré par 1asard des débris de
briques à rebord dans les c1amps qui avoisinent le village de Stangnien, nom d'une consonnance toute latine.

Voilà, il me semble, des faits qui valent la peine
d'être signalés. Ils suffisent pour établir l'existence et
la direction d'une voie romaine à proximité de Castel
et, comme la voie de Car1aix à Sulim avait cette direction et qu'aucune autre voie, allant du nord-ouest au
sud-est, ne passe dans ces parages, il s'ensuit que la
voie de Vorganium à Sulim passait à une toute petite
distance de Castel.

Voici donc la situation de Castel bien déterminée :
sur le territoire des Osismes et presque sur la frontière
des Osismes et des Venètes, à quelques kilomètres de la
lisière de la Forêt centrale, à 22 kilomètres au plus de
la capitale des Osismes et à 2 kilomètres environ de la
voie conduisant de cette capitale à Sulim, Diarioritum,
Condevincum, etc.

J'ajoute à 80 kilomètres de Diarioritum (Vannes ou
Lokmariaker).

Mais n'existe-t-il point une voie romaine passant à
Castel ? Car enfin, s'il y avait un atelier industriel à
Castel, il fallait bien une voie de communication pour
que les produits pussent être utilisés ?

Aussi croyons-nous pouvoir répondre à la question d'une manière affirmative, non seulement en nous basant sur des probabilités et des conjectures, mais en nous appuyant sur des faits. Au village de Kernel que nous avons cité, il existe un chemin presque droit, très large en certains endroits et mettant en communication quatre chapelles frairiales et deux villas gallo-romaines, dont nous parlerons tout à l'heure (1). Ces chapelles sont celles de Saint-Brandan, de Saint-Thépault, de Saint-Izac et de Lokmaria (2). Notons en passant que la chapelle de Saint-Izac est située au lieu dit Moustriziac, en d'autres termes à l'endroit où se trouvait le monastère de Saint-Izac, ce qui fait déjà supposer l'existence d'une voie romaine.

Les villas sont celles de Minez-Bloc'h et de la Chapelle-Neuve ou plus exactement de Lokmaria. Car à Lokmaria, il existe non seulement une chapelle frairiale, mais une villa.

Le village de Kerivoal, très ancien et siège de l'administration fiscale avant la révolution, lequel était desservi par le même chemin, mérite aussi d'être signalé.

Or, le grand chemin qui mettait ainsi Saint-Brandan en communication avec Lokmaria, passait et passe encore par Castel. Avant d'y entrer en venant de Kernel, c'est-à-dire en allant du nord au sud, il traverse le village de Guernegal dont le nom éveille aussi la curiosité de l'archéologue et dont nous aurons à parler.

On trouvera peut-être que des constatations de ce

(1) Ce chemin, il est vrai, se trouve interrompu ou détourné plusieurs fois surtout à l'approche des habitations ; mais ce fait s'explique par les occupations de terrain et la division des héritages. Il disparaît aussi dans la vallée de l'Etang, sans doute par suite de l'accumulation de l'humus et de l'abandon où il est resté.

(2) Depuis longtemps déjà, je ne sais pour quelles raisons, on dit la Chapelle-Neuve au lieu de Chapelle de Lokmaria.

genre ne suffisent pas pour établir l'existence d'une voie romaine et que des vestiges nettement accusés constitueraient un argument beaucoup plus concluant. C'est vrai, mais on n'ignore pas que, en Armorique, les voies romaines n'offraient jamais la réunion complète des quatre couches réglementaires signalées ailleurs. La chaux manquait et le *pavimentum* en constituait la partie principale avec la couche de pierres plates établie au fond.

Puis, dans un pays très humide, où l'eau séjourne dans les chemins et où l'on ne répare rien, il n'est pas étonnant que les voies romaines aient disparu plus qu'ailleurs. Les débris se rencontrent souvent quand on creuse dans le sol, mais il est difficile de suivre une ligne, la boue et la végétation ayant recouvert des pavés énormes, ainsi que je l'ai constaté moi-même plusieurs fois.

Description

Maintenant que nous avons la situation de ce que M. Maître et M. de la Borderie ont appelé le Châtellier industriel de Castel et que nous avons montré comment il pouvait être mis en communication avec les centres environnants, nous allons essayer d'en donner une description non pas géométrique, mais aussi exacte que possible, tout en avouant que nous n'avons pas pris de mesures précises et que nous n'avons pas fait des fouilles proprement dites. Les mesures exactes nous ont semblé de peu d'importance dans la constatation de monuments historiques qui se réduisent à des amoncellements irréguliers, à des excavations dépourvues de toute symétrie et à quelques douves dont la profondeur a été de beaucoup diminuée par les éboulements, les dépôts plus ou moins vaseux, et dont une partie a dû être supprimée pour la construction des bâtiments de la ferme.

Quant aux fouilles, elles seraient sans doute intéressantes; mais ne séjournant à Langonnet que pendant une partie de l'été, c'est-à-dire a une époque où les habitants sont tous occupés aux travaux de la récolte, pressé du reste par les travaux d'entretien et de réparation indispensables qui n'attendent pas quand on n'a que peu de temps à leur consacrer, j'ai différé jusqu'ici de faire des investigations un peu complètes. Mais ces fouilles ne sont peut-être pas d'une nécessité absolue pour l'étude que je me propose. Il s'agit en effet de constater l'existence d'une fabrique de tuiles et de briques à l'époque gallo romaine. Pour cela, à Castel, il n'est pas nécessaire de creuser beaucoup dans le sol. En effet, les débris sont partout à fleur de terre. La charrue les remue à foison et à chaque endroit où le soc pénètre. Les chemins en sont jonchés et les champs où ils existent portent des noms qui indiquent que ces débris ont été connus des diverses générations qui se sont succédé depuis plusieurs siècles.

Mais il nous faut entrer dans quelques détails :

Quand on arrive à Castel, en venant de Saint-Thépault, c'est-à-dire en marchant de l'est à l'ouest, on a devant soi, à droite les bâtiments de la ferme et à gauche plusieurs monticules dont nous parlerons tout à l'heure. Ces bâtiments n'ont rien de remarquable que leur ancienneté relative, manifestée par deux portes en granit datant au moins du xvie siècle, si l'on en juge par leur forme ogivale. Ils sont bâtis en terre et en granit, mais ce granit, à grain très dur et très fin, est informe et sort d'une vieille carrière située à proximité, sauf les pierres des ouvertures qui sont taillées et qui viennent de carrières plus éloignées. Ces bâtiments sont enclavés sur trois de leurs côtés, nord, ouest et sud, par la parcelle 832, section H du plan cadastral de la commune de Langonnet. S'ils ne reposaient eux-mêmes sur des parcelles portant des numéros distincts, on pourrait dire qu'ils sont situés sur la parcelle 832.

Cette parcelle 832, de même que les bâtiments, n'offre rien de bien remarquable au premier abord. Cependant, si on l'examine dans sa forme et dans la façon dont elle est close, on ne manque pas de lui trouver des particularités frappantes. Limitée à l'est par les logements, habitations et écuries dont nous avons parlé, elle se termine au nord, à l'ouest et en partie au sud par une douve profonde et large qui ne ressemble en rien aux clôtures ordinaires usitées dans la contrée. A Langonnet en effet et dans presque toute la Basse-Bretagne, les ciamps et même les jardins et les cours sont clos ou par des talus en pierres mêlées de terre ou simplement par des talus en terre faits avec ce qu'on appellle des mottes. Ces talus sont faits avec des mottes et de la terre qu'on retire de ciaque côté. Ils ont souvent 1^{m}30 de iauteur à partir du niveau du sol, 1^{m}50 de largeur à la base et au moins 1 mètre à la surface.

Je parle ici des fossés neufs et tels qu'on les fait encore. Mais s'il s'agit de fossés vieux de plusieurs centaines d'années comme il y en a tant en Bretagne, on arrive à des iauteurs et à des largeurs doubles de celles-ci, bien souvent. Les talus sont donc énormes, les douves au contraire vont en se comblant. Comme il y en a toujours deux, une de chaque côté, attendu qu'on a pris la terre des deux côtés pour faire le talus, que les réparations sont négligées et que les eaux pluviales séjournent, ces douves sont souvent réduites à une simple rigole, large sans doute, mais sans profondeur.

A Castel, la clôture dont je parle est tout autre. Il n'y a qu'une douve et il n'existe qu'un talus, très déprimé sur le bord de la douve. Quant à cette douve elle-même, elle est loin d'avoir une forme régulière. Les bords sont un peu affaissés et frustes; on voit qu'elle n'a jamais été réparée pour ainsi dire, mais sa largeur au niveau du sol n'a pas moins de trois mètres et sa profondeur est encore d'un mètre cinquante environ, dans les endroits où elle n'a pas été trop déformée.

Du côté du nord et du côté du sud, les deux parties qui existent n'ont plus qu'une longueur de 10 à 20 mètres ; on voit qu'elles ont été détruites par suite de l'établissement des bâtiments, cours et chemins de la ferme. Mais, du côté de l'ouest, la douve paraît subsister dans son entier, du moins dans toute sa longueur qui peut être d'environ 50 mètres. Elle est seulement supprimée à l'angle sud-ouest par le terrassement établi en cet endroit pour faire un passage conduisant à la parcelle 831, passage qui ne semble pas bien ancien.

Donc, à première vue, cette douve surprend par ses dimensions qu'aucun usage, aucun besoin actuel n'explique ni ne justifie.

Au premier coup d'œil, on est frappé et on la considère comme une partie d'un travail qui ne subsiste plus dans son entier. Instinctivement on cherche à reconstituer ce travail et si, cédant à ce sentiment, on en prolonge un peu les douves nord et sud et si l'on rétablit par l'imagination une douve du côté est, répondant à la douve qui existe du côté ouest on obtient un rectangle dont trois côtés existent encore presque intégralement et dont un côté a été détruit pour élever les bâtiments situés du côté de l'est. Je note toutefois, en passant, que l'angle sud-ouest n'existe plus dans son entier et que l'angle nord-ouest, le seul qui soit intact, affecte une forme très arrondie.

Est-ce en cet endroit, est-ce dans cette enceinte qu'il faut placer le Châtellier de Castel ? Si ce Châtellier existe, je n'hésite pas à répondre que c'est là qu'il existe. En effet je n'ai trouvé dans l'enceinte même que je signale aucun monument, aucun débris, aucun objet travaillé, indiquant une industrie, mais il ne faut pas oublier que l'espace où devait se trouver l'établissement destiné à porter ce nom a été entièrement occupé par les bâtiments modernes, par les cours et que par conséquent presque tout ce qui constituait l'ancien Châtellier a pu disparaître.

Aujourd'hui vraisemblablement, s'il n'était si difficile de faire des fouilles en cet endroit, on rencontrerait des objets ou des vestiges qui ne laisseraient pas de doute. Mais l'enceinte elle-même, jointe aux monceaux de briques qui existent à proximité, parle assez haut pour apporter la conviction et constitue une preuve. Cette forme rectangulaire ne concorde-t-elle pas d'ailleurs avec celle qu'on a constatée dans les établissements industriels de la terre cuite ou du fer, notamment dans celui de Plémi près Moncontour?

Mais il y a un autre argument qui peut être considéré comme péremptoire. L'enceinte que nous signalons est bien celle qui constitue le lieu dit appelé Castel. Or Castel vient de Castellum, château, endroit fortifié et châtellier, châtelet vient lui-même de castellum. Donc, si l'on veut être logique, il faut placer le Châtellier industriel à l'endroit où sont maintenant les bâtiments de Castel.

J'ajoute que ce ne sont pas ces bâtiments eux-mêmes qui peuvent mériter et justifier cette dénomination de Castel. Ils ne sont que des bâtiments de ferme, datant au plus du xvᵉ siècle, comme il en existe par centaines dans la commune. Ils paraissent d'ailleurs seulement avoir remplacé une construction importante datant du moyen âge.

Mais si le Châtellier industriel existe et s'il était dans l'enceinte de Castel où sont donc les monuments, tout au moins les restes, les débris établissant l'industrie qui y était exercée? Ici la réponse n'est pas difficile et les témoignages sont irrécusables.

En nous plaçant sur le chemin qui arrive à Castel et en regardant vers l'Ouest, avons-nous dit, nous avions à notre droite les bâtiments et l'enceinte limitée au sud par le chemin même de Castel. Si, du même point, nous portons notre regard à gauche, nous apercevons immédiatement et, sur le bord même du chemin, un monticule d'une forme très aplatie. Le talus bordant le che-

N
S

Guernagall

Ar C'hastel

852

Briques

862

Briques
861
Parc But
ou
Brich Braz

Briques

Briques

860

Bihan

Excavations

865

Excavations

867

869

Lost ar C'hoat

min entame le monticule dans sa partie' nord ; un autre talus partant de celui-ci et se dirigeant à angle droit vers le sud, le coupe presque par la moitié, mais il en suit et en respecte la courbe descendante, car il est loin d'être établi au niveau ancien du terrain naturel. Enfin une grange de construction récente occupe une portion du monticule dans sa partie occidentale. Pour préciser davantage, le monticule est établi sur la parcelle 861 et sur la parcelle 862, les deux tiers environ reposant sur la première et le tout joignant immédiatement le chemin au nord.

Du côté de l'ouest, le monticule s'allonge et se confond un peu avec le sol. Du côté de l'est, au contraire, la pente est assez rapide. L'élévation moyenne du monticule, que je ne saurais préciser, ne dépasse pas deux mètres et le diamètre, encore plus difficile à déterminer à cause de l'aplatissement des bords, ne doit pas dépasser quinze mètres.

Dans la même parcelle 861, à 70 mètres environ en allant vers le sud, un autre monticule de même forme et de même aspect, mais plus élevé, attire l'attention. Celui-ci, du côté de l'est surtout, est très bien dessiné ; la pente s'en accuse nettement et le terrain a été profondément excavé, comme si les matériaux qui forment l'exhaussement étaient sortis du sol immédiatement adjacent.

A 60 mètres environ à l'ouest, dans la parcelle 863 (?), on remarque deux autres monticules présentant une grande analogie avec les deux premiers et formant avec eux comme les angles d'un quadrilatère ayant de 60 à 70 mètres de côté.

Tous les terrains où sont situés ces monticules sont cultivés, la plupart depuis un temps immémorial. L'un d'eux, la parcelle 861, porte au cadastre un nom significatif et s'appelle Parc But Bras. Dans un autre document, on lit Parc Bric'h Bras. A côté se trouve un autre ciamp qui porte le nom de Parc Bric'h Bihan. C'est la parcelle 860. Ces dénominations, inutile de le dire, signifient le Grand Champ et le Petit Champ des Briques, ou des Buttes.

Pourquoi ce mot français intercalé entre deux mots bretons? On pourrait en chercher l'explication dans la présence et la persistance de l'élément gaulois à Guernegall et à Castel, mais ce serait sans doute aller un peu loin. Mieux vaut peut-être en demander la cause à l'invasion irrésistible et continue de la langue française.

Quoiqu'il en soit, si l'on examine, même superficiellement, la surface du sol, non seulement à l'endroit des monticules, mais dans les champs sur lesquels ils sont établis, on voit que la terre est jonchée de débris de tuiles et de briques. On en trouve dans les sillons, on en trouve dans les douves des fossés qui séparent les champs. Ces débris sont réduits à l'état de fragments moins grands que la main d'un enfant dans les endroits cultivés. On voit que la charrue les a remués tant de fois qu'ils ont été réduits en miettes, mais dans les douves, ils sont beaucoup plus grands et, pour peu qu'on y prête attention, on ne tarde pas à reconnaître qu'ils ont appartenu à des tuiles ou briques de nature et de forme différentes. La couleur, le grain, la résistance varient, mais la brique à rebord, avec ses caractères, se manifeste surtout et l'on est vite convaincu qu'on se trouve en face d'un établissement gallo-romain.

Quand on creuse même avec la main à la surface des monticules, la certitude devient plus grande encore. Il suffit de soulever les fragments brisés de la surface pour arriver à des débris plus importants et bientôt à des briques entières et intactes. Jamais je crois, il n'a été fait de fouilles méthodiques à Castel et cela me surprend, car la ferme, ainsi que les autres terres dépendant de Saint-Germain, a appartenu pendant la moitié du xixe siècle à une famille nombreuse, de Lorient, qui comptait des hommes instruits et distingués.

Mais lorsque fut construite la grange qui existe dans l'angle nord-est de la parcelle 862, bien que le travail eût été commencé à mon insu, je pus surveiller plus ou moins l'ouverture des fondations. Les ouvriers creusaient en plein amas de tuiles et de briques et, parmi les fragments de toutes dimensions, apparaissaient des briques ou des tuiles entières. On distinguait, je crois, toutes les formes qu'a produites l'art gallo-romain appliqué à ce genre d'industrie.

Les briques à rebord (tegulœ hamatœ) étaient les plus nombreuses sans doute, mais on trouvait aussi les tuiles d'enfaîteaux (imbrices), les carreaux pour pavés (tesseres) et enfin les carreaux épais ou (lateres). Il y avait en

BRIQUE A REBORD (p. 31)

outre des carreaux demi-circulaires, comme j'en ai trouvé à Saffré, dans notre département. Les briques à rebord, les tesseres et les lateres avaient la couleur rouge ordinaire, le grain en était gros et un peu friable. Les imbrices, au contraire, étaient d'une couleur noire, avaient le grain très dur et offraient une grande résistance à la cassure.

Les buttes ou monticules de Castel sont des amas de produits de l'industrie gallo-romaine. Telle est la conclusion que l'on tire malgré soi et du premier coup en présence de ces monuments assez informes. Mais si,

poussant l'observation un peu plus loin et se dérobant à
l'espèce d'étonnement que l'on éprouve à la vue d'une si
grande quantité de débris, on examine un certain
nombre de fragments et de briques entières, on ne tarde
pas à reconnaitre que la plupart ou du moins un grand
nombre présentent des irrégularités considérables. Ces
irrégularités ne résultent pas de la rupture, mais d'une
déformation de l'objet à l'état pâteux, d'une déformation
antérieure à la cuisson. Les imbrices surtout ou tuiles
d'enfaîteaux, loin de présenter la forme d'un cylindre
coupé en deux, dans sa longueur, présentent à l'une des

TUILE D'ENFAITEAU DÉFORMÉE (p. 32)

extrémités une déviation qui donne à cette extrémité la
forme d'un bec recourbé d'un côté ou de l'autre.

Quelquefois on rencontre ces tuiles d'enfaîteaux super-
posées et jointes ensemble, d'une façon si intime qu'on
voit que l'adhérence ne peut s'être produite que pendant
la cuisson et qu'on ne peut plus les séparer sans les briser.

Il y a plus : j'ai trouvé des morceaux de terre soigneusement pétri, analogue à celle des briques, mais ne
présentant d'autre forme que celle d'une poignée d'argile
mise au feu et cuite à fond.

Inutile d'entrer dans de plus longs détails, l'impression que l'on éprouve en présence de ces monceaux de débris, c'est qu'on est sur l'emplacement d'un atelier industriel où l'on fabriquait et cuisait la brique.

En effet, il n'y a pas de villa à Castel, du moins je n'ai rien remarqué qui pût faire croire à l'existence d'une villa proprement dite. Dans l'enceinte dont nous avons assez longuement parlé, je n'ai point remarqué de murs ni de débris de murs ayant l'aspect de constructions gallo-romaines. Je ne vois dans les murs des bâtiments de ferme aucune pierre présentant les caractères de l'appareil romain.

TUILES D'ENFAITEAUX JOINTES (p. 32)

Quant aux monticules ou monceaux de briques, ce sont des amas, des tas d'objets ou de fragments d'objets disparates, disposés sans symétrie. J'ai bien aperçu, lorsqu'on creusa les fondations de la grange, deux lignes de tuiles à rebord, les unes entières, les autres brisées. Ces lignes se rencontraient en équerre et formaient comme l'angle d'une construction; mais tout cela était si peu lié ensemble, si peu large, si peu profond que je n'ai pu y voir qu'une ébauche de cabane ou de lutte,

tentée avec des briques ramassées sur place à une
époque très postérieure à celle des villas romaines.
Autant qu'il m'en souvient, ce simulacre de construction reposait lui-même sur des débris et n'avait pu avoir
qu'une existence éphémère.

QU'ÉTAIT-CE QUE L'ÉTABLISSEMENT DE CASTEL ?

Donc, pas de doute sérieux possible : ce qui existait à
Castel était un établissement gallo-romain et cet établissement était non une villa, non une habitation proprement
dite, mais un établissement industriel et, pour préciser,

CARREAU DEMI-CIRCULAIRE (p. 31)

un établissement où se pratiquait l'industrie de la terre
cuite, c'est-à-dire une briqueterie ou une tuilerie, si l'on
peut employer cette dénomination un peu trop moderne.
Faut-il apporter un autre argument dans la discussion, si par hasard il y avait discussion? Dans toute
exploitation industrielle, il faut une matière première.
Dans l'industrie de la terre cuite on emploie l'argile et
il faut une argile présentant certaines qualités. C'est
pour cela que les briqueteries, de tout temps, ont été et
sont encore établies dans des endroits où l'argile est
abondante et facile à malaxer.
Or dans la commune de Langonnet l'argile est très
commune ; le kaolin se rencontre dans maint endroit et,

à Castel même, la terre est tellement propre à être pétrie qu'elle est employée en guise de ciaux pour les constructions, et ces constructions durent souvent de cinq à six siècles. Les industriels de Castel ont donc eu toute sorte de raisons de s'établir là où ils se sont établis.

Aussi les traces de leurs travaux sont-elles nombreuses et remarquables. Les excavations d'où sont sorties les terres qui ont servi à la fabrication des briques de Castel sont innombrables. Les parcelles 860, 861, 862 en sont semées. Leur forme, à peu près circulaire, affecte celle d'une cuvette. La dimension varie à l'infini, mais le diamètre dépasse souvent dix mètres. Quant à la profondeur, elle n'est guère que du dixième du diamètre, mais il est évident qu'elle a été diminuée de moitié soit par la culture soit par l'accumulation de la couche d'humus qui n'est pas inférieure à 30 ou 40 centimètres, tant il est évident qu'elle a mis longtemps à se former. Sans doute la culture les a en partie comblées, mais en divers endroits, notamment au pied même des monticules, elles sont encore très profondes et la surface des champs présente partout des dénivellements considérables.

Dans les terres incultes, et même dans les terres défriciées, mais défriciées depuis peu de temps, ces excavations sont beaucoup plus apparentes encore. C'est ainsi que les parcelles 865 et 866, déjà un peu éloignées des buttes, en sont remplies. Or ces parcelles réunies ne forment pas une superficie de moins de 4 iectares. Si l'on y joint les autres ciamps dont nous avons parlé, nous arrivons facilement à une surface de 7 iectares et certainement avec des reciercies plus métiodiques, on trouverait une étendue d'un tiers plus considérable.

Je connais même à un kilomètre environ de Castel une lande qui présente des excavations un peu analogues, mais inutile de s'aventurer dans l'inconnu. Ce qui est constaté suffit à prouver que l'on fabriquait de la brique à Castel, que l'industrie a dû subsister longtemps et produire une quantité énorme d'objets fabriqués dont nous aurons à rec1erc1er l'emploi.

· Pour cuire les briques il fallait du bois, mais le bois ne manquait pas. Nous avons dit que nous étions, non pas en pleine forêt centrale, mais sur la lisière de cette forêt. Je ne sais même si l'on ne pourrait pas trouver un argument pour appuyer ce point dans le nom de la ferme qui touc1e immédiatement Castel et dont dépendent les parcelles 865 et 866. Cette ferme s'appelle Losterhoat ou, plus exactement, Lost-ar-C'1oat, le bout, la croupe de la forêt.

Mais, me dira-t-on, quand on parle de l'industrie de la terre cuite, quand on prétend être sur l'emplacement d'une briqueterie, il ne suffit pas de montrer des débris de briques et de tuiles, même déformées, il ne suffit pas de montrer des excavations, des trous d'où ont pu être extraits les matériaux de la fabrication. Ce qui serait beaucoup plus intéressant, ce serait de montrer les appareils dans lesquels on cuisait les objets en terre. Ce serait de montrer les fours, des fours comme on en a retrouvé par exemple à Saint-Julien près Quintin, à Guisseni, à Landerneau, etc...

J'avoue que je n'ai pas encore retrouvé à Castel l'emplacement du four ou des fours qui devaient exister. Mais déjà je me suis permis de faire remarquer qu'aucune fouille sérieuse n'a été faite. Or, dans toutes les localités où l'on a trouvé des fours gallo-romains, on a rencontré ces appareils à une certaine profondeur dans le sol. Ils n'étaient d'ailleurs pas bien vastes et ne présentaient qu'une faible élévation.

En ce qui concerne les fours de Castel, nous sommes donc réduits aux 1ypot1èses pour le moment. Bien qu'il semble plus rationnel d'attendre que des fouilles véritables aient été pratiquées, nous croyons utile de faire connaître les endroits où les fours de Castel pouvaient être placés.

A première vue, ces fours pourraient avoir existé ou

exister encore, au moins dans leurs parties essentielles, à l'endroit où se voient aujourd'hui les monticules dont nous avons parlé. Si nous avions vu par nous même des fours gallo-romains ou des restes de fours, il nous serait permis d'émettre une opinion plus raisonnée sur ce point. Malheureusement, nous en sommes réduit à des données très insuffisantes et basées sur des descriptions absolument sommaires. Force nous est donc de nous en tenir à ce que nous avons appris dans des résumés d'ensemble, toujours plus faits pour exciter la curiosité que pour la satisfaire.

Donc les monticules pourraient n'être que des amas de produits rebutés, mêlés aux débris des matériaux qui formaient la masse des fours eux-mêmes. Peut-être le rudiment de construction que nous avons remarqué, n'était-il que la base d'un four presque totalement disparu. Tout en émettant cette opinion avec beaucoup d'hésitation, nous croyons devoir l'exprimer ici, très simplement, afin qu'elle puisse être discutée, si elle en vaut la peine.

Toutefois une autre hypothèse se présente qui nous paraît digne d'être soumise à l'examen. Au sud et à 300 mètres environ de Castel, dans une parcelle joignant les bâtiments de Losterhoët et bornée au nord par la lande dans laquelle les excavations sont si nombreuses, on constate la présence de certaines pierres qui frappent vivement l'attention. Ce sont des pierres de différente grosseur, petites pour la plupart, mais portant d'un côté des traces de vitrification très apparentes. On dirait qu'elles ont fait partie d'une construction, d'un mur dont l'une des faces a été soumise à l'action d'une chaleur intense. Ce n'est pas tout : dans les sillons de ce champ qui est cultivé depuis un temps immémorial, on rencontre même des fragments, des lobes d'un assez petit volume, mais entièrement vitrifiés.

Qu'est-ce à dire ? C'est que si les fours n'étaient pas à l'endroit même où sont les monticules de débris, ils devaient être à Losterhoat. Sans doute à Losterhoat, on ne trouve que très peu de fragments de briques, mais il en existe cependant. Dans tous les cas, les débris de minéraux vitrifiés y sont nombreux et je ne saurais en expliquer la présence autrement qu'en plaçant à cet endroit les fours ou une partie des fours de Castel.

Toutefois, il est évident que pour résoudre cette question, il faudra avoir recours à des fouilles plus complètes que celles qui ont été faites jusqu'ici.

· Quoiqu'il en soit, il est et demeure établi que l'on fabriquait de la brique et de la tuile à Castel. On y fabriquait tous les genres de briques connus à cette époque peut-être ; mais on n'y fabriquait pas de poterie, même simple, même grossière. Au milieu de cette masse de débris disséminés à la surface du sol ou extraits des principaux amas, on n'a trouvé, autant que j'ai pu m'en assurer, aucun vase, aucun fragment de vase. Or, il est impossible que l'on n'en eût pas constaté la présence s'il y eût eu là une fabrique de poterie. Jusqu'à plus ample examen donc, il faut s'en tenir à cette conclusion : que l'atelier de Castel était une briqueterie et n'était que cela.

EMPLOI DES PRODUITS

Mais cet atelier était d'une importance considérable ; il n'y a pas à se le dissimuler. La simple vue des monticules dont nous avons parlé apporte cette conviction et persuade jusqu'à l'évidence. Ces monticules, en effet, réunis ensemble forment une masse qui ne saurait être évaluée à moins de 3 à 4 cents mètres cubes et, même en les supposant composés d'une quantité de terre égale à la quantité de briques, on demeure convaincu de l'énorme volume des débris.

Or, les monticules ne renferment qu'une partie de ces débris. Nous l'avons dit, les champs environnants, les douves, les chemins, les talus en sont remplis et c'est là ce qui rend tout calcul difficile, mais c'est là aussi ce qui ne permet pas d'assigner au total un chiffre inférieur à cent mètres cubes.

Mais ce qui reste n'est qu'un composé de débris et de rebuts, sauf ce qui semble avoir été oublié ou confondu par inadvertance aux produits rebutés. Quelle était donc et qu'elle a dû, quelle a pu être la quantité de matériaux de construction fabriquée à Castel ?

Cet établissement, tout l'atteste, a dû être longtemps en activité. Il a fonctionné pendant un siècle, pendant plusieurs siècles peut-être. Je n'en veux pour preuve que ces excavations nombreuses, s'étendant sur dix hectares de terre au moins, excavations comblées en partie aujourd'hui, mais évidemment profondes autrefois. Quelle quantité de terre et d'argile est sortie de tous ces trous ? Pour répondre à cette question, il faudrait être habitué à ce genre de calcul ; mais, pour moi, je ne puis évaluer la somme des terres extraites à moins de 100 mille mètres cubes et, probablement, ce chiffre est au-dessous de la vérité.

D'ailleurs, le chiffre exact importe peu. Ce qui ne peut être mis en doute, c'est que l'atelier de Castel a fabriqué une quantité énorme des matériaux de constructions et que la fabrication s'est prolongée pendant longtemps.

Et, dès lors, ici se pose une question du plus haut intérêt et à laquelle je serais heureux de pouvoir répondre. A quoi ont été employés, à quoi ont été utilisés les matériaux de terre cuite produits par l'atelier de Castel ?

Il exista dans la commune de Langonnet à un ou deux kilomètres de Castel, il est vrai, deux villas ; ces villas n'ont pas encore été signalées, je pense, mais les ruines en sont toujours visibles ou elles l'étaient, il y a quelques années. Sans doute il en existe d'autres dans les environs et quelques études bien conduites ne tarderaient pas à apporter la preuve de ce fait. Mais d'après l'opinion commune et, bien que les archéologues aient passé un peu partout, il n'a été révélé soit dans les communes environnant Langonnet, soit dans cette commune même, aucune construction, ni ensemble de construction pouvant nécessiter l'emploi d'une quantité de matériaux aussi considérable que celle qui a été produite à Castel. M. de la Borderie, non seulement a beaucoup vu par lui-même, mais surtout a eu l'immense mérite de s'entourer de tous les documents récents et anciens, émanant de plumes plus ou moins érudites, relatant les fouilles ou observations faites sur place. Or M. de la Borderie, non seulement ne cite pas un seul monument autre que celui de Castel (1) qui grâce à nous fut signalé pour la première fois à M. Maître, il y a quelques années, mais il affirme que cette contrée était peu habitée et qu'aucun centre important, aucun établissement considérable n'avait existé dans le sud de la forêt centrale.

A quoi donc ont pu être employés les matériaux produits par l'atelier de Castel. Si nous jetons les yeux sur les cartes anciennes ou récentes de la péninsule armoricaine, nous voyons que le centre vraiment important, situé assez près de Castel, c'est la Capitale des Osismiens, c'est Vorganium autrement dit Carhaix.

Et alors nous arrivons à cette conclusion toute naturelle, mais bien faite pour s'imposer, que c'est à la construction des habitations, des édifices, des aqueducs de la grande cité armoricaine qu'ont été employés les matériaux de Castel. Pourquoi pas? Dira-t-on que la distance est trop grande de Castel à Carhaix? mais on sait que la voie principale de la Table Théodosienne passait à Castel ou tout près de Castel; on sait aussi que

_____

(1) Les traces de l'époque gallo-romaine sont rares dans la grande forêt centrale. Tout se réduit presque à quelques tronçons de voies romaines, et à quelques enceintes de terre qualifiés camps romains mais dont l'origine est souvent douteuse. V. La Borderie, *Histoire de Bretagne*, I, page 128.

les gallo-romains transportaient par terre des matériaux, des minerais notamment, d'un poids considérable.

Il n'y a que Carıaix qui a pu utiliser une quantité de
briques et de tuiles aussi considérable que celle qui a été
produite à Castel. D'ailleurs, si l'on ne voulait pas
admettre cette explication, on se trouverait en face de
deux difficultés au lieu d'une. On ne justifierait pas la
production et l'emploi des matériaux de Castel et on
n'expliquerait pas la provenance des matériaux de terre
cuite engloutis dans la construction des travaux de la
Capitale des Osismiens.

En effet, on n'a pas signalé de briqueteries ni d'ateliers
de la terre cuite à Carıaix et je crois que la terre de
cette contrée ne convient pas pour ce genre d'industrie.
Il a donc fallu avoir recours à des ateliers plus ou moins
éloignés pour se procurer les éléments usités alors et
nécessaires à la construction. Or, cıercıez dans les énu-
mérations d'ateliers de la terre cuite qui ont été
signalés, vous n'en trouverez aucun qui soit situé plus
près que Castel. Bien plus, tous sont situés à des
distances considérables. Les fours les plus rapprocıés
ont été découverts aux environs de Quintin, de Landerneau ou de Quimper. Or, ces trois villes sont à plus de
60 kilomètres de Vorganium ou Carıaix, tandis que
Castel en est à 22 kilomètres à peine. Donc jusqu'à plus
ample examen, comme on dit, il reste vraisemblable
pour ne pas dire certain, que le Châtellier de Castel est
le lieu, l'atelier qui a fourni à Vorganium les matériaux
de construction nécessaires à ses ıabitants.

Sans doute les briques de Castel ont pu être employées aussi à la construction des monuments ou
habitations de Sulim et de Darioritum. Cependant ces
villes étaient situées sur le territoire des Venètes et non
des Osismiens. Dès lors, il y a moins de probabilité en
faveur de cette ıypotıèse. Castel étant sur le territoire
des Osismiens, il est plus vraisemblable que les

produits en ont été utilisés par les habitants de Vorganium.

Et ici je n'ai pas besoin de m'arrêter plus longtemps à faire remarquer combien la découverte des ateliers de Castel est intéressante car elle éclaire et complète un point d'histoire des plus dignes d'attirer l'attention et des moins connus jusqu'ici.

DURÉE DE L'ÉTABLISSEMENT

Ici se place une question à laquelle nous avons déjà fait allusion, mais à laquelle nous n'avons pas apporté de réponse précise. Jusqu'à quelle époque et pendant combien de temps les ateliers de Castel fonctionnèrent-ils, furent-ils en activité? Fondés peu de temps après la conquête romaine sans doute et pour répondre aux besoins de la population, rendue plus avide de bien-être par la civilisation romaine, ils eurent probablement leur ère de prospérité, correspondant à celle des cités gallo-romaines; ils eurent aussi leurs vicissitudes comme ces cités et à la même époque qu'elles. Tout fait donc croire qu'ils furent détruits par les invasions qui anéantirent presque tout en Armorique, vers le milieu du cinquième siècle.

L'état dans lequel se trouvent leurs ruines, ce chaos que forment les produits entiers, confondus avec les rébuts et avec les produits brisés, indiquent une destruction violente et un abandon précipité et imprévu.

Toutefois un fait frappe l'attention au milieu de cette disparition brusque que l'état des choses semble révéler; c'est le nom de la ferme joint au nom du village auquel elle se rattache. Nous l'avons déjà dit. Tout près de Castel se trouve un village ou plutôt un hameau dont Castel fait pour ainsi dire partie. Cela est si vrai que les cartes de la région signalent d'ordinaire le village sans signaler la ferme. Quant au cadastre, d'accord avec les

titres de propriété, il dit ordinairement Castel-Guernegal en parlant de Castel.

C'est, en effet, par ce nom de Guernegal qu'est
désigné le village en question. Or, je ne sais pas bien
qu'elle est la signification exacte du mot ou plutôt
de ces mots Guerne et Gall. Guern veut dire aune et il
existe en effet un aune, très vieux déjà, entre Castel et
Guernegal, tandis que je n'en connais pas d'autres dans
la contrée et que les ıabitants semblent ne pas connaître cet arbre. Cependant, je ne saurais attribuer une
grande importance à un fait, en somme, peu digne
d'attirer l'attention. Il faudrait, dans ce cas, traduire
le mot guernegal par ceux-ci : l'aune du gaulois ou des
gaulois, ce qui peut paraître un peu puéril.

Mais, quoiqu'on puisse dire du mot guern, il est
incontestable que le mot gall se trouve dans guernegal
et que le mot gall à un sens et n'en a qu'un. Il veut dire
gaulois. Pourquoi cette expression ?

Je n'en trouve d'explication que dans ce fait vraisemblable, pour ne pas dire certain, que des Gaulois ou
qu'un Gaulois habitait à Castel, à Castel-Guernegal à
l'époque où les Bretons insulaires sont arrivés en
Armorique. Eux qui étaient bretons et qui parlaient
breton, n'avaient aucun motif d'employer cette expression, si ce n'est pour désigner quelqu'un qui n'avait pas
la même origine, la même langue qu'eux.

Nous savons du reste que le pays était désert et couvert de ruines, à cette époque des émigrations. Les
invasions des barbares, celles des Saxons surtout,
avaient tout anéanti. Il n'était resté que quelques personnes ou quelques familles gallo-romaines qui s'étaient
réfugiées dans les forêts, et, la tempête passée, avaient
retrouvé un asile, s'étaient refait un hôme misérable au
milieu des bâtiments incendiés et des campagnes
ravagées. Les émigrants bretons retrouvèrent ces épaves
et, comme leur invasion était toute pacifique, ils
vécurent à côté des Gaulois, mais sans peut-être se mêler

complètement à eux, à l'origine et en leur donnant ce nom de Gall, Gallo, gaulois, qui s'est conservé jusqu'à nos jours (1).

C'était peut-être au Castel même que vivait cette famille qui forma une sorte de clan à part; car, à l'époque de la civilisation gallo-romaine, le Castellum était probablement le logement ou l'abri où se tenaient les ouvriers de la terre cuite. Et voilà comment, dans la suite et maintenant encore, le nom de Castel et celui de Guernegal restent liés, si bien que, quand on parle de Castel, on dit quelquefois Castel-Guernegal et Guernegal-Castel, comme si ces deux expressions se complétaient l'une l'autre.

Et alors, rejetant volontiers cette interprétation basée sur le sens du mot guern, qui veut dire aune, et admettant une altération comme il s'en produit si souvent, nous traduirions la demeure des Gaulois ou du Gaulois. Nous considérerions alors, il est vrai, le mot Guernegal, comme devant être rétabli dans une forme un peu différente par exemple, Ker an gall. En effet Ker est souvent devenu guer et an est devenu en dans la bouche des Bretons de Cornouaille et, plus encore, sous la plume des scribes qui ont toujours eu la manie de défigurer les noms sous prétexte de les corriger. Ker en gall, la demeure des Gaulois placée sous les ruines du Castellum gallo-romain, tout cela se soutient, se corrobore et explique bien des points obscurs de la géograpie et de l'histoire de ce coin de terre plus oublié, je crois aujourd'hui, qu'il ne l'était il y a 17 ou 18 siècles.

Un autre fait, de médiocre intérêt en apparence, mais que je crois cependant devoir signaler, vient à l'appui de cette opinion. A mi-chemin, à peu près, entre Castel et Guernegal existait, il y a une quinzaine d'années encore,

(1) Il y a encore à Langonnet plusieurs familles portant le nom de Le Gallo, Le Gall.

un travail en terre qui représentait assez bien la moitié d'un Châtellier de petite dimension, 15 à 20 mètres de diamètre environ. Tout se retrouvait là, et la douve circulaire et le fortin intérieur, sensiblement plus élevé que le sol du champ où il se dressait. Une clôture énorme et couverte de bois comme celles dont nous avons parlé, partageait seulement la douve et le fortin en deux parties ou plutôt avait supprimé la partie orientale du travail à peu près intégralement ; mais, malgré cette destruction partielle, le plan général demeurait facile à rétablir et j'en vois encore par la pensée les lignes et les dimensions à peu près exactes.

Aujourd'hui le petit Châtellier de Guernegal a disparu. J'ai moi-même assisté, pour ainsi dire à sa destruction ; toutefois il me serait facile d'en indiquer la place ou même d'en donner une description plus détaillée, après avoir interrogé les ouvriers qui furent chargés de l'applanissement du sol et qui existent encore.

Qu'était ce petit Châtellier ? peut-être une dépendance ou une doublure de celui de Castel. Sans doute il fut construit et occupé à la même époque et eut la même destination. Peut-être est-ce lui qui a valu son nom au village de Guernegall plus encore que le Châtellier de Castel.

En tout cas, cette opinion, de même que celles que j'ai exprimées au sujet de Castel et des fours de Castel, ne sont que des hypothèses qui, sur plusieurs points sans doute, peuvent être discutées. Je les livre donc à l'appréciation des archéologues et des savants, trop heureux si les faits que j'ai signalés peuvent attirer l'attention et faire faire un pas de plus à l'étude passionnante de notre glorieuse histoire.

A. Leroux.

NOTE

SUR LES

FOUILLES FAITES DANS LA CITÉ NANTAISE EN 1902

Pour le Nouveau Réseau des Égouts Collecteurs

La Grande-Rue était considérée jusqu'alors comme la principale voie antique de Nantes modifiée pendant le cours des siècles.

Aujourd'hui, il faut détruire cette tradition.

Entre l'impasse Gaudine et le passage Bouchaud, au-dessous de 2 mètres de gravois modernes, le sous-sol était formé d'un amas considérable de tuiles, briques et mortiers antiques, le tout très fragmenté et formant une nouvelle épaisseur de 2 mètres.

Ensuite se trouvaient les substructions d'un bâtiment romain dont le dallage recouvrait un hypocauste parfaitement constitué et dont l'axe était Nord-Sud.

L'angle N E du bâtiment est situé en face l'entrée de l'impasse et s'encastre dans les fondations de l'ancien alignement de la rue ; le mur E, faisant un angle de 75° avec cette direction, se dirige vers le montant de gauche de la porte du n° 3.

Le fond de l'hypocauste était carrelé ; les piliers, espacés d'environ 0^m70 d'axe en axe, étaient formés d'une dizaine de carreaux de terre cuite de 0^m20 de côtés et de 0^m04 d'épaisseur, reliés fortement avec mortier de chaux blanche.

Le mur Est, d'un mètre d'épaisseur, était bâti de moellons ordinaires avec, à l'intérieur, bandeaux formés de deux rangs de carreaux tous les demi-mètres.

Extérieurement, il était protégé contre les sources, si vives à cet endroit, par un contre-mur formé de deux murettes enserrant entre elles une couche de béton. Chacune de ces parties ayant une trentaine de centimètres d'épaisseur.

Le dessus de ce contre-mur était sensiblement à la hauteur des piles de l'hypocauste.

A une quinzaine de mètres en remontant au Pilori, on a coupé, à 2^{m}70 au-dessous du pavé, un dallage en grands carreaux de terre cuite de $\frac{34}{27}$ semblables à ceux trouvés dans la crypte de la Cathédrale. A même distance, vers le Change, dallage identique et à même niveau ; sa surface était bordée de murs espacés d'environ 2^{m}1/2.

En face le passage Bouchaud, les vieilles substructions s'accumulent ; l'une d'elle, dont on n'atteint pas la base, est bâtie avec mortier rouge et pénètre dans la tranchée comme un coin. La chaussée, qui ne devait pas avoir plus de 4 mètres de largeur, semble avoir eu en cet endroit une porte fortifiée, seule explication des gros massifs de maçonnerie rencontrés.

A quinze mètres du passage, en continuant vers le Change, beau puits bien maçonné de moellons taillés ; diamètre, 1^{m}25 ; profondeur, plus de 11 mètres au-dessous du pavé. Son curage n'a fourni que les moellons de son dérasement.

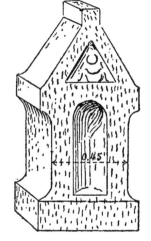

A côté, a été trouvée la petite stèle en granite, très fruste, qui est déposée dans la cour de l'hôtel de Briord.

A partir de la rue du Moulin, le roc tendre commence à apparaître à 3^{m}50 de profondeur ; il va en se relevant jusqu'à 2^{m}50 au Change. On a trouvé de nombreux murs modernes traversant la rue, les plus importants à la hauteur de l'église démolie de Saint-Saturnin.

En face la rue Travers, gros mur moderne de 3 mètres d'épaisseur ; réparation probable de l'ancienne muraille gallo-romaine, dont il occupe l'emplacement, mais d'ailleurs aucune trace de porte à cet endroit.

En continuant, rue de la Barillerie, on a coupé les anciennes caves et rez-de-chaussées enfouis des maisons qui bordaient le côté gauche de la rue de la Casserie, maisons démolies en 1826 pour rejoindre la rue d'Orléans.

Vers la gauche, existait une ruelle descendant à la berge de l'Erdre et sous laquelle était un grand égout large de 0m65, haut de 1m50, voûté en berceau, qui a sa sortie sous la cale Est du pont d'Orléans et à partir de la place du Change s'infléchit sous les maisons exposées au Midi à droite de l'ancien puits. Sous la Basse-Grande-Rue, côté droit, en remontant, existait un égout n'ayant que 0m80 de hauteur et qui semblait très ancien, non seulement par la nature de ses matériaux mêlés de tufs de 1 mètre de longueur sur 0m35 de côtés, probablement enlevés au mur antique, mais encore par ce qu'il était recouvert de murs anciens, ayant appartenu aux échoppés accolées à Saint-Saturnin et à l'escalier de sept ou huit marches qui descendait de la rue dans cette église.

La Basse-Grande-Rue peut donc être considérée comme la chaussée que les *Annales* attribuent au grand Allain et qu'il créa à travers les ruines laissées par les Normands ; elle ne devait avoir que 4 mètres de largeur et fut élargie à 6m50 du xvie au xviiie siècle, ainsi que le démontrent les anciens murs de façades enfouis.

La porte du Change devait être près du puits. Une impasse, située à l'entrée de la rue du Moulin, peut indiquer son passage. La voie se continuait jusqu'au fond de l'impasse Gaudine, puis retournait vers le

Pilori et la rue de Briord par les ruelles encore exis-
tantes.

La place du Pilori a son sous-sol traversé du Nord au
Sud par plusieurs murs de clôture de 0ᵐ50 d'épaisseur
avec mortier rouge. A l'entrée, ont été
trouvés une lacie en pierre, une pointe
de lance en bronze, un débris de glaive,
une anse gracieuse de grande ampiore A
et une bouteille B en terre grise intacte,
puis beaucoup de débris d'incinération.

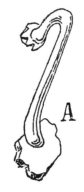

Un très grand égout d'un mètre de large
et 1ᵐ60 de iauteur, rétréci en courbe vers
le iaut et palâtré, existait sous le côté
droit de la place, allant rejoindre celui de
même importance établi à la fin du xviiiᵉ
siècle, sous la rue du Port-Maillard,
dans les maçonneries de cet égout, se
trouvaient de nombreux morceaux de
tufs provenant d'une construction ogivale du xvᵉ siècle.

Le sol rocieux qui du Ciange s'en-
fonçait jusqu'à six et sept mètres sous
le pavage devant le passage Bouciaud
remonte à trois mètres sous la rue du
Ciâteau, traversée en tous sens par des
murs d'anciens bâtiments et des égouts
allant vers le fleuve et montrant que
cette rue, toute moderne, doit avoir
été ouverte au xviᵘ siècle pour l'accès
direct du Ciâteau.

La proximité du bon sol dans toute cette rue a causé
la destruction totale des fondations antiques dont on a
utilisé les matériaux.

En traversant la rue de Strasbourg, le bon sol dispa-
rait, c'est certainement la trace de la douve du mur
romain du port nantais, mur qui forme la séparation

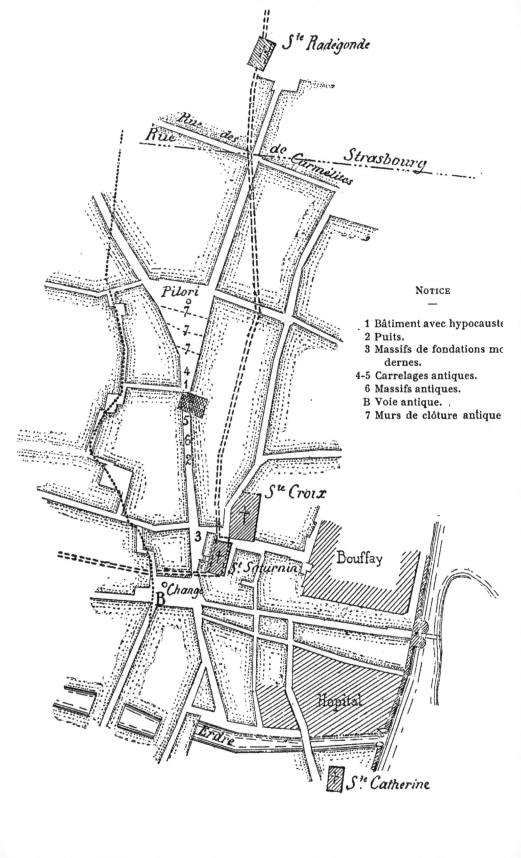

Ste Radégonde

Rue des Rue de Carmelites de Strasbourg

Pilori

NOTICE
—

1 Bâtiment avec hypocauste
2 Puits.
3 Massifs de fondations modernes.
4-5 Carrelages antiques.
6 Massifs antiques.
B Voie antique.
7 Murs de clôture antique

Ste Croix

Bouffay

Change
B

St Saturnin

Hôpital

Erdre

Ste Catherine

entre les propriétés des rues de la Juiverie et Sainte-Croix et de la Basse-Grande-Rue.

Grand collecteur de la rue de la Poissonnerie

Il commence place du Change, en face la rue des Halles. Autour du puits supprimé, existait, à 2 mètres de profondeur, un dallage avec banquette en granite mouluré.

Dans le remblai de 4 mètres de hauteur moyenne, constitué par des draguages de l'Erdre, on remarque une quantité de galets de granite, qui ne peuvent provenir que du lest des bateaux qui abordaient à cet endroit dans l'antiquité.

Le rocier remonte et devient très dur à 2ᵐ90 au-dessous du pavage de l'entrée de la rue de la Poissonnerie, où le collecteur traverse les rez-de-chaussées des anciennes maisons accolées à la courtine du Bouffay ; on coupe de nombreux murs séparant ces maisons et l'on rencontre plusieurs façades de grandes cheminées à montants de granite ; l'un d'eux à un arceau très bien appareillé en petits claveaux de granite en face la rue Beauregard. Les carrelages sont à 2ᵐ50 et même 3 mètres au-dessous du pavé. L'ancienne rue était sous le trottoir du côté droit en allant vers le pont.

En face la rue du vieil hôpital, existent deux murs épais d'un mètre espacés de 2ᵐ30, qui semblent avoir bordé une ruelle descendant vers la berge de l'Erdre.

Le roc s'enfonce peu à peu jusqu'à 5 mètres au-dessous du pavé devant le pont, c'est-à-dire à 2ᵐ50 au-dessus du niveau de l'étiage du fleuve ; ce qui démontre bien que la tête de l'île Feydeau constituant la pointe du confluent de l'Erdre et du Seil, avant qu'elle en fut séparée par la douve creusée pour isoler le Bouffay.

J. Furret.

Construction d'un Egout

entre le Château et le Pont d'Orléans

DÉCOUVERTES ARCHÉOLOGIQUES

Nous relatons ci-après à titre de renseignement les découvertes arcɩéologiques faites, en 1902, pendant la construction de l'égout compris entre le Cɩâteau et le pont d'Orléans. Ces travaux ont été exécutés sous la surveillance de M. Primault, Conducteur principal des Ponts et Cɩaussées. C'est avec les notes remises par ce Conducteur et complétées par nos observations personnelles que nous avons dressé ce rapport.

L'égout a une longueur de 450 mètres; il emprunte la rue du Cɩâteau, la Basse-Grande-Rue, la place du Cɩange et la rue de la Barillerie.

Dans la description qui va suivre, nous adoptons l'ordre d'ouverture de la trancɩée.

La première section ouverte est comprise entre la rue de Strasbourg et le Cɩâteau. La largeur de la trancɩée était de 3ᵐ00 en tête et de 1ᵐ80 au sol de fondation. La profondeur moyenne a atteint 4ᵐ00 environ.

Sous une coucɩe de remblais de 2ᵐ00 on a rencontré le sol naturel et le scɩiste tendre à 3ᵐ00.

A l'extrémité de la rue, vers le Cɩâteau, on a trouvé quelques petits murs de construction évidemment romaine, dans lesquels des rangs de brique alternaient avec le moellon. Le mortier et la brique ne laissent aucun doute à cet égard.

Des tuiles en nombre considérable et dont la forme et la contexture rappellent la façon romaine, avaient été rejetées près de ces murs.

Il est à présumer qu'à l'époque romaine cette partie de la ville était occupée par des jardins et que les murs rencontrés étaient de simples clôtures ou tout au plus appartenaient à de légers bâtiments.

Entre la rue de Strasbourg et la moitié de la rue du Château, vers la place du Pilori, les trouvailles ont été de même nature.

La tranchée a été ensuite ouverte au pont d'Orléans afin de remonter vers le point haut.

Au pont d'Orléans, la fouille poussée à une profondeur de 5m00 a mis à jour trois chaussées pavées placées à des hauteurs différentes. Nous y avons relevé de nombreux croquis relatifs à la disposition de ces chaussées. Nous nous proposons d'étudier spécialement la constitution de ces chaussées dans un rapport général sur les voies publiques de Nantes. Au fond de la fouille, le sol se composait d'alluvions modernes avec traces de construction relativement récente.

Entre le pont d'Orléans et la rue de la Casserie, la tranchée a été ouverte à peu près suivant l'alignement des façades d'une série de maisons aujourd'hui disparues. Les murs de fondation étaient très solides, mais la tranchée n'était pas assez profonde pour reconnaître la nature de fondation de ces murs. Les immeubles occupés par M. Chabas et formant un îlot semblent établis sur les anciennes fondations des maisons qui existaient jadis à ce point.

Dans cette partie de tranchée, les ouvriers ont trouvé, paraît-il, de nombreuses pièces de bronze, mais nous n'avons pas été prévenu à temps pour les recueillir. Toutefois un boulet en fonte de 0m40 de diamètre et d'un poids considérable a été retiré de la fouille et déposé dans la cour de l'Hôtel de Briord.

Entre la rue de la Casserie et la place du Change, la tranchée a été ouverte dans un terrain de remblais. A 3m50 de profondeur on a rencontré une file de traverses en bois placées transversalement à la rue et disposées comme pour l'aménagement d'un passage à gué. La voie ainsi tracée semble se diriger vers la rue de la Casserie. Le bois employé était du chêne et du 1être grossièrement équarri.

A l'arrivée de la place du Change, on a rencontré au fond de la fouille un filon d'amphibôle très dur. A signaler aussi un véritable ossuaire de dents de sanglier sur la place du Change, mais, contrairement aux espérances de quelques membres de la Société d'Archéologie, aucune trace du mur de l'enceinte romaine n'y a été relevée.

Le rocier dur a été trouvé à 2m50 de profondeur et sa surface polie semblait avoir servi de ciaussée pendant des siècles peut-être.

A-t-il existé autrefois une porte romaine à ce point? c'est possible, car à l'époque de la décadence, les matériaux ont souvent été enlevés et employés à d'autres constructions. Le rocier mis à nu a pu perdre toute trace des édifices anciens qui le recouvraient.

En face le bazar Sainte-Croix, existaient les traces d'un vieux puits creusé dans le rocier; il était rempli de matières infectes et, par prudence on n'y a pas touché.

A partir de la petite rue Sainte-Croix, c'est-à-dire au point culminant du rocier, le sol est composé d'une épaisse coucie de remblais où l'on trouve d'abord des vestiges de constructions relativement anciennes, puis en avançant le rocier disparaît complètement pour ne plus se montrer qu'au milieu de la rue du Ciâteau. On se trouve en présence d'une sorte de cuvette formée par une faille de rocier rempli de sable d'alluvion que l'on retrouve jusque vers la rue Fénélon. La faille renferme une nappe d'eau très claire qui semble très abondante.

Un peu en deçà du passage Bouciaud, il existait sans doute un large fossé à une époque très reculée si l'on en juge par les matériaux qui ont servi à le combler. Ce fossé traversait la ligne actuelle de la Basse-Grande-Rue et devait prendre la direction de l'église Sainte-Croix.

Un vieux puits existait à peu près sur le tracé du fossé. Nous l'avons fait vidanger jusqu'à une profondeur de ıuit mètres ; mais l'opération présentant des difficultés et surtout des dangers pour les ouvriers, il a fallu la suspendre. Des fragments de poterie de diverses époques et des débris de sceaux en bois ont été retirés du fond de cet ouvrage. Le puits a été recomblé avec de la pierre brute et le radier de l'égout a été assis sur une coucıe de béton. Dans la coucıe de béton, on a placé un tuyau de grès en vue de ménager une sortie à l'eau. Depuis la construction de l'égout, le tuyau n'a pas cessé de fonctionner et donne de l'eau en abondance.

Après le fossé, en remontant vers la place du Pilori, on a rencontré une série de piles en maçonnerie de briques placées symétriquement. A ce moment la trancıée avait environ 3 m. 50 de profondeur.

On se trouvait en présence d'un ıypocauste établi probablement dans le soubassement d'un édifice romain. Le mortier placé entre les briques ainsi que l'enduit des murs semblaient avoir reçu l'action du feu.

L'édifice était placé de biais par rapport à la direction de la rue ; la partie extrême se trouvait en face le passage contournant les magasins Decré à l'entrée de la place du Pilori.

On a retrouvé les traces de ce monument :

1° Sous les magasins Decré, en exécutant un brancıement d'égout ;

2° En face la boulangerie Prin, en faisant un travail analogue.

Peut-être le monument se poursuit-il sous l'épicerie Tagu en se dirigeant vers l'église Sainte-Croix, où, d'après des documents anciens, on a trouvé aussi des traces d'un ıypocauste (voir l'ouvrage de A. Legrand, page 26). Cependant une nouvelle fouille, pratiquée devant l'immeuble n° 5, n'a pas donné de résultats.

Avec les parties symétriques trouvées, on a essayé de

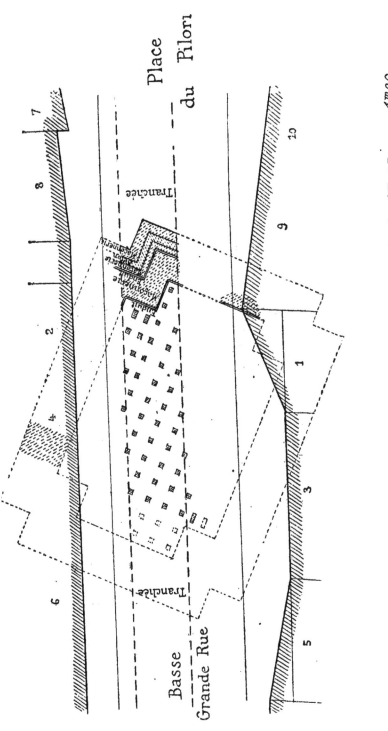

Place du Pilori

Basse Grande Rue

Echelle de 0ᵐ005 pour 1ᵐ00

reconstituer en plan le monument disparu ; mais, en somme, cette reconstitution est bien ıypotıétique, justement en raison des traces trouvées à l'église Sainte-Croix. Il peut se faire que ces vestiges appartenaient à un seul édifice de proportions colossales.

Sur le mur de l'hypocauste, vers la place du Pilori, on remarquait des enduits, contremurs, coucıe de béton intercalée, etc., dispositions qui semblaient avoir été adoptées en vue d'éviter les infiltrations d'eau à l'intérieur.

Du côté de la place du Pilori et presque au pied du mur de l'hypocauste, nous avons trouvé :

1º Une bouteille romaine intacte, en terre noiré, avec de nombreux dessins incrustés à la surface.

2º Une pointe de flèche ou de lance en bronze.

3º Une ıacıe celtique brisée.

4º Des bois en partie carbonisés.

5º De nombreux débris de poterie romaine en terre rouge.

6º Une pièce en bronze de Vespasien.

7º Une stèle romaine en granit à gros grains. Cette stèle porte à sa base trois bouts de tuyaux d'étain encastrés dans la pierre. Les inscriptions semblent effacées ; toutefois, on aperçoit encore le croissant de Diane, les lettres D et M et enfin, avec un certain éclairage, on peut lire mais difficilement « Et memoriae ».

Cette stèle qui est déposée au Musée arcıéologique, semble avoir été jetée en remblais au point où elle a été trouvée à une profondeur de 2ᵐ50.

Sur la place du Pilori, sous un remblai de 3 mètres environ, apparut la coucıe arénacée très ricıe en eau. La direction, suivie par la tıancıée, nous a conduit dans un terrain qui a été maintes fois fouillé et ne contenant par suite aucun objet méritant d'être signalé.

L'Ingénieur des Ponts et Chaussées,
Ingénieur de la Ville,

G. Michel.

Une Monnaie d'Or Ancienne

DÉCOUVERTE AUX CLÉONS

A côté des nombreux objets anciens, successivement découverts, depuis plus de vingt années, à la station Gallo-Romaine des Cléons, les monnaies — du moins en quantité satisfaisante — ont longtemps fait défaut dans notre collection locale.

C'est à peine si soixante-dix pièces, dont quelques-unes il est vrai fort bonnes, avaient été trouvées dans les fouilles à diverses profondeurs, lorsque fut mise au jour la cachette du Renfermé qui en porta le nombre à plus de quinze cents. Elles sont généralement en bronze nu ou saucé, souvent en potin, plus rarement en argent.

Mais, jusqu'à ces temps derniers, le prestigieux métal n'était pas apparu ; la même question se renouvelait sans cesse : vous n'avez donc pas trouvé d'or ?

Cette lacune n'existe plus ; elle vient d'être comblée par la rencontre d'une bien petite, mais fort jolie médaille, pour ainsi dire fleur de coin, un véritable bijou ; et, — qu'on me permette d'ajouter à cette phrase un double point d'exclamation, — par un bijou qui se trouve être : *un triens mérovingien ! !*

Une semblable découverte paraît justifier la prévision de notre honorable Président. Depuis longtemps, en effet, au cours de nos attrayantes conversations archéologiques, et à la faveur de la sympathie déjà vieille dont il veut bien m'honorer, M. Léon Maître, notre érudit et infatigable archiviste de la Loire-Inférieure, m'a souvent répété : « Vous trouverez du Mérovingien à votre station Gallo-Romaine ».

La chose était d'autant plus rationnelle qu'une superposition semblable s'est rencontrée souvent dans les
substructions antiques, et que, particulièrement aux
Cléons, toutes les raisons majeures qui avaient déterminé
d'abord le choix des hommes préhistoriques, puis des
Gaulois et enfin des Romains, étaient bien de nature à
fixer aussi celui de leurs successeurs. Mon désir
d'archéologue militant m'a toujours fait souhaiter la
réalisation complète de cette éventualité; mais, le respect
de la vérité, joint à cette sincérité archéologique, sans
laquelle nulle étude ne peut être fructueuse, m'oblige
encore, quant à présent, à rappeler que nul objet mérovingien n'a jamais été rencontré dans les fouilles, et que
le seul travail manifestant aux Cléons la présence de
l'homme, à partir du ve siècle, est l'exploitation de la
vaste carrière, d'où l'on extrayait les gros blocs de calcaire, pour y creuser les cercueils monolithes.

Ici, quelques considérations de topographie locale
sont nécessaires.

La majeure partie des Cléons est comprise entre la
voie romaine que recouvre la route actuelle, et le vaste
bassin d'anciennes eaux vives, qui n'est plus aujourd'hui
que l'estuaire de la Loire composant les marais de Goulaine. Il existe encore, sur ses rives, trois localités dont
les noms conservent le souvenir d'un antique transit
fluvial: le port du *Montrut*, le port des *Grenouilles*, et le
port des *Brosses*, ce dernier le plus rapproché de l'antique
villa.

Les substructions romaines sont situées en façade de
chaque côté de la voie, et limitées à leurs extrémités par
deux grandes carrières que manifestent de profondes
dépressions du sol.

La plus ancienne, accompagnée d'un four à chaux que
nons avons retrouvé, était à l'est, contiguë à la route, et
nous la connaissons depuis longtemps; aussi la rapelle-
rai-je brièvement, ayant eu l'occasion d'en parler déjà,
dans des communications antérieures. C'était celle des

Romains qui fournit tant de pierres, de chaux et de sable fossile aux constructions locales, et sans doute aux exportations des premiers siècles, en raison du calcaire peu commun dans la région et dont elle était uniquement composée. Cette exploitation communiquait avec le port le plus voisin, par la surélévation naturelle du sol, où se trouvent les restes de la villa. Plus bas était un chenal encore visible, dont le prolongement au sud sert à l'écoulement des eaux, et traverse la route entre les bornes kilométriques 15 et 16, par un aqueduc qui n'est pas à 100 mètres de la carrière. J'ai déterminé tout l'intérêt que dut présenter autrefois ce cours d'eau, en rappelant qu'il fut, encore en 1790, pris pour limite séparative entre les deux communes de Haute-Goulaine et de la Chapelle-Heulin.

Il convient d'insister davantage sur la seconde carrière située à l'ouest des constructions romaines, comme étant intimement unie au sujet qui nous occupe, et présentant d'ailleurs une importance beaucoup plus considérable. Elle dépasse quatre hectares en superficie, et conserve même à présent, une profondeur moyenne excédant trois mètres en dépit des alluvions auxquelles sont venues s'ajouter des travaux de remblais successifs et les apports de la culture.

C'est là que mon aïeul paternel établit, au commencement du siècle dernier, la maison et une partie du pourpris des Cléons qui n'est pas la moins productive, car il s'y manifeste une luxuriante végétation.

L'eau qui provenait des terrains supérieurs avait dès le principe trouvé un écoulement vers le bassin des marais, au moyen d'un aqueduc en partie couvert. Son radier établi fort bas au point de départ, arrivait, sous la voie romaine, à la profondeur d'environ deux mètres; il était palatré sur le premier quart de sa longueur et courait ensuite à découvert.

Nonobstant les travaux qui permirent de rendre à la culture une portion notable de cette vaste carrière, sa

partie la plus basse n'en demeura pas moins, pendant
des siècles, une perpétuelle nappe d'eau. On l'a connue,
de mémoire d'homme, complètement inondée durant la
saison d'hiver. Enfin, les alluvions parvenues à l'épaisseur moyenne de 60 centimètres, permirent la plantation
d'essences particulières d'arbres, qui formaient un joli
petit bois, lorsque sévit le cyclone du 17 juillet 1890. Le
bois fut ravagé. Les arbres renversés, en soulevant avec
leurs racines des plateaux énormes qui se détachaient
jusqu'au calcaire, permirent d'observer facilement le
travail fait dans le sous-sol. Le sable mêlé aux débris
des pierres inutiles, était accumulé tout autour et réparti
plus également dans l'intérieur. On y voyait par endroit
des planches fort épaisses, même de petites poutrelles de
chêne équarries, que les carriers avaient utilisées,
et dont quelques échantillons figurent au musée local.

Il devenait dès lors intéressant de rechercher l'origine
de cette exploitation, dont je désirais depuis longtemps
vérifier la cause et constater le résultat. Elle ne pouvait,
à coup sûr, être Gallo-Romaine; aucun objet de cette
époque n'a été trouvé dans son voisinage immédiat. Les
matériaux qui en proviennent ne furent pas employés
sur place, puisque les constructions les plus proches,
trouvées dans le Renfermé, consistent en un micaschiste
extrait dans le champ même, et dont le sous-sol montre
les débris. La carrière que les Romains avaient ouverte
à l'est, au commencement de leur occupation, n'est, du
reste, nullement épuisée et suffisait à tous leurs besoins.
Enfin, les temps si troublés qui durèrent depuis le
commencement des grandes invasions, jusqu'à l'établissement de la monarchie, ne donnent aucune idée de
travaux d'une telle importance et d'aussi longue haleine.

Je n'hésitai donc plus à qualifier de *Mérovingienne* la
principale carrière des Cléons, surtout en considérant
que, malgré la petite quantité de calcaire comprise dans
le département, on avait trouvé dans nos environs, à
Nantes même lors de la reconstruction des églises de

Saint-Donatien et de Saint-Similien, et dans plusieurs autres localités de la rive droite de la Loire, des grands monolites de calcaire creusés en forme de cercueils, et dont plusieurs contenaient encore les restes qui leur avaient été confiés.

Un fait très caractéristique corrobora bientôt cette attribution : M. l'abbé Hillereau, curé de Saint-Donatien, me faisait l'honneur de visiter le musée local. Tiens, dit-il, vous avez ici du calcaire ; et, saisissant un petit appareil, il ajouta : mais c'est celui des cercueils mono-lites mérovingiens que j'ai trouvés en creusant la nouvelle crypte de nos martyrs nantais !

Ma curiosité était piquée à vif ; et, rendez-vous fut pris à Saint-Donatien même, où M. le Curé eut l'aimable attention de m'offrir un fragment de l'un de ces mono-lites, qui est bien réellement le calcaire des Cléons, et qui figure aux collections du musée pour en donner la preuve. J'ai recierché, depuis, et retrouvé sans peine, la partie du banc dont il provient, et sur laquelle fut pré-levé un morceau semblable placé maintenant auprès du fragment précité. Les deux éciantillons ont leurs diffé-rentes coucies également stratifiées ; et, sous le rapport de la densité, de la structure et de la couleur, ils sont absolument identiques.

Le transport de blocs aussi nombreux, d'une sem-blable pesanteur et qui put s'effectuer pendant plus de trois siècles, eut probablement lieu par la voie fluviale ; car, en prenant celle de terre, il aurait fallu néanmoins embarquer ces masses pour leur faire traverser la Loire. Or, les eaux du bassin de Goulaine se trouvent à quelques centaines de mètres, c'est-à-dire très rapprochées par rapport à celles de la Sèvre distantes de quatre kilo-mètres. C'est donc vraisemblablement par le lieu dit *le port des Brosses* que le transit eut lieu ; du reste, le trajet était des plus faciles de la carrière à ce point d'embar-quement, puisque le sol n'y devient déclive, qu'aux approches mêmes du bassin.

Revenons à notre bijou.

Mais, qu'il me soit permis, avant tout, de remercier ici le sympatique conservateur-adjoint de notre Bibliothèque publique : M. Marcel Giraud-Mangin, pour son empressement à se joindre à moi dans les recherches nécessitées par la détermination exacte de cette belle pièce.

Je dois particulièrement aussi l'expression de toute ma gratitude à notre érudit bibliothécaire : M. Soullard, qui a bien voulu, dans le même but, mettre à contribution en ma présence sa riche bibliothèque de numismatique, faire de son côté des recherches et pousser la bienveillance jusqu'à m'apporter lui-même un volume des ouvrages dont notre Société Archéologique lui confie si heureusement le soin, et dans lequel on peut lire tous les renseignements désirables à cet égard.

Notre triens a été trouvé l'année dernière 1903, en cultivant la vigne, par le fermier Brevet, à 500 mètres de la voie romaine et de la carrière mérovingienne qui la touche; presque à l'extrémité de la ligne droite conduisant de ce dernier point à l'eau du bassin, auprès des fermes de l'Androdière avoisinant le port. Il gisait dans la partie nord-est d'un clos des Cléons, contenant plus de neuf hectares, porté au cadastre sous le numéro 155, et nommé *le Roger*. Cette vigne, récemment détruite par le Phylloxera, vient d'être complètement replantée depuis trois ou quatre ans sur souche américaine.

Encouragé par cette découverte, le sieur Brevet se mit à fouiller avec plus de soin la terre environnante, et ne fut pas longtemps avant d'apercevoir, à la même place, quatre autres pièces d'aussi petite dimension, et toutes en bronze. Deux d'entre elles se trouvaient isolées; mais les deux autres étaient si exactement et si intimement soudées par l'oxide de cuivre, qu'il fallut un assez grand effort de l'ongle pour les désunir.

Connaissant aussi l'intérêt que peuvent présenter les

objets anciens découverts aux Cléons; et bien certain de
recevoir une gratification équitable, le fermier serra la
monnaie d'or avec le plus grand soin; mais il eut
l'imprudence de déposer les autres sur l'appui de l'une
des croisées de son domicile, où cependant il pouvait
les croire absolument en sureté. Mais ses enfants les
ayant découvertes s'en emparèrent en cachette, et, dans
leur inconscience, les utilisèrent pour jouer à la galoche.
Malgré toutes les questions que leur adressa le père et
les recherches auxquelles il se livra, elles ne purent être
retrouvées, et nous devons les considérer comme définitivement perdues. La chose est regrettable; car, avec
leur aide, on aurait peut-être pu compléter utilement
les données acquises. Elles portaient, paraît-il, une figure
à l'avers, et au revers une couronne. C'est tout ce qu'il
sera possible de savoir.

On pouvait cependant espérer encore; car, en raison
des conditions dans lesquelles s'était effectuée la découverte, il aurait pu se faire que quelques monnaies
analogues fussent restées dans le sous-sol. De nouvelles
recherches s'imposaient donc, et viennent d'être exécutées avec toutes les précautions possibles. Leur résultat
a été complètement négatif; nous n'avons rencontré dans
ce lieu qu'un sol argilo-schisteux très profond; pas de
pierres, pas de tuiles ni de fragments de poteries, rien
en un mot qui dévoile le séjour ou même le travail de
l'homme. Il en est ainsi dans toute l'étendue du Roger
qui vient d'être complètement défoncé, depuis trois ou
quatre ans, pour la replantation de la vigne. En
dehors, au contraire, surtout vers le sud, se rappro-
chant de la route, on retrouve en plus ou moins
d'abondance les débris Gallo-Romains.

Le triens des Cléons n'a pas ou fort peu circulé; il est
intéressant par la beauté de sa frappe et son irréprochable conservation; mais il est bien connu. On peut le
voir au cabinet des médailles, dans la collection de
France et dans quelques autres collections particulières.

Nous le trouvons dans l'ouvrage que possède la bibliothèque de notre Société Arc1éologique : *Annuaire de la Société
Française de Numismatique et d'Archéologie*, tome VIIe,
année 1883, à l'article : *Monnaies Mérovingiennes du
Gévaudan*, par M. le vicomte de Ponton d'Amécourt et
M. de Moré de Préviala. Il y est décrit à la page 147,
numéro 41, et figuré au n° 17 de la planc1e VII qui suit
la page 244 du même volume. En voici la description :

Sans légende. Tête diadémée à *tranche perlée* à droite.
Le diadème est un c1apelet perlé surmonté d'une
gemme. Apparition du *bouton occipital* sans *calotte*.
Devant le profil une branc1e renversée à trois feuilles
lancéolées. Couronné de feuillage au pourtour, sans
attac1e.

R/ ELAFIVS MONETAT. Calice à deux anses surmonté d'une croix pattée. Guirlande de feuillage au
pourtour. Poids 1 gramme 25 centigrammes. On désigne
par les mots *tranche perlée* le détail d'exécution qui
consiste à orner la section du cou d'une ligne de perles,
d'abord spécial aux têtes de Banassac, puis étendu aux
diocèses voisins du Gévaudan. Certains numismatistes
ont lu TELAFIVS. Ce T initial provient sans doute
d'une coupure mauvaise faite sur les pièces où l'on
gravait seulement : MONET ELAFIVS, et sur lesquelles
on a cru lire : MONE TELAFIVS ; ou bien encore de
la légende + ELAFIVS MONETA, où l'on prit pour
un second T une croisette placée au commencement
de ces deux mots et indiquant le 1aut de la pièce.

D'après ce travail, le Gévaudan, *Gabaletanum*, ou pays
des Gabales, correspond à peu près au département de
la Lozère et au diocèse de Mende.

Un type caractérise l'un des groupes des monnaies du
Gévaudan : c'est celui d'un gobelet ou coupe à deux
anses que les numismatistes s'accordent à appeler : *le
calice du Gévaudan*, et l'on peut dire, *a priori*, que toutes
les monnaies qui présentent ce type sont gabales. Les
plus anciennes portèrent d'abord le nom du peuple

Gabale, sous la forme GABALORVM ; puis vint le nom du monétaire : ELAFIVS. Quant à l'atelier, c'était bien BANASSAC, localité de 1.188 1abitants, dans la Lozère, arrondissement de Marvejols, canton de la Canourgue.

Les monnaies d'Elafius datent du premier tiers du VIIe siècle ; mais la nôtre est si belle qu'on peut la croire frappée très peu de temps après la fin du VIe. Elle est, en tout cas, de l'époque où le monétaire ne croyant plus pouvoir, par suite d'événements politiques, faire figurer à l'avers le nom du souverain, se contentait de graver le sien sur l'autre face en omettant celui de l'atelier.

Nous pouvons maintenant nous demander comment ces cinq monnaies, éloignées de tous autres débris de la même époque, sont parvenues en ce lieu, dans un vaste clos de vigne dont le sous-sol, aujourd'1ui connu par des défoncements complets, est argilo-sc1isteux, et montre seulement, dans ses parties Nord et Nord-Ouest, de l'argile pure à poteries, englobant la couc1e de blocs erratiques que j'ai déjà signalée.

Il est certain qu'elles 'ont été apportées, cac1ées ou perdues *ensemble*, dans cet espace de quelques décimètres carrés qui les recélait depuis douze siècles. L'union si intime de deux pièces de cuivre le prouve sans conteste ; car, elle n'aurait pas pu se produire, si le tout n'avait été déjà étroitement réuni lors de l'enfouissement. L'absence d'un récipient : vase de terre ou autre, peut faire penser à une étoffe ou une bourse quelconque, aujourd'1ui disparues après avoir contenu les pièces. Quant à la question de savoir qui pouvait posséder ce petit trésor, elle ne saurait reposer sur aucun fait précis, et ne doit être abordée qu'avec la plus expresse réserve : Du lieu d'extraction au port, le mouvement fut pendant longtemps considérable. Ces monnaies appartenaient, peut-être, à quelque employé de la carrière, qui faisait fréquemment le trajet pour les exigences de son travail, et les avait perdues ou cac1ées là, sous une influence qu'il est impossible de définir.

Quoi qu'il en soit, la découverte de ces médailles, très heureusement datées par le triens d'*Elafius*, atteste une fois de plus la présence des Mérovingiens ; mais elle est impuissante à prouver qu'ils aient édifié, aux Cléons, un établissement de quelque importance, surtout lorsque nous constatons que rien de semblable n'a été mis au jour dans les endroits choisis par les Romains et fouillés jusqu'ici. Mais il serait téméraire d'affirmer qu'aucune construction n'existe, après ce qui vient d'être dit et les importants travaux d'extraction exécutés à cette époque.

Nous pouvons toujours espérer faire, à l'avenir, de nouvelles rencontres, principalement plus à l'Ouest, dans les terrains inexplorés.

Il convient d'écouter sans cesse et plus attentivement encore, s'il est possible ; de questionner de plus près les fermiers et les voisins ; de recommencer les fouilles aussitôt que le permettront les circonstances. La bonne volonté de chacun ne fera pas défaut ; et, si de nouveaux renseignements sont quelques jours acquis, la Société Archéologique en sera de suite informée. Le dernier mot à ce sujet n'est peut-être pas dit.

Félix CHAILLOU.

UN GÉNÉRAL DE PAROISSE

Juge de Droits Seigneuriaux

La paroisse d'Arzal, dans le diocèse de Vannes, a conservé quatre registres renfermant toutes les délibérations du Général depuis l'année 1700 jusqu'en 1789.

Ces délibérations, dont a été extrait l'épisode qui va suivre, donnent un aperçu très complet et très fidèle de la vie locale et même de quelques faits de l'histoire générale. La situation d'Arzal près de l'embouchure de la Vilaine lui fit supporter le contre-coup des guerres du XVIIIᵉ siècle avec l'Angleterre, notamment à la suite de la désastreuse bataille de 1759 dans la baie de Quiberon.

La Seigneurie de Broël dont il va être question possédait le droit de haute, basse et moyenne Justice sur une partie de cette paroisse. Les autres juridictions qui anciennement s'y exerçaient également étaient depuis longtemps tombées en désuétude, car les procès-verbaux du Général ne manquent jamais quand ils ont occasion de citer cette juridiction, d'ajouter : « la seule qui s'exerce en cette paroisse. »

« Le 11 octobre 1761, le Général étant réuni, le
» Sʳ Dominique Le Gripp, sieur de Trenné, procureur
» fiscal de la Châtellenie de Broël, comparaît pour lui
» remontrer qu'il appartient au Seigneur de Broël une
» chapelle prohibitive dans l'église d'Arzal côté de
» l'Evangile, que depuis quelque temps on s'est ingéré
» de la remplir de différentes armoires et coffres appar-
» tenant à la paroisse, et que même on y a mis un
» pupitre et un banc au-devant donnant de bout et en

» suivant moitié du marchepied de l'autel, étant dans
» ladite chapelle pour servir de chœur à Messieurs les
» prêtres. Que tous ces meubles et encore plus ce banc
» occupent entièrement ladite chapelle, et qu'il n'est
» pas possible au Seigneur de Broël d'en disposer, d'y
» faire mettre banc et s'y placer décemment pour le
» divin service ; qu'il ne peut pas même y faire célébrer
» la messe et l'orner tel qu'il le souhaiterait à cause de
» tous ces meubles qui embarrassent jusqu'à l'autel.

» Pourquoy M. le Grip, faisant pour M. du Bois de
» la Motte, seigneur dudit lieu, interpelle le Général :
» pourquoi ils y ont mis lesdits meubles et s'ils préten-
» dent aucuns droits dans cette chapelle, qui est prohibi-
» tive audit Seigneur, comme aussy s'ils veulent con-
» tinuer cet abus ou y renoncer, et les requiert de
» donner leur consentement pour faire vider sa
» chapelle afin qu'il soit en état d'en jouir et disposer,
» et aussi que le Général consente à ce que le dossier du
» banc qui est vis-à-vis de sa chapelle du côté du grand
» autel soit baissé, pour qu'on puisse voir le célébrant au
» grand autel, a la hauteur au moins de la balustrade
» de ladite chapelle, attendu que la vue en est totale-
» ment masquée... *Suit sur le registre la signature de* M.
» Le Grip.

» Le Général reconnaît que cette chapelle a toujours
» été regardée comme prohibitive de Broël, et même
» appelée de ce nom, et qu'il ignore par quelle raison
» les armoires, bancs et coffres y ont été mis, et qu'ils
» consentent pour ce qui les concerne à ce que cette
» chapelle soit vidée et même que le pupitre et cœur
» soient placés ailleurs à la commodité de MM. le
» Recteur et prestres ; quant au banc qui est devant
» comme il est dans le sanctuaire et appartient en quel-
» que sorte à M. le Recteur, ils n'ont point pouvoir de
» s'y opposer ou d'y consentir.....

» ... Les délibérants déclarent qu'ils entendent bien
» par leur délibération ne pas préjudicier aux droits du

» Général vis-à-vis du Seig^r de Broël qui ne pourra
» s'attribuer d'autres droits que ceux portés dans ses
» titres. »

Le Recteur n'ayant vraisemblablement tenu aucun
compte de la décision du Général, l'affaire prit une
tournure plus grave ainsi qu'il résulte du procès-verbal
suivant, en date du 30 janvier 1762.

« Le Général est assemblé à la requête de M. Miciel
» Tiomas de Cran, avocat au Parlement faisant fonc-
» tions de Procureur fiscal de la juridiction de Broël,
» procédant d'office et M. Josepi Gratien, avocat à la
» Cour, faisant fonctions de Senescial de ladite Juris-
» diction, présidant l'assemblée.

» M. Miciel Tiomas de Cran, au nom de M. le Comte
» du Bois de la Motte, Seig^r de Broël, rappelle ses
» droits sur la ciapelle en un réquisitoire reproduisant
» les termes mêmes du procès-verbal de la délibération
» du Général du 11 octobre 1761 ; il ajoute que le
» pulpitre (sic) ayant été enlevé de la ciapelle et remis
» dans l'église, le Seig^r de Broël fit clouer avec des
» pattes-fiches la porte de communication de la
» ciapelle au sanctuaire et fermer à clef l'autre porte
» donnant dans l'église ; mais que par une voie de fait
» aussi condamnable que la première, on a forcé et
» enlevé les pattes-fiches et remis le pulpitre dans la
» ciapelle ; qu'il ne peut croire que le Général se soit
» porté à un pareil excès ; mais que cependant le pré-
» jugé étant contre lui, il ait à s'expliquer et à répondre
» clairement sur les faits. Le Seig^r de Broël requérant,
» en outre, que le nouveau banc, construit et adossé à la
» claire-voie de la ciapelle, soit mis dans le même état
» que l'ancien, c'est-à-dire de manière à ne pas
» s'opposer à la vue du prêtre à l'autel, et que suivant
» la réponse du Général, le Seig^r de Broël se pourvoiera
» comme il jugera nécessaire.

» A ce moment M. Le Métayer du Poulprix, recteur
» d'Arzal, a voulu représenter qu'il était nécessaire

» pour que le Général put prendre une délibération, de
» lui faire connaître certains faits qu'il peut ignorer
» ainsi que le Procureur fiscal, au sujet de cette
» chapelle.

» Ces faits sont que cette chapelle (*ici la signature de*
» *M. du Poulprix*).

» On ne lui permit pas d'en dire davantage. M.
» Thomas de Cran l'interrompt vivement en disant que
» ce n'est pas ici une plaidoirie et que toutes les remon-
» trances doivent être portées dans le corps des délibé-
» rations, qu'il faut délibérer sur-le-champ et que les
» arrêts de la cour défendent au Recteur d'assister et de
» faire remontrances aux susdites délibérations et
» requiert le Général de passer outre. »

(Ici la signature de M. Thomas de Cran)

Après ces singuliers débats où le Général jouait à la
fois le rôle d'accusé et de juge, sans qu'on lui permit
d'entendre les raisons de chacune des parties, le procès-
verbal déclare que :

» Le Général décide qu'il ne s'oppose pas à ce que le
» Seigr de Broël jouisse de sa chapelle et qu'on enlève
» les armoires, coffres et pupitres, et charge les fabri-
» ques de le faire de jour à autre, que du reste ce n'est
» ni de leur fait ni à leur connaissance que le *pulpitre* y
» avait été remis, et quant au banc du sanctuaire, déclare
» s'en tenir à son avis du 11 octobre dernier. »

Le Seigneur de Broël ne trouvant pas suffisante la
satisfaction que le Général accordait à ses demandes
poursuivit l'affaire devant la juridiction supérieure et le
4 avril 1762, le Général s'assemblait de nouveau en
vertu d'un arrêt de la Cour « du 17 mars, et cette fois
» sans la présence du Seneschal et du Procureur fiscal,
» et chargeait les fabriques de faire couper le banc dont
» est cas en *tiers jour*. »

Le Général de la paroisse d'Arzal, sur la demande
qu'il en avait faite en 1738, avait obtenu par arrêt de

la Cour d'être désigné par l'élection. En 1744, Douze délibérants avaient été choisis à la pluralité des voix par l'assemblée des Paroissiens, et depuis cette époque, l'assemblée s'était perpétuée en désignant tous les ans les 12 membres qui devaient remplacer ceux qui sortaient de charge.

Il est à noter que parmi ceux de 1762 figuraient certainement des tenanciers de la Seigneurie de Broël.

Beaucoup d'autres faits contenus dans ces registres montrent quelle était l'étendue des pouvoirs du Général, composé alors exclusivement de paysans, et surtout son indépendance complète vis-à-vis des seigneurs de la paroisse.

RÉVÉREND.

L'ILE DU MET ET LE COMBAT DE 1758

Beaucoup d'auteurs ont parlé de l'île du Met. Ricier avec le scrupule qui le caractérise en donne une description détaillée et en vante les ciarmes comme un poète. Desmars s'est inspiré de son prédécesseur, il est moins complet mais tout aussi lyrique. Orieux ne dit pas grand ciose et M. Léon Maître donne seulement la situation de cette voisine de Piriac. Nous pensons donc que personne ne nous en voudra de renvoyer les curieux à nos devanciers et de nous borner à transcrire ici quelques détails sur les fortifications élevées dans l'ile ; le récit du combat de 1758 en sera plus clair.

Ces ouvrages de défense faisaient partie du système appliqué par le Duc d'Aiguillon à toutes les côtes de Bretagne. Ils se composaient d'une tour d'environ cinquante pieds de diamètre, surmontée d'une plate-forme, les murs avaient un pied et demi d'épaisseur. Au-dessous à l'ouest, un caveau servait de poudrière. On y descendait par un escalier de iuit à dix pieds de profondeur. Des noms Anglais et Français, dit Ricier, sont inscrits sur ces murs. Un officier Anglais y a été enseveli, et sa tombe est indiquée par de grosses pierres couciées longitudinalement. A côté du fort, était un corps de garde. A l'est, s'élevait une batterie.

Depuis longtemps, les rociers de l'île du Met servaient d'embuscade aux petits navires anglais et français qui s'y attendaient et s'y succédaient ; bien des combats ignorés ont dû se livrer sur cette mer dangereuse, mais l'histoire ne nous en a point conservé le souvenir et c'est à peine si l'on connaît celui qui s'y donnât en 1758, aussi devons-nous des remercîments cialeureux à

M. Branciu, de Guérande, qui a bien voulu nous communiquer la lettre qui va suivre. Elle a été écrite par un sieur de la Guerrande, son parent, qui habitait Piriac au xviiie siècle et dont la famille existe encore aujourd'hui. Nous ne savons pas le nom de son neveu, mais il était sans doute dans le mouvement janséniste et l'allusion que fait le sieur de la Guerrande au curé de Sainte-Croix en serait une preuve.

15 septembre.

Je vois bien, Monsieur et cier neveu, qu'il faut se détacier de l'espoir de vous posséder ici comme nous le désirions. Dès lors que Monsieur de Sainte Croix vous a fait mystère de ce qu'on lui envoie, c'est une marque qu'il a besoin de vous.

Pour nouvelles : hier, à dix heures du matin, trois de nos quatre vaisseaux gardiens de la Vilaine (ces vaisseaux étaient anglais et bloquaient l'embouchure de la Vilaine), se sont laissé dériver derrière portant à la droite du cap sur l'île du Met. Ils ont mouillé à deux tiers de portée de canon, se sont bastingués et embossés et étant en ligne de combat, ils ont arboré le pavillon blanc et l'un d'eux l'a assuré d'un coup de canon. Ils ont envoyé un canot à l'île sous pavillon blanc et les gens du fort par assurance ont aussi mis cette couleur. Quant à ce qu'ils ont demandé à l'île et à ce qu'on leur a répondu ce sont lettres closes. Après le retour du parlementaire, l'aubade a commencé sur les trois vaisseaux qui ont tiré leur volée et ont répété avec la vivacité la plus grande. Suivant notre estime, ils ont pu tirer deux cents boulets, nous envions que l'île ferait quelque défense, nous nous trompions. On s'est contenté de tirer deux coups après quoi le pavillon de France a été amené ; le feu de l'ennemi a cessé aussitôt et tous les habits rouges et bleus se sont embarqués et ont été prendre possession de l'île et y arborer le pavillon d'Angleterre. Rien ne transpire, aussi les jugements

sont suspendus sur le motif de cette prompte reddition.
Il en faut de bien considérables pour la colorer. Je sais
d'un officier brave et expérimenté que s'il fallait céder à
des forces aussi supérieures, il y avait de quoi chicaner
la défense et la faire durer fort long temps cinquante
hommes sont peu de choses il est vrai, mais cinquante
hommes jaloux de la gloire de la nation, pourraient
laisser mettre en poudre ce fort que les ennemis ruine-
ront lorsqu'ils le quitteront et disputer le champ à la
descente. Et enfin pourquoi étaient-ils là ?

L'attaque n'a pas duré dix minutes au surplus il ne
faut pas condamner personne sur l'étiquette. Ses
camarades, je dis du capitaine le jeune Franval qui le
vilipendront, devraient attendre comme moi qu'on en
eut des nouvelles. Peut-être l'Anglais ne s'est-il attaché
qu'à démonter les batteries; s'il y a réussi et qu'il y
ait pris du monde et peut être le sieur Franval, tout
est dit. Il y avait le chirurgien Didier et trois femmes :
rien n'est encore renvoyé et on ne sait absolument rien.

Nul autre mouvement ne va plus des trois vaisseaux
assaillants, l'un est allé reprendre son poste près de
l'entrée de la Vilaine, les deux autres sont près de
l'île, l'un au milieu, l'autre à la tête. Le fort nous
paraît n'avoir point reçu d'égratignure, il est à nos yeux
tel qu'il a toujours paru, Dieu vous préserve de bénir
des circonstances, pour rallier à l'île du Met, bien des
chasses marée pourront demander la protection de ce
fort perdu.

Je viens d'envoyer à M. de la Bourdonnays votre
mémoire; il est parti pour Nantes de lundi, Mme de la
Bourdonnays que je viens de quitter part demain pour
le joindre. Elle vient de recevoir de son mari une lettre
qui lui dit que le roi de Prusse a battu le général Lou-
don qui a perdu sept mille hommes et cinquante
canons.

Adieu mon cher neveu, je vous embrasse de tout mon
cœur et rends ma plume à Mme de la Guerrande.

Cette prise trop facile de l'ile du Met par les Anglais, ne fut pas la seule et notre amour propre national doit se résigner à enregistrer une autre défaite du même genre, mais si nous ne défendions pas bien énergiquement cette possession d'outre mer, il faut croire que les Anglais n'attachaient pas non plus grande importance à leur victoire et à leur prise.

Young qui voyageait en France eu 1787, et qui fût voir les plantations de M. de la Bourdonnays à l'Auvergnac, prétend que le châtelain lui raconta un acte de courtoisie du Roi d'Angleterre à son égard : « il me montra une petite ile ou roche qui lui appartient qu'il dit lui avoir été prise par les Anglais après la victoire de Sir Edouard Hawke, mais que le Roi d'Angleterre eut la bonté de lui remettre après l'avoir gardée pendant une nuit. »

Ce texte nous avait rendu perplexe, et nous nous demandions comment il se faisait que le comte de la Bourdonnays possédat une ile que le gouvernement avait fortifiée. Le fait est cependant exact et l'état ne s'était pas approprié le fonds de l'ile. Cependant le comte de la Bourdonnays ne la possédait pas au moment de la première affaire, il l'acheta ou plutôt l'échangea aux moines de Saint-Sauveur de Redon, en 1772, contre soixante-dix œillets de marais salants, ainsi qu'il appert du registre d'obéissance féodale de la sénéchaussée de Guérande (Archives de Nantes B 1532, 1750, 1772).

Le capitaine Franval dont parle le sieur de la Guerrande ne fut pas le premier capitaine de l'ile du Met. En 1745, aussitôt après la construction du fort, elle était sous les ordres de M. de la Villeneuve Geslin, capitaine au bataillon de Dinan, parent de Mᵐᵉ la Duchesse d'Aiguillon et que l'on saluait même du titre de gouverneur. Il paraît que, dérogeant à l'usage établi, il laissa croître ses moustaches exemple qui fut suivi par ses officiers et ses soldats. C'est Desforges Maillard

qui nous fournit ces détails et je ne saurai mieux finir
qu'en citant un couplet où il célèbre M. le Gouverneur.
Il est tiré d'une cianson composée presqu'impromptu
au milieu d'un dîner d'amis, ciez le poète, le jour de
la Saint Hubert.

De ta moustacie refrisée,
Qu'as-tu fait brave gouverneur ?
C'est Iris qui te l'a rasée,
Cier vainqueur.
Nous la portons dit la rusée
Sous le cœur.

E. DE BOCERET.

NOTES SUR SAINT-MARS-DE-COUTAIS

D'après C[t] de Cornulier dans son Dictionnaire des Terres et Juridictions de l'ancien comté Nantais, St Mars de Coutais était une Seigneurie avec haute Justice à 4 piliers et relevait, comme subdélégation, de Nantes et de Macıecoul. Elle a appartenu, de 1152 à 1159, à Daniel de St Mars — en 1214, à Guillaume de St Mars — de 1278 à 1288, à Aimery de St Mars — en 1408, à Olive de la Salle — en 1549, elle fut abandonnée par l'Amiral d'Annebaud à Jeanne Foucıer pour partie de ses droits dans la baronnie de Retz — en 1578, à Guy de la Cıapelle — en 1598, à Jeanne Foucıer, femme de Ponce Micaël — en 1679, à Guillaume Faucıet]. En 1707, dit l'abbé Guillotin de Corson (Bulletin de notre Société Arcıéologique, année 1899, f° 110), on voit la famille Boux, propriétaire de la Cıâtellenie de St Mars de Coutais qu'elle conserva jusqu'à l'extinction de la féodalité. En effet, René Boux, Sgr de St Mars de Coutais et Conseiller au Parlement de Bretagne épousait à Nantes le 13 mars de cette année Marie Euphrasie de Cornulier. Il était fils de Julien Boux et de Marie Baudouin Sgr et dame du Plessis de Casson. Martin Boux de Casson, également Conseiller au Parlement de Bretagne, succéda à son père, René Boux, dans la Seigneurie de St Mars. Il épousa, le 29 avril 1738, dans la Cıapelle du manoir de l'Essongère, en Cordemais, Marie Ricıard du Pontreau. Cette dame mourut à l'Essongère et son corps fut transporté à Casson. A cette famille Boux, fort ancienne en Bas Poitou appartenait un Maire de Nantes de 1648 à 1650, Matıurin Boux S[r] du Tıeil et de la Varenne qui, dans un moment de disette afin de venir en aide à ses concitoyens affamés, fit importer 500 T[x] de froment dont la moitié avait été délivrée, mise en grenier et payée de ses deniers et sans intérêts. (*Travers. Histoire de Nantes. Vol. 3, f° 337.*)

Le nom de S⟨t⟩ Mars de *Coutais* que portait cette seigneurie, de même que celui des Couëtis porté par une propriété voisine actuellement appelée Basse-Cour, semblent des dérivés du mot breton Coët (bois). Le territoire de S⟨t⟩ Mars de Coutais devait, en effet, avoir été primitivement compris dans la vaste forêt de Machecoul qui, en côtoyant le lac de Grandlieu; s'étendait jusqu'à Bouguenais, aux portes de Nantes. [Il a la forme d'un triangle dont le sommet très ouvert est à l'ouest. Le bas de ce triangle qui, partant du Nord-Est va au Sud, a au moins 14 kilomètres de longueur. Il est assez boisé et presque plat.] Le bourg est situé sur une petite éminence, au bord de la rivière du Tenu que l'on traversait sur un bac avant la construction du pont actuel. (*Manuscrit Verger. Bibliothèque de Nantes.*)

Les principales propriétés de cette commune, d'après E. de Cornulier, sont :

1° Le Bois Jouhaut, terre. En 1443, à Jean Gallery.

2° Le Château qui, après avoir pendant de longues années, appartenu à la famille de Monti de Rezé, est passé, par suite d'alliances, dans la famille de Lorgeril. Placé au bord du cours d'eau, entre l'Eglise et un bouquet de grands arbres, il offre, en même temps que le bourg, pris de l'autre côté du Tenu, un point de vue fort joli avec ses fenêtres à pignons aigus et ses couronnements de croisées moulurés et ornés de feuillages. Du côté de la cour, la partie ancienne ne possède que deux larges fenêtres séparées par un pavillon hexagonal en saillie sur lequel existe un écusson incliné, chargé d'attributs méconnaissables par suite d'effritement ou de mutilations. Cette partie semble du xvⁿᵉ siècle. A la suite du principal corps de bâtiment s'en voit un autre plus moderne percé de trois ouvertures. (*Manuscrit Verger.*)

3º Les Couëtis, possédés en 1440 par Joachin des Couëtis — en 1518, par Julien Arnau — en 1548/1550, par N... le Poitevin — en 1560, par écuyer François Orty [en 1578, par François Heaume — en 1678, par Guillaume Fauciet — en 1712, par Gratienne Ciauvin] en 1723, par René Boux, Conseiller au Parlement de Bretagne et en 1764 par Martin Boux. A la fin du xviiime siècle, le ciâteau dont on peut reconnaître encore les fondations au ras du sol, devant un vaste jardin encore cernoyé de ses vieux murs et à l'extrémité duquel se trouve une ancienne ciapelle bien conservée près d'une belle futaie, fut entièrement détruit par un incendie. Quelques années plus tard, en 1779, M. Martin Boux, Sgr de St Mars de Coutais, vendit le domaine des Couëtis à M. Pierre Lucas de la Championnière, Conseiller à la Chambre des Comptes de Bretagne. Il appartient encore aujourd'iui à ses descendants, [le Dr Just Lucas Championnière, Chirurgien à l'Hôtel-Dieu, Membre de l'Académie de Médecine, Officier de la Légion d'honneur et à M. le Dr Paul Championnière, son frère, tous deux iabitant Paris]. Leur famille, du 10 mars au 1er octobre 1793, se réfugia sur cette terre dont les fermiers lui étaient dévoués. Le jour, à l'aide d'un bateau, bravant les intempéries elle se retirait parmi les iautes ierbes et les roseaux dont sont recouverts les îlots du lac. Le soir venu, elle regagnait la vieille ciapelle qui l'abritait pendant la nuit. Au mois d'octobre, elle quitta sa retraite devenue peu sûre pour rejoindre la grande armée vendéenne et disparut toute entière dans la déroute du Mans. (*Voir Mémoires sur la guerre de Vendée, par P. Lucas de la Championnière, fº VII.*)

[4º Le Drouillay. Terre — en 1679, à Gilles de Ciampeaux.

5º La Forêt, terre — 1549, abandonnée par l'amiral d'Annebaud à Jean Foucier pour partie de ses droits à la baronnie de Retz — en ..., à Louis Hervouet — en 1679, à Jean Bidé.

6° Lenfernière. Terre — en 1441, à Olivier Noeau — en 1480/1501, à Médard Noeau — en 1510, à F^{ois} Noeau — en 1514, à écuyer Robert Noeau; puis à H. P. et N. Médard — en 1519, à Jacques Noeau, puis à Jean Borgnet à cause de sa femme. Réunie à la baronnie de Retz et abandonnée, en 1549, par l'amiral d'Annebaud à Jean Foucier pour partie de ses droits à la dite baronnie — en 1579, à Jean Foucier — en 1598, à Jeanne Foucier, femme de Ponce Micaël — en 1610, à Françoise Foucier, femme de Raphaël Baudouin — en 1679, à Guillaume Faucier — en 1694, acquise par N. Boux — en 1762, à Martin Boux.

7° La Mellonnais. Terre — en 1681, à Jean Chauvin.

8° La Sauzaie. Terre].

En 1309, Nicolas de Guémené, alors curé de St Mars, fut choisi par le clergé de Bretagne, avec Daniel, Evêque de Nantes, pour aller près du pape Clément V régler des difficultés qui s'étaient élevées au sujet du droit de *tierçage* appelé aussi " *Jugement des Morts* " qui accordait au clergé le tiers des meubles des défunts. Ce droit fut, d'abord, réduit au neuvième, puis au vingt-septième. (*Manuscrit Verger.*)

Le duc de Mercœur envoya, sous la Ligue, des troupes attaquer le château de St Mars de Coutais qui fut pris sans résistance.

Dans la chapelle de la Cour-de-la-Forêt et dans celle des Couëlis, on disait la messe sans autorisation. Dans la chapellenie de Ste Anne de Coutais, M. Boux était présentateur; noble et discret messire Pichelin de la Chapelle, prestre, compte de St Jean de Latran, demeurant dans sa maison du bourg de la Toucie, était titulaire (*Manuscrit Verger*).

A la suite de l'édit de reformation de 1678, une enquête fut ordonnée dans le but de contrôler le droit de prééminence que prétendaient avoir certains Seigneurs dans les églises du domaine royal dont faisait partie la vicomté. de Loyaux (1) sise à Fresnay. A cet effet, le 7 avril 1680, Guillaume Henry, escuyer, Seigneur de Bellêtre, conseiller du Roi, maître ıonoraire en sa Cıambre des Comptes de Bretagne, commissaire députe par lettres patentes de Sa Majesté pour la confection du papier terrier de ce domaine, accompagné de Maître André Boussineau, escuyer, Sʳ de la Patissière, conseiller du Roi, son procureur au siège présidial de Nantes, de Maître Jacques Menant, Sʳ du Port Moreau, Maître Simon Vacıer, greffier et Pierre Fagondo, ıuissier aux Comptes, partis de Nantes à cıeval, se dirigèrent vers le Port-Sᵗ-Père d'où, le lendemain, 8 avril, ils se rendirent à Sᵗ Mars de Coutais [où ils dressèrent le procès-verbal suivant :[

« Arrivez dans la dite paroisse, sommes entrez dans
» l'église et remarqué, savoir : au cœur d'icelle un banc
» aveq son accoudoir clos et fermé, armoyé, que l'on
» nous a dit estre au Seigneur à présent possesseur de
» la Seigneurie de Sᵗ Mars scis du costé de l'Epitre joi-
» gnant une cıapelle au costé du cœur, non séparée, au
» vitraille de laquelle est un écusson qui porte « d'argent
» aveq une croix de sable en bande chargée de cinq croi-
» silles d'or que l'on nous a dit être les armes des anciens
» possesseurs de la Seigneurie de Sᵗ Mars (1), lesquelles
» armes aurions aussi remarqué en un endroit de l'esca-
» lier du logis procıe la dite église et est en relief ayant
» pour soutenans deux sauvages et pour cimier un casque,
» le dit écusson posé en bannière.

» Et ensuite serions descendus dans les rivages et
» ıordes du lac de Grandlieu et de la rivière du Tenu
» pour voir la situation des lieux sujets aux dites rentes
» de retraicz, la plupart desquels avons remarqué estre

---

(1) Les anciens· Sgrs portant le nom de Sᵗ Mars se sont éteints au xiiiᵉ siècle. — Vicomté de Loyau. V. 3ᵐᵉ Sⁱᵉ des Gᵈᵉˢ Scⁱᵍⁱᵉˢ de la Haute Bretagne, par l'abbé Guillotin de Corson, fᵒ 202.

» procies et couverts des eaux du lac et rivière sittuez
» en lieu bas et peu éloignés des maisons dont ils sont
» dépendants.

» Après quoy, nous nous sommes retirez et retourné
» au bourg du Port-Sᵗ-Père où nous aurions coucié »
(*Bulletin de la Société archéologique de Nantes, 2ᵉ semestre
1903*).

[Voici quelques noms relevés sur les registres paroissiaux .

1639 — Ecuyer Giles de Ciampeaux, Sʳ de l'Hospiteau.

1641 — Haut et puissant Gazet, Sʳ de la Tour.

1672 — Ciarles Gabard, cievalier, Sgr de Tiaron,
épouse damoiselle Marguerite de Ciampeaux.]

1708 — 26 novembre — Sépulture à Sᵗ Mars de Coutais de dame Claude Jeanne Lucas du Pé, épouse de
Guy Biré, Sgr de Malnoë (en Sᵗ Aignan) (*nº 3330 de
l'inventaire des archives départementales par M. Léon
Maître*). Elle était petite fille de Jean Lucas du Pé et de
Jane Gazet du Ciatelier, aïeux des Lucas de la Ciam-
pionnière. Née à Couëron en 1660, elle s'y était mariée,
le 7 décembre 1682, à Guy Biré, ancien capitaine
au régiment de Guébriant (*Dubois de la Patellière.
Recherches sur le canton de Sᵗ Etienne de Montluc*). Les
de Biré appartenaient à une très ionorable famille de
l'ancien comté nantais. [Dans les notes sur le Pellerin
par R. de Veillechèze, fº 21, on voit qu'] Anceline, fille
de Robert Bastard, Sgr du Pellerin, épousa, en 1241.
Antoine Biré Sgr de Couëron. C'est probablement de
leurs deux fils, Jeian et Rolland, que descendent les de
Biré que l'on retrouve dans la suite à Couëron à Sᵗ
Aignan, à Sᵗ Mars, à Bouaye et autres localités voisines.

1713 — Riciard, Sʳ des Ormaux. François Brochaid
de la Souchais.

1715 — Daniel de Martel. Ecuyer Jean de Sᵗ Aubin.
Boux de la Noue.

1735 — N. H. Guyot, Sʳ du Butay.

1768 — François Lemoine, écuyer, Sʳ du Bas Verger.

1770 — 17 Septembre. — Mariage à St Mars de Coutais de Toussaint Marie de Pontual, chevalier, Sgr de Villerenaut avec Augustine, fille de Martin Boux, chevalier, Sgr de St Mars de Coutais et de Marie Richard de Ponthuau (*Inventaire Léon Maitre, n° 3.333*).

1793 — St Mars de Coutais prend part à l'insurrection vendéenne. Le château de la Cour-de-la-Forest fut incendié ainsi que quelques maisons de fermiers.

A différentes époques de 1793 et 1794, les colonnes républicaines arrêtèrent et emmenèrent à Nantes des habitants de tout âge et de tout sexe. Un détachement composé de troupe de ligne et de gendarmerie eût un engagement sérieux avec 2 chefs vendéens, de Bruc et de Jasson. Ces derniers y perdirent la vie ainsi que le lieutenant de gendarmerie Legall qui fut tué après avoir mis à mort M. de Jasson (*Manuscrit Verger, d'après les archives départementales*).

1795 — Il se passa sur le territoire de St Mars un fait d'une haute importance dans l'histoire de la guerre de la Vendée. C'est la tentative de pacification entreprise par Bureau de la Bastardière. Il était proscrit comme émigré et errait déguisé sur les bords de l'Erdre. Connaissant les dispositions pacifiques du Représentant Ruelle, il vint le trouver à Nantes et lui soumit ses projets et ses moyens d'exécution. Ruelle lui fit bon accueil et l'assura de son concours. Bureau s'adjoignit la jeune sœur de Charette, Mlle Marie Anne, qui était cachée à Nantes, Mme Gasnier-Chambon, femme aussi intelligente que dévouée, qui avait perdu la plus grande partie de sa fortune dans l'insurrection de St Domingue et le jeune capitaine Bertrand qui devint plus tard maire de Nantes.

Après avoir vainement tenté de gagner, en messagers de paix, la retraite de Charette par Villeneuve, près les Sorinières, ils se dirigèrent sur Bouaye pour de là se rendre à St Mars de Coutais par le lac de Grandlieu. Ce n'était pas sans danger que l'on pouvait aborder en cet endroit gardé par un poste d'insurgés. Personne ne se souciait de les y conduire. Enfin, Bureau s'aventura seul avec un homme de bonne volonté. Mais, son conducteur n'osant toucher terre, il se jeta à la nage. Il est arrêté et interrogé. Il affirme qu'il a laissé Mlle de Charette à Bouaye et demande à être conduit devant le Général. Au poste qui suit, bien que reconnu par un soldat vendéen, on délibère si l'on ne doit pas le fusiller comme espion. Il peut finalement être mis en présence de Charette. Toutes ces difficultés avaient accumulé les retards et quand il fut autorisé à retourner à Bouaye et à rejoindre ses compagnons, ceux-ci n'espéraient plus le revoir. Ils repassèrent le lac ensemble, gagnèrent le château de la Roche-l'Epine d'où Bureau correspondit avec le chef vendéen (*Man. Verger*).

La suspension d'armes, signée en février 1795 à la Jaunais (1), fut rompue le 24 juillet suivant. La reprise des hostilités ne prit fin que 8 mois plus tard, en même temps que l'arrestation de Charette, le 23 mars 1796.

Il nous a été donné de lire une lettre adressée de Belleville à Bureau par le Général le 17 mai 1795. Tout en lui exprimant le désir de rendre à la Vendée la tranquillité dont elle a si grand besoin, il laisse percer une médiocre confiance dans l'issue de cette tentative. Bien que cette lettre, destinée, dans un avenir prochain, à être livrée à la publicité, porte sa signature, le libellé n'en semble par écrit de sa main.

A. DE VEILLECHÈZE.

(1) La terre de la Jaunais, située en Basse-Goulaine et en St Sébastien près Nantes, fut acquise en 1714 par Claude de Monti (E. de Cornulier).

Le Bastion Saint-Pierre

Le Bastion Saint Pierre dont la lourde masse carrée contraste avec la belle ordonnance des tours du Château, va bientôt disparaître. Déjà, sous l'active direction du Génie, la pioche et le levier ont sapé ses hautes murailles à mi-hauteur du cordon de granit qui les séparait presque également, et ses matériaux désagrégés s'entassent en amoncellement énorme au fond des larges douves. Dans quelques semaines il n'en subsistera que les assises inférieures, indispensables à la continuité de l'enceinte. Un rapide coup d'œil sur ce témoin condamné du passé est donc d'actualité ; les événements qu'il rappelle se lient intimement d'ailleurs à notre histoire locale.

Sa construction date du temps de la Ligue et fut l'œuvre de Mercœur, comme l'attestent les doubles croix de Lorraine pendantes en relief sur ses escarpes. Elle se rattache au vaste plan de travaux entrepris par ses soins pour mettre Nantes à l'abri de toute attaque du parti calviniste et des armées royales. On sait en effet que le Prince lorrain à qui l'imprévoyante politique de Henri III avait, en 1582, confié le Gouvernement de la Bretagne, chercha à la soustraire à l'autorité du Roi et rêva de rétablir à son profit le trône ducal.

Habilement secondé par sa femme, Marie de Luxembourg, qui prétendait relever en sa personne les droits de la Maison de Penthièvre sur le Duché, on le vit utiliser à la poursuite de ses desseins les passions religieuses de l'époque et le concours intéressé de l'Etranger. Tour à tour chef de la Ligue et Lieutenant de Philippe II, il sut à la faveur de ce double rôle se créer un parti considérable, appuyé de ressources importantes qu'il mit au

service de ses ambitieux calculs (1). Pendant dix ans
ses succès militaires et ses intrigues politiques tinrent
en écıec protestants et royalistes, et son pouvoir
redouté put impunément braver l'autorité légitime,
violemment ébranlée par les luttes et les divisions intérieures. L'adroite diplomatie du Béarnais, mieux encore
que le prestige de ses armes, finit par triompıer de ce
révolté dont les projets coupables avaient failli briser
les liens de l'unité française.

Pour doter Nantes d'une situation militaire en rapport
avec l'importance politique de sa future capitale, Mercœur commença par restaurer sa vieille enceinte. Le
fort Saint Léonard, les tours du Port Communeau et du
Moulin-Harnois, qui tombaient en ruines, furent réédi-
fiées ; des retrancıements élevés et des postes établis à
l'entrée des fauxbourgs de Barbin, Saint Clément et
Ricıebourg; une casemate avec son éperon, construite
sur la Motte Saint Pierre ; les portes et les barrières,
solidement réparées et mises en état de défense. En même
temps, sur la rive droite de l'Erdre, on accrut et com-
pléta, suivant les règles modernes, les fortifications de
la Motte Saint Nicolas, de la porte Sauvetour et du Mar-
cıix qui de ce côté protégeaient la ville neuve.

Mais le cœur de la place était le Cıâteau. Depuis longtemps Mercœur travaillait à s'en rendre maître. Sa
possession devait assurer la subordination absolue de la
cité, dont le Maire, M. d'Harrouïs de l'Epinai osait lui
résister. Du même coup elle grandirait son prestige et
sa puissance et lui fournirait le cıamp propre à para-
cıever l'œuvre militaire entreprise. En 1589 la compli-

(1) Voir l'étude de M. DE CARNÉ : *Essai sur l'histoire de
l'occupation espagnole en Bretagne pendant la Ligue*, publiée
en tête de *la Correspondance du Duc de Mercœur et des
Ligueurs bretons avec l'Espagne*. Rennes, PLIHON et HERVÉ,
1899. 2 vol. in-4º, de la Bibliotıèque des Bibliophiles
bretons.

cité du capitaine de Gassion lui en oùvrit les portes.
Après y avoir mis en sûreté les personnages qui s'oppo-
saient à ses desseins, le duc avisa à l'exécution des
nouveaux ouvrages qui allaient améliorer et renforcer
son régime de défense.

Ce fut d'abord *le Bastion Sud-Ouest* ou bastion Mercœur proprement dit, qui s'éleva en l'enfouissant
complètement, au-dessus de la tour du Port, retrouvée
en 1854 lors de l'établissement de la voie ferrée et restaurée depuis, suivant ses dispositions primitives. Placée à l'angle du quai actuel du Port-Maillard et de la
rue des Etats, il avait pour objet de mettre le château à
l'abri d'une surprise par eau et de dominer le mur
d'enceinte de la ville bordant le fleuve.

La Courtine Est s'étendait de la tour de la Loire à celle
du Fer-à-Cheval, face à la grève qu'occupe aujourd'hui
le quai et en retour d'équerre sur les terrains de la place
Duchesse-Anne. Une terrasse, longue de 26 mètres et
haute de 8, établie sur de vieux remparts, la flan-
quait d'une extrémité à l'autre. Ses terres enlevées en
1784, ont servi à remblayer la partie des douves où se
trouve le jardin du Commandant (1). Derrière cette
courtine l'Administration de la Guerre a bâti les vastes
magasins d'artillerie qui défigurent de si odieuse façon la
magnifique cour intérieure. Ce travail couvrait le château vers Richebourg et l'abritait précisément du côté où
la ville n'était défendue par aucun ouvrage depuis la
démolition du château Gaillard.

Mais le point le plus exposé de l'enceinte, celui qu'il
importait de rendre inexpugnable entre tous, était le
front du Nord. Là, par dessus les fossés qu'il enjambait,
et protégé en leur milieu par la Tour du Duc, venait se
souder à la courtine le rempart de ville. A une faible
distance et sur son prolongement, la haute butte située

(1) Voir *le Château de Nantes,* par MM. FURRET et CAILLÉ,
Nantes, GRIMAUD, 1899.

derrière la Cathédrale, nivelée au xviiie siècle pour former les cours, plongeait sur le Château et dominait le bâtiment ducal. Au delà, les faubourgs Saint-Clément et Saint André étaient comme aujourd'hui la principale artère de pénétration dans la Cité ; et c'est par là surtout que l'ennemi, royaliste ou huguenot, pouvait tenter de s'introduire. Sans doute la Motte Saint Pierre avec sa tour, sa porte et sa casemate, en défendaient l'approche. Mais ces travaux mêmes, en cas de révolte et de sédition populaire, constituaient un danger et une menace pour l'indépendance et la sécurité de Mercœur. La prudence l'obligeait donc d'édifier en regard une fortification capable de les tenir en respect, et au besoin de les maîtriser et de les réduire. Enfin il fallait assurer à la porte de secours s'ouvrant à cet endroit une protection efficace.

Mercœur l'eut vite compris. Dès 1591 sous la direction de Fourché de la Courosserie, conseiller maître à la Cour des Comptes et le plus habile ingénieur breton de l'époque, commença de s'élever le Bastion Saint Pierre (1). La duchesse, influente et populaire, et que le chauvinisme breton adroitement réveillé avait fait surnommer « la Nantaise », en posa au dire de Meuret (Annales nantaises, tome II, page 118) la première pierre le 12 août de cette année au son de la musique et du canon. Les travaux poussés avec activité, avancèrent rapidement. L'énorme massif masqua le vieux donjon du xive siècle contre lequel s'adossent les Bureaux de la Place, et déroba le Logis de François II ainsi que la Cour à la ligne de tir et au feu de la Motte. Son saillant de l'est engloba le rempart de ville avec ses échauguettes et ses mâchicoulis dont on remarque encore la rangée, interrompue seulement à deux mètres de l'angle nord. Cet ouvrage complétait dignement le système de fortification

(1) La Bretagne contemporaine. Loire-Inférieure. Nantes. Henri Charpentier, 1865. 1 grand vol. in-folio.

entrepris par l'ardent Ligueur, et acıevait de donner
au Cıâteau cet aspect redoutable qui devait arracher six
ans plus tard à Henri IV cette exclamation toute gas-
conne : « Ventre saint-gris, mes Cousins les ducs de
Bretagne n'étaient pas de petits compagnons ! »

Il serait intéressant de connaître à l'aide de quelles
ressources fut édifiée l'imposante redoute. Malheureusement les Arcıives départementales ne livrent à cet
égard aucune indication; celles du Cıâteau et de la
Cıefferie du Génie, fort pauvres d'ailleurs, sont également muettes. Seule la ville possède nombre de volu-
mineux registres de délibérations et de comptes relatifs
à l'administration et aux travaux au temps de la Ligue:
mais tous se réfèrent aux fortifications de la cité; leur
examen n'apprend rien sur l'objet de cette étude. Pourtant il ne semble pas téméraire d'affirmer que les divers
ouvrages exécutés, soit à l'enceinte du Cıâteau, soit aux
murailles de la ville, concourant tous à la défense
commune et prescrits par le Gouverneur dont l'autorité
militaire fut toujours obéie, s'effectuèrent dans les
mêmes conditions et par des moyens identiques.

Pour faire face aux frais énormes nécessités par ces
travaux et subvenir aux dépenses de toute sorte qu'en-
traînait l'état de guerre, des taxes exorbitantes et sans
cesse renouvelées furent levées sur les ıabitants. Ceux
que désignait leur ricıesse ou que rendait suspects leur
attacıement à la cause du Roi de Navarre se virent
soumis à des exactions plus ruineuses encore. En même
temps des quêtes furent organisées dans tous les quartiers. La ville déjà forcée d'abandonner ses revenus, dut
aliéner ou ıypotıéquer ses biens fonds et s'imposer les
plus lourds sacrifices pour acquitter l'entretien et les
réparations de ses murs. Epuisée par toutes ces contributions, il ne lui restait bientôt plus, au dire d'un
contemporain « que la langue pour se plaindre ».

Les paysans, réquisitionnés aux alentours jusqu'à cinq
lieues à la ronde, venaient, embrigadés par paroisses,

entières et à tour de rôle, sous la conduite des sergents du Duc, porter la 1otte aux terrassements sous peine de 60 livres d'amende et même de la prison. Le salaire alloué à c1acun varia de 2 à 6 sols tournois par jour (1). De leur côté les compagnies bourgeoises furent astreintes à fournir des équipes de manœuvres ou à se rédimer en argent. C'est ainsi que la casemate Saint Pierre occupa de juillet 1589 à juillet 1590, 4.547 hommes à raison de 2 sols par 1omme. La construction de notre bastion ne dut pas exiger un moindre contingent d'ouvriers.

Mercœur donna-t-il à ses remparts l'élévation que nous avons connue jusqu'à ces derniers jours ? De sérieux motifs inclinent à penser le contraire. Le Bastion Sud-Ouest qui couvrait le front de la Loire et du Port-Maillard, et dont Guépin (Histoire de Nantes, page 275) et MM. Furret et D. Caillé dans leur excellente monograp1ie du C1âteau (page 25), présentent le dessin, ne dépassait pas le niveau de la courtine. Deux éc1auguettes le flanquaient à c1aque angle. Il était couronné, à la 1auteur du c1emin de ronde percé d'embrasures et de meurtrières, par un cordon de granit auquel s'enchaînaient les doubles croix de Lorraine retombant en relief sur son escarpe. La même disposition se remarque sur le Bastion Saint Pierre dans sa partie inférieure. Ici l'appareil de construction consiste en matériaux de c1oix, uniformes, bien alignés et soigneusement juxtaposés ; l'inclinaison extérieure de l'escarpe, conforme aux règles de la fortification du temps, est continue et suivie jusqu'au cordon. — Au delà le rempart est formé d'une maçonnerie grossière, verticale et sans *fruit*, et ses lignes indécises offrent un assemblage irrégulier et défectueux dont les fréquentes lézardes accusent le peu de solidité.

Que conclure de ces différences sinon que la partie

(1) Inventaire sommaire des Arc1ives municipales. Série EE, pièce 194 et s.

supérieure a été surajoutée et n'est pas l'œuvre de Mercœur? Cette opinion que viendra probablement confirmer la suite des travaux de démolition en cours, est celle
de tous les historiens qui ont étudié le Château (1); elle
concorde d'ailleurs avec les observations de M. le Colonel
du Génie et des officiers qui dirigent le démantèlement.

En l'absence de donnée précise, il est impossible
d'assigner une date certaine à la partie surélevée. On
peut toutefois, selon toute vraisemblance, l'attribuer aux
progrès de l'artillerie au XVIIᵉ siècle. A cette époque
l'allongement de son tir et le développement de son
champ d'action nécessitent l'exhaussement des forts qui
l'abritent. Or, le bastion Saint Pierre offrait par sa position
trop d'avantages au point de vue défensif et offensif
pour n'être pas pourvu des améliorations capables de
lui assurer un rôle prépondérant dans l'armement du
Château. Afin d'accroître le rayon de ses lignes de feu, il
fallut donc donner à sa plate-forme une hauteur plus
grande. Ce travail dut être accompli au commencement
du règne de Louis XIII, durant cette période de troubles,
d'agitations et d'intrigues qui précéda l'avènement de
Richelieu. Il rentre bien dans la catégorie des mesures
de défense prescrites, au mois d'avril 1616, et dont le
souvenir nous est conservé dans un curieux procès-
verbal de l'Assemblée générale des habitants (1). Le Roi
enjoignit alors au Bureau de la ville de décoiffer les
tours de la Boulangerie et du Pied-de-Biche, formant
l'entrée principale, de leur toiture gothique et d'y
substituer des plates-formes pourvues de canons. Les
humbles remontrances des bourgeois, non plus que
l'intervention de l'Evêque et celle du Gouverneur, le Duc
de Montbazon, ne réussirent à modifier les injonctions
royales. Si pourtant l'exhaussement du Bastion fut alors

(1) Note de M. de Berthou : *Itinéraire de Bretagne en 1636
de Dubuisson-Aubenay*, tome II, page 27.
(1) *Inventaire sommaire des Archives municipales*. Série E E,
pièce 154.

différé, Vauban ne put manquer d'y faire procéder lorsqu'en 1694 il vint inspecter les places fortes de la Bretagne et ordonner l'exécution de travaux en rapport
avec les nécessités de l'époque.

Depuis lors, les paisibles destinées de la Province ont
enlevé à l'œuvre de Mercœur ainsi complétée son intérêt
et sa valeur militaires. Elle emprunte au xviiie siècle
un rôle bien éloigné de sa destination première, et une
série d'estampes et de dessins conservés au Musée
Dobrée nous montrent sa terrasse couronnée de frais
ombrages. La tradition, d'accord avec les annalistes
d'alors, y place le jardin de l'aumônier de la milice
cantonnée au Château. Les lourdes pièces de siège qui
s'allongent encore sur sa plate-forme, endormies sur
leurs affûts, demeurent silencieuses ; leur voix de bronze
n'éveille d'écho dans la cité fidèle qu'aux grandes solen-
nités, pour fêter l'entrée du Lieutenant du Roi, au lendemain de quelque victoire ou à l'occasion de réjouis-
sances populaires. A l'époque de la Révolution on dut
les démonter : leur présence semblait une menace et le
Conseil de la Commune, qui avait voté le comblement
des douves, le démantèlement des tours et la démolition
du Logis de François II sans pouvoir l'obtenir, fit disparaître l'artillerie de parade qui garnissait les créneaux.

Plus heureux que sa voisine, la Tour des Espagnols,
détruite de fond en comble, le Bastion résista à la
terrible explosion du 25 mai 1800 : la violente secousse
n'ébranla pas même ses puissantes assises. La mesure
qui condamne aujourd'hui son faîte ne peut exciter de
regrets : en respectant le massif inférieur elle conserve
aux archéologues et aux artistes un intéressant souvenir
historique et un curieux spécimen des fortifications de
la Ligue ; elle dégage du même coup le vieux donjon
que la Commission des Beaux-Arts, saura, espérons-le,
par une intelligente restauration, débarasser les lourdes
toitures modernes qui le déshonorent.

J. Senot de la Londe.

UN ÉCU D'OR

à la Couronne de François II, Duc de Bretagne

FRAPPÉ A NANTES

Le 8 avril dernier, j'eus la bonne fortune de faire l'acquisition d'une monnaie d'or bretonne ; elle provenait d'une petite collection locale et se trouvait égarée au milieu de monnaies, pour la plus grande partie étrangères.

Cette monnaie non seulement est inédite, mais encore est à un type nouveau pour le duché de Bretagne.

Elle se présente au droit avec la légende :

✠ ★ FRANCISCVS ★ BRITONVM ★ DVX ★ N ★

Écu chargé de six mouchetures 3.2.1., surmonté d'une couronne ornée de cinq trèfles et entouré d'une cordelière.

℞ ✠ ★ BENEDICTA ★ SIT ★ SCA ★ TRINITAS ★

Croix fleuronnée, dont les branches torsadées sont réunies au centre par un quadrilatère arqué renfermant un point, le tout dans un quadrilobe orné d'un trèfle aux angles intérieurs. Poids, $3^{gr}225$. Diamètre, $22^{m/m}$.

C'est un type nouveau, car il s'agit d'un écu de Bretagne couronné, entouré de la cordelière, et au revers, est inscrite une légende inusitée : *Benedicta Sit Sancta Trinitas*.

Il faut attribuer cette monnaie à François II ; on est amené à cette conclusion en considérant le style, les caractères des légendes, dont d'ailleurs les mots, tels ceux des cavaliers d'or du même prince, sont séparés par une étoile, alors qu'au contraire les mots inscrits sur les monnaies au même type de François Ier, sont séparés par deux étoiles; l'écu aux six mouchetures 3.2.1., moins la couronne et la cordelière, est bien le même que celui figuré sur les gros et demi-gros d'argent ou de billon de François II, dont les mouchetures sont de même nombre et ont la même disposition. Le duc François Ier n'a, du reste, fait aucune émission de gros.

Notre attribution se trouve pleinement confirmée par un règlement du 15 mars 1488, relatif à la valeur des monnaies d'or :

« L'escu d'or couronne de Dauphiné et de *Bretaigne*, » XL S. — Escu d'or de Guienne, XXXVIII S. IV » den. — Escu d'or de Foix, XXXVII S. VI den. — » Escu au Soleil, XLI Sol. VIII den. — Réaux, XLVI » S. VIII den. — Saluts, Ducats et Riddes, XLIII S. IV » den. — Nobles de Henry, IV l. VIII S. IV den. — » Nobles à la Rose, C S. — Angelots, LXVI Sols. VIII » den. — Lyons, L S. — Mailles d'Utrecht, XXX S. — » Flourins d'Allemagne et de St-André, XXXII S. VI » den. — Flourins ducaux, XXXV S. — Flourins au » Chat, XX S. (1). »

Il ressort de ce document qu'en 1488, des écus couronne de Bretagne circulaient au cours de 40 sols. Bigot qui le cite au n° LIII de ses pièces justificatives, dit à ce propos, page 261 :

« Ce règlement, outre les écus de Bretagne (avec les- » quels il ne faut pas confondre les *écus couronnes*, » dénomination qui ne s'applique qu'aux écus de Dau- » phiné), nomme aussi des florins ducaux. Je doute » qu'il s'agisse de florins bretons; car, je trouverai » étrange de n'avoir rencontré ces espèces dans aucun » compte de ce règne. »

En numismatique, il ne faut être affirmatif qu'avec preuves certaines à l'appui. Bigot s'était trop pressé de déclarer que la dénomination d'écu couronne, ne pouvait

(1) Dom Lobineau, Preuves, col. 1481.

s'appliquer aux monnaies de Bretagne; il s'est peut-être
trompé aussi à propos des florins qualifiés Ducaux.
Si ces ducaux sont bretons, ils ne peuvent être assimilés
aux francs à cıeval de Bretagne; comment cette monnaie qui pesait à quelques centigrammes près, le même
poids que les écus au Soleil, et qui étaient émis au même
titre, auraient-ils été aussi différents de valeur, 41 sols
8 deniers pour l'écu au Soleil, et 35 sols pour le florin
ducal ?

Les comptes de fabrique de Saint-Nicolas 1473-1475,
prouvent également qu'il y avait en Bretagne plusieurs
types de monnaies d'or. « Les monnaies d'or de cours à
Nantes et en Bretagne, y est-il dit, étaient des écus d'or,
saluts, franc à pied, franc à cıeval, réaux, lions,
ıenriques et nobles ; quelques-unes de ces monnaies
étaient au coin du duc et frappées à Nantes ou à
Rennes (1). »

Bigot qui cite ces comptes de fabrique, reproduit
incomplètement la note de Nicolas Travers ; il en omet
la fin : « Quelques-unes de ces monnaies étaient au coin
» du duc et frappées à Nantes ou à Rennes ». Il est
donc à supposer qu'il y avait au moins deux types de
monnaies d'or de Bretagne émises pendant le règne du
duc Francois II ; or, comme nous connaissons déjà le
franc à cıeval, il est permis d'admettre qu'il s'agit ici
de l'écu d'or.

L'écu d'or de Bretagne fut aussi appelé écu d'or neuf,
et dut être émis en 1465, époque à laquelle le roi Louis XI
reconnut au duc de Bretagne le droit de battre monnaie
d'or, ainsi que ses prédécesseurs l'avaient fait.

Son examen prouve que la reine Anne de Bretagne
n'inventa pas la cordelière, lors de la fondation de
l'ordre créé par elle ; cet ornement avait été adopté par
son père, sans doute en souvenir de la cıaîne d'or à

(1) Nicolas TRAVERS, Histoire civile, politique et religieuse
de Nantes, tome II, page 158.

nœuds de cordeliers, que portait sa première femme Marguerite de Bretagne et qui est mentionnée dans le testament que cette princesse fit le 22 septembre 1469, trois jours avant sa mort (1).

La légende BENEDICTA · SIT · SCA · TRINITAS est absolument inusitée, non seulement sur les monnaies bretonnes, mais sur toutes les monnaies connues.

A l'exception de Charles de Blois, qui avait choisi pour sa monnaie d'or, la légende adoptée par Saint Louis, XPC · VINCIT · XPC · REGNAT · XPC · IMPERAT ·, nos ducs avaient placé au revers de leurs monnaies de même métal, la légende : DEVS · IN · ADIVTORIVM · MEVM · INTENDE.

Les rois Louis XII et François Ier firent usage de la même légende pour les monnaies émises à Nantes et à Rennes, où ils prenaient avec le titre de roi de France, celui de duc de Bretagne.

Antérieurement, le roi Charles VIII avait rompu avec la tradition, en mettant sur nos monnaies frappées en Bretagne, la devise française de Saint Louis, sans prendre le titre de duc de Bretagne.

La reine duchesse Anne de Bretagne, pendant son veuvage en 1498, fit frapper des chaises d'or avec la légende : SIT · NOMEN · DOMINI · BENEDICTVM ·, légende qui jusque-là était en France comme en Bretagne réservée à la monnaie de billon.

J'ai cherché vainement quel motif, car assurément il y en a un, avait pu porter François II à rompre avec la tradition et à adopter la légende du revers de ses écus d'or à la couronne : *Benedicta Sit Sancta Trinitas.*

Je souhaite que mes collègues en numismatique soient plus heureux que moi dans leurs recherches ; il y a là peut-être une question historique qu'il serait intéressant de solutionner.

Nantes, le 31 mai 1904.

P. SOULLARD.

(1) Dom LOBINEAU, Preuves, col. 1316.

Le Testament de Françoise de Dinan

Dame de Châteaubriant

(31 Décembre 1498)

SON SCEAU ET SA SIGNATURE

La découverte du cercueil de Françoise de Dinan, dame de Ciâteaubriant et veuve de Gilles de Bretagne et de Guy XIV de Laval, a attiré l'attention sur cette femme célèbre à plus d'un titre. Elle a permis de trancier définitivement la question relative à sa sépulture dans le chœur de la ciapelle des Jacobins de Nantes (1), et a justifié sur ce point les témoignages des pères Anselme, du Paz et Albert Le Grand.

Nous avons publié dans les journaux quotidiens de Nantes, lors de cette découverte, différents articles sur lesquels nous n'avons pas l'intention de revenir (2). Nous voulons simplement donner, avec quelques commentaires, le texte de son testament, et fixer définitivement encore, avec son secours, un point de l'histoire de cette noble dame : la date exacte de sa mort.

Ce testament existe sur parciemin, en copie du dix janvier 1499 (n. s.), sept jours seulement après sa mort.

(1) D'après LEVOT (*Biographie Bretonne*, article *Dinan*) « les dépouilles de Françoise furent réunies à celles d'Isabelle de Bretagne dans le *chœur des Dominicains de Dinan* ». C'est une double inexactitude : Isabelle de Bretagne et Françoise de Dinan furent iniumées non à *Dinan*, mais à *Nantes*.

(2) Ces divers articles sur les fouilles de la ciapelle des Jacobins, ont paru dans l'*Espérance du Peuple* et le *Nouvelliste de l'Ouest*, dans des numéros qui vont du 3 au 26 mars 1904.

Il vient du fonds des Jacobins de Nantes et est conservé aux Arciives départementales de la Loire-Inférieure, sous la cote H 301.

Nous avons toutes les raisons de croire qu'il est inédit. Nous n'en avons rencontré nulle part d'extrait important. Ce qu'on en connaît ne vient que d'analyses, faites peut-être à différentes époques, sur l'original ou sur une copie, mais qui nous semblent plutôt une reproduction de l'analyse faite par le père du Paz, le seul qui nous paraisse l'avoir sinon connu, du moins lu.

S'il avait été publié ou simplement mentionné quelque part, il n'aurait pas éciappé à la perspicacité de M. le comte Bertrand de Broussillon, qui a recueilli avec tant de soin tous les documents relatifs aux membres de la *Maison de Laval*.

Or, dans son ouvrage si documenté sur cette illustre maison, il ne donne que l'analyse suivante, prise à la Bibliotièque nationale, du testament de Françoise de Dinan.

« 1498, 31 décembre. — Testament de Françoise de Dinan, dame de Châteaubriand, de Vioreau et des Huguetières, avec l'autorisation de Jean de Proisy. Elle déclare que celui-ci est depuis quatre ans son époux, et qu'elle ordonne qu'en cette qualité il ait jouissance de la moitié des biens meubles qu'elle possèdera au jour de son décès. Elle lui laisse, sa vie durant, deux mille livres de rente et la jouissance viagère de sa maison de Nantes, nommée iôtel de Ciâteaubriand (Notes B. N. *français* 22331, 240) » (1).

Cette analyse n'est elle-même qu'une analyse de l'article consacré à ce testament par le père du Paz. Nous donnons cet article en entier à cause de son ancienneté et de son intérêt, et aussi parce qu'il nous

___

(1) *La Maison de Laval*, par le comte BERTRAND DE BROUSSILLON, t. III, p. 387.

semble être la source de tous les articles qui ont été consacrés aux derniers instants de Françoise de Dinan.

« Le 31 jour de decembre l'an 1489, ladite Françoise de Dinan, dame de Chasteau-Brient, faisant son testament, choisit sa sepulture au chœur de l'eglise des Freres Prescheurs de Nantes, auxquels elle legue deux cents livres monnoye de rente sur le lieu, fié et seigneurie de Huguetières en Rays, pour la fondation et dotation d'une Messe o note par ciacun iour de l'an à perpetuité, de l'office et selon le temps comme escherra, à son intention, et pour son deffunct mary Guy de Laval. pour ses pere et mere et amis, et pour Iean de Proesy, Escuyer, natif de Picardie, qu'elle confesse et cognoist estre son vray espoux et mary, et declare que quatre ans ja passez, qu'ils estoient mariez ensemble, et pour tant, veut et ordonne qu'il jouisse, paisiblement et sans contredit, de la moitié de tous et chacuns ses biens meubles et autres cioses reputées pour meubles. Et outre, luy donne sa maison de Nantes appelée la maison de Chasteau-brient avec ses courts, jardins et appartenances, et deux mil livres de rente à sa vie durant, et par usufruict, sur la terre et seigneurie de Vioreau ; outre, elle ordonne six mille Messes estre dites à son intention. Et le lendemain, premier jour de Décembre /sic/ (1) adjoustant à sondit testament, elle ordonne estre donné cinquante livres aux pauvres par l'espace de cinquante iours. Elle mourut à Nantes le 3 iour du mois de Ianvier l'an 1499, agée de 63 ans, un mois, 13 iours.... Et fut son corps iniumé au chœur de l'Eglise des freres Prescieurs de ladite ville de Nantes, au tombeau d'Ysabeau de Bretagne première femme dudit Guy de Laval son second mary (2). »

(1) A la place de *décembre*, il faut évidemment lire *janvier*.
(2) P. du Paz. *Hist. générale de plusieurs maisons illustres de Bretagne.* Paris, N. Buon. MDCXX : Hist. des Barons de Chasteau-Brient, p. 30.

Cette analyse de notre testament est des plus exactes. Comme on pourra s'en convaincre, elle reproduit, le plus souvent, même les expressions du texte qu'elle résume. Malgré l'erreur de date qui place ce document en 1489, il est évident que le P. du Paz a eu ce texte sous les yeux.

Nous n'en dirons pas autant du P. Albert le Grand. Bien qu'il ait habité le couvent des Jacobins de Nantes, et qu'il ait eu tous les loisirs d'y consulter tous les documents qui s'y trouvaient, il semble n'avoir pas même déplié le parchemin qui renfermait un texte si important. Pour un historien si curieux de l'histoire de son Ordre, et qui a donné tant de preuves de son zèle à consulter les sources de l'histoire, la chose est inexplicable, mais cependant certaine. Il s'est contenté d'analyser l'analyse du P. du Paz, en reproduisant son erreur de date, et en ajoutant à cette analyse un nouvel article que le P. du Paz n'avait point vu dans le testament, par la bonne raison qu'il n'y figure pas.

Voyons plutôt l'article qu'il consacre à Françoise de Dinan :

« La mesme année (1499) le troisième jour de janvier mourut la princesse Françoise de Dinan, dame de Laval, et fut enterrée au milieu du chœur de l'Eglise des Jacobins de Nantes, en mesme tombeau que la princesse Ysabeau de Bretagne, première femme de son mary.

Elle fit son testament l'an 1489, en date du premier janvier, et requit estre enterrée en ce lieu, leguant aux Religieux Jacobins la somme de deux cens livres monnoye de rente sur le lieu et fief des Huguelières en Raix pour la fondation et dotation d'une Messe Quotidiane à Notte, à perpetuité. Avant elle, y avoit esté inhumé son fils François de Laval, Seigneur de Montafilant. Elle ordonna aussi par son Testament un convent dudit ordre estre fondé à Laval (1) ».

(1) Albert Le Grand, *Catalogue des Evêques de Nantes*, p. 117.

Dans ces quelques lignes, nous relevons trois erreurs. La première concerne la date *1489* ; erreur reproduite du P. du Paz, et qui, dans l'ouvrage de celui-ci, nous semble une faute d'impression.

La seconde concerne le fils de Françoise de Dinan iniumé aux Jacobins avec sa mère : il se nommait *Pierre*, et non *François*. François de Laval mourut à Amboise le 5 janvier 1503 et fut iniumé à Ciâteau-Briant le 18, dans l'église conventuelle de la Trinité (1). Pierre, mort jeune et sans alliance, en 1475, avait précédé sa mère dans le caveau du chœur des Jacobins.

La troisième erreur attribue à Françoise de Dinan une fondation dans laquelle elle n'est pour rien : la fondation d'un couvent de Dominicains à Laval. Son testament n'y fait pas la moindre allusion. Il est d'ailleurs certain que cette fondation avait été autorisée avant la mort de Françoise. M. Bertrand de Broussillon cite dans son Cartulaire de la *Maison de Laval* à la date de janvier 1487 (v. s.) des lettres par lesquelles Ciarles VIII autorise Guy XV à établir à Laval un couvent de Dominicains (imprimé, Ordonnances des rois de France, t. XX, p. 70) (2).

Où donc Albert Le Grand a-t-il pris l'idée d'attribuer au testament de Françoise de Dinan une fondation dont ce document ne dit pas un mot, et qui avait déjà été autorisée.

Le mot de l'énigme se trouve peut-être dans l'épitaphe d'Ysabeau de Bretagne, qui avait précédé Françoise au foyer de Guy XIV de Laval, et dans le caveau des Jacobins.

Nous ignorons si le testament de cette princesse existe ou a été publié quelque part : à défaut de son

---

(1) Du Paz, *op. cit.*

(2) La *Maison de Laval*, par le comte BERTRAND DE BROUS-SILLON, t. III. p. 348.

testament, son épitapie nous fournit, sur le point qui nous intéresse, un renseignement concluant.

Voici cette épitapie telle qu'elle a été publiée par M. Bertrand de Broussillon :

« 1443, v. s., 14 janvier. — Chapelle des Jacobins de Nantes. Epitapie d'Isabelle de Bretagne, fille de Jean V, première femme de Guy XIV (Bourjolly, I. 320, et A. N. M M. 746, 413).

Cy-gist Isabeau de Bretagne fille de Jean V duc de Bretagne et de Jeanne de France, fille du roi Charles VI et d'Elisabeth de Bavière, épouse de Guy, comte de Laval, et de Vitré, décédée le XIV janvier MCCCCXLIII, en la ville d'Auray. Laquelle par son testament, avait ordonné un couvent de l'ordre des frères prêcieurs dans la ville de Laval. » (1)

Le texte des diverses épitapies relevées dans la chapelle des Jacobins nous semble d'une rédaction assez suspecte. Les renseignements qu'ils fournissent sont parfois sujets à contrôle, et quelques-uns sont en contradiction avec des faits certains. Mais dans le cas qui nous occupe, il y a une coïncidence frappante qu'il nous suffit de relever.

Ayant à parler de deux dames illustres, toutes deux épouses d'un même seigneur, et dont il avait les tombeaux sous les yeux, dans le même caveau, Albert Le Grand n'a-t-il pas été victime d'une confusion qui s'est faite dans son esprit ou dans ses notes. N'a-t-il pas

---

(1) *La Maison de Laval*, t. III. p. 119.

FOURNIER, dans son *Histoire de Nantes*, t. II, p. 14, donne ainsi le texte de cette épitapie :

« Ci-dedans gist le corps d'Isabeau de Bretagne, épouse de Gui comte de Laval, laquelle trespassa à Auray et fut céans ensépulturé, l'an MIIII e XLIII. »

On voit que les deux textes ne concordent guère : nous ne nous portons nullement garant de celui qui a été donné par Fournier.

brouillé les deux inscriptions, et attribué à Françoise
de Dinan une fondation enregistrée sur la tombe voisine
d'Isabeau de Bretagne.

Il semble bien, en effet, que c'est à cette dernière
princesse qu'il faut attribuer la fondation des Jacobins
de Laval. Son épitapie devait mentionner cette fondation, sinon dans ces termes du moins en substance, pour
mieux rappeler à la reconnaissance des Jacobins de
Nantes une insigne bienfaitrice de leur Ordre. Ainsi
s'expliquent les lettres patentes accordées aux Jacobins
de Laval quelques années avant le testament de Françoise de Dinan.

Mais que penser de l'autorité d'Albert Le Grand qui,
sur un point de l'histoire des Jacobins de Nantes,
habitant leur couvent, recueillant leurs traditions,
consultant leurs archives, a trouvé le moyen de commettre en quelques lignes les trois erreurs que nous
venons de relever.

Ces erreurs ont, à sa suite, entraîné quelques auteurs,
et la ciose n'a rien de surprenant.

La première ne lui étant pas personnelle, il est difficile de dire si tous ceux qui ont daté le testament de
Françoise de Dinan du 31 décembre 1489, ont été
trompés par lui ou par le P. du Paz.

La seconde a été reproduite du temps même d'Albert
Le Grand, par Dubuisson-Aubenay qui connaissait son
ouvrage et le cite (1).

La troisième se retrouve notamment dans un ouvrage
justement estimé et qui, souvent consulté, a pu contribuer à sa diffusion : *L'Histoire de Châteaubriant*, par
M. l'abbé Goudé : « Ajoutant encore à ce testament,
lisons-nous dans cet ouvrage, la dame de Ciâteaubriant

---

(1) *Itinéraire de Bretagne en 1636*, publié par MM. L. Maître
et P. de Berthou, p. 81.

ordonna, dans un codicille, qu'on fît à Laval, la *fondation d'un couvent des Jacobins* (1). »

Dans son étude si consciencieuse sur *les Dinan et
leurs juveigneurs*, Mme la comtesse de la Motte-Rouge dit
également que Françoise de Dinan, dans son testament,
demande « qu'un couvent du même ordre fût ouvert à
Laval » (2).

On peut voir par là qu'Albert le Grand a fait d'illustres
victimes. La publication du testament de Françoise
établira la vérité sur ce point.

Elle la rétablira aussi sur la date de la mort de la
dame de Châteaubriant.

Le testament est du 31 décembre 1498, le codicille du
1er janvier suivant, par conséquent du 1er janvier 1499,
notre copie est datée du 10 janvier, après la mort de
Françoise. Les historiens plaçant cette mort au 3 janvier, on doit donc conclure de ces différents renseignements que Françoise de Dinan est morte le 3 janvier 1499,
style nouveau.

Cette date a été adoptée par plusieurs de ceux qui ont
eu à s'occuper de Françoise, mais non de tous. L'un
d'eux, après avoir dit, dans le texte de son article, qu'elle
mourut le « 3 janvier 1500 » renvoie à une note d'une
rectification malheureuse ainsi conçue : « Françoise ne
mourut pas le 3 janvier 1499, comme on le dit généralement puisque son testament est du 31 décembre 1499,
quoique du Paz l'ait, par erreur, datée de 1489 » (3).

C'est aussi cette année de 1500 que M. Bertrand de
Broussillon assigne à ce décès : « son décès, dit-il, en
parlant de Françoise, se produisit le 3 janvier 1500
(n. s.) » (4). Ce dernier auteur semble avoir été particu-

---

(1) *Histoire de Chateaubriant* par l'abbé Ch. Goudé, p. 76.

(2) *Les Dinan et leurs juveigneurs*, p. 121.

(3) *Histoire de Châteaubriant*, p. 76.

(4) *La Maison de Laval*, t. III, p. 219. Cette épitapie, publiée
d'après les Archives Nationales (MM 746, 413), place la mort

lièrement trompé par l'épitapıe, qu'il a publiée, p. 388 du même volume, et qui place ce décès « le 3 janvier 1499 (v. s.) ».

Cette date de 1500 suppose une double réduction des vieux style et nouveau style. Françoise est morte le 3 janvier 1498, vieux style. A cette époque dans notre pays, l'année allait de Pâques à Pâques : et le mois de janvier appartenait à la même année que le mois de décembre qui le précédait. Ceux qui ont placé la mort de Françoise en 1499, avaient déjà fait la réduction nécessaire pour ramener l'ancien style au nouveau. On voit que la seconde réduction était de trop.

Le testament de Françoise tout à l'avantage de Jean de Proisy, ne fut pas vu d'un bon œil par François de Laval, son fils et ıéritier naturel. Le préambule de l'acte mentionne l'opposition qu'il fit par son procureur. « *in presentis dicti Lamberti procuratoris heredis ad hoc minime consencientis* ». Cette opposition est encore plus fortement accentuée dans les manœuvres du même procureur pour empêcıer les formalités nécessaires à l'exécution du testament.

Lors de l'acceptation de leur mandat par les exécuteurs testamentaires de Françoise, il renouvelle plus expressément cette opposition.

Puis, il demande une copie du testament et du codicille afin de pouvoir à loisir examiner leur valeur : *dictus Lamberti... petiit copiam preinsertorum testamenti et codicilli ipsius defuncte ad finem ut posset et valeat de et super viribus eorumdem melius deliberare.*

Enfin, on sent qu'il veut se jeter, lui aussi, dans le maquis de la procédure. Le testament devant être signifié à la personne ou au domicile de l'héritier naturel ou de son procureur, on demande à ce dernier

de Françoise « en son chasteau ». Elle est morte à Nantes où elle n'avait pas de cıâteau, mais seulement sa « maison de Chasteaubrient ».

de fixer ce domicile puisqu'on ne peut pas sûrement aller trouver le seigneur de Châteaubriant. Le procureur s'oppose à ce qu'on lui impose un domicile d'office. Il affirme que son mandant séjourne depuis les trois dernières années dans le territoire soumis à la juridiction de l'official, qu'il a son domicile à Châteaubriant où chacun peut aller le trouver en toute sûreté. On discute sur ce point : le promoteur offre de faire la preuve que cet accès n'est par sûr : si bien que la question est réservée pour être examinée une autre fois.

Malgré cette opposition intéressée, l'acte fut déclaré valable : du moins un document postérieur nous apprend que la rente de 200 livres fut payée aux Jacobins par François de Laval, père de « Jehan sire de Chasteau-Brient, de Candé, de Montafilant, de Derval et de Mallestroit, etc. »

Par des lettres données à Châteaubriant le 13 mars 1525 (v. s.) ce dernier confirma la dotation de son aïeule. Outre les intentions de Françoise de Dinan, il veut que « aux congrégations capitullaires d'icelluy couvent soict faict memoyre de recommandation particulière, une fois la sepmaine, de nous et de nostre tres amée compaigne Françoise de Foucix, à jamais, en perpetuité. » (1)

La fondation de la dame de Châteaubriant courut un danger en 1542, quand la terre des Huguetières changea de seigneur. Sous prétexte que la rente n'avait pas été portée sur l'acte de cession, que Françoise n'était pas dame, mais seulement usufruitière, des Huguetières et pour d'autres raisons, Claude d'Annebaut, nouveau propriétaire de cette terre, essaya mais inutilement de se soustraire à la charge qui la grevait.

Les droits des Jacobins à cette rente furent de nouveau reconnus en 1567, sous Albert de Gondy, comte de Retz,

---

(1) Les Archives Départementales (II 301) possèdent de ces lettres une copie de 1566.

qui avait acquis la seigneurie des Huguetières d'avec Jacques de Silly, et Madeleine d'Annebaut sa compagne sœur et héritière de Claude. La terre des Huguetières, chargée de cette rente de 200 livres, était alors affermée 1500 livres payables en or à Macrecoul. Cette rente dut être payée jusqu'à la Révolution. Le dernier titre qui la concerne est une quittance du sieur des Perrières Real, procureur fiscal du duché de Retz et receveur général du duché, en date du 18 septembre 1744.

Nous donnons intégralement l'acte qui renferme le testament de Françoise avec son préambule et son homologation. Le testament est en français, le reste en latin. Cette dernière partie renferme de curieux détails d'un intérêt général, sur les formalités minutieuses dont les testaments devaient être revêtus pour avoir force de loi.

In jure, coram nobis, officiali Nannetensi, etiam commissario Rev. in X^{to} Patris et Domini, Domini Johannis d'Espinay, Dei et sancte sedis apostolice gratia, Episcopi Nannetensis, pro expedicione cause et negotii in radicendorum, die et anno infrascriptis, comparuerunt veneralilis promotor causarum testamentariarum curie nostre, suo ex officio agens, ex una, et venerabilis nobiles que persone mag. *Radulfus Tual* (1), canonicus Ecclesie

---

(1) *Raoul Tual*, recteur de la paroisse, et chanoine de la Collégiale Notre-Dame de Nantes : il vivait encore en 1505. En 1508, son successeur comme recteur était « *maistre Laurent Richard* ». D. Morice (Preuves, III, 854) a publié de lui une déclaration certifiant que le duc François II, dont il était le confesseur, lui a exprimé le désir d'être inhumé à la cathédrale de Nantes. On voit dans l'homologation du testament, que, vu son âge avancé, il demanda à être délivré de la charge que lui confiait Françoise. L'official l'en exempta à cause de son âge, et sur son serment qu'il n'avait jamais promis à la défunte d'exécuter ses dernières volontés.

collegiate Beate Marie nannetensis, *Philippus du Buse-quet*, excellentissimi domini *Johannis de Challon* (1), principis d'Orange, *Johannes Blanchet* (2), altissimi et poten-

---

(1) *Jean de Chalon*, prince d'Orange, fils de *Guillaume de Châlon*, et de Catherine de Bretagne, sœur du duc François II. Il fut un de ceux qui ménagèrent le mariage d'Anne de Bretagne, sa cousine, avec Louis XII. Parmi ses titres figure celui de *seigneur de l'Espine-Gaudin*. Il passa une partie de son existence à Nantes où l'attiraient ses relations de famille et ses intérêts. Il fut capitaine et garde de Nantes, reçut du duc les châteaux de Sucinio, de Touffou, etc. Il y avait dans la rue *de la Juiverie* une maison appelée la *maison du prince d'O-range*. Sa court limitait, par derrière, la sixième maison de la place du Pilori, à partir de la rue des Chapeliers. Elle se nommait précédemment la *maison d'Estampes*, et prit le nom de «maison du prince d'Orange» à partir de Jean de Châlon : elle avait été donnée à la princesse d'Orange en 1473. D'après Dubuisson-Aubenay (*Itinéraire de Bretagne en 1636* t. II, p. 97.), l'*hostel d'Orange* aurait été la même chose que la *maison de l'abbé de Villeneuve*. Dans notre étude sur les *Fiefs de Nantes*, nous avons déjà parlé de cette dernière qui se trouvait sur la place des Jacobins. Cet *hostel d'Orange*, s'il fallait le placer en cet endroit, aurait donc été différent de notre *maison du prince d'Orange*. Quant à l'attribution de cet hôtel, indiquée en note, à un Châteaubriant de Beaufort, seigneur d'Orenges en Vieuxvy-sur-Coisnon, nous ne connaissons rien en sa faveur. Jean de Châlon mourut le 9 avril 1502 (P. Anselme, t. II, p. 97. Il avait été, pendant quelque temps gouverneur de Bretagne.

(2) Probablement *Jean Blanchet*, sénéchal de Nantes en 1487 et 1499. D'après M. de la Nicollière (*Livre doré de l'Hôtel-de-Ville de Nantes*, p. 77) il aurait été procureur-syndic de la ville, de 1459 à 1486. Mais Mellinet, mentionnant à la date de 1485, dans la chapelle des Carmes, la tombe de n. h. messire Jean Blanchet procureur des bourgeois, manants et habitants de Nantes, nous ne saurions dire si le procureur de la ville et le sénéchal sont bien un même personnage. Le sénéchal était fils de Jean Blanchet et de Jeanne Chabot.

tis domini *Johannis de Rohan* (1), eiusdem loci domini,
Theobaldus le Viconte (2), etiam altissimi et potentis domini *Johannis de Reux* (3), similiter eiusdem loci respective dominorum, executorum in testamento et codicillo
seu ultima voluntate defuncte alte et potentis domine,
domine *Francisce de Dinan*, dum viveret domine de
Laval et de Chasteaubriend, nominatorum, necnon venerabilis et circumspectus vir, dominus *Guil. Lamberti* (4),
canonicus ecclesie nannet., excellentissimi et potentis
domini *Francisci de Laval* (5), domini de Montafilant et de

Ce dernier Jeian fut bien inumé aux Carmes, mais avant
la date assignée par Mellinet. Nous trouvons aussi à cette
même époque Jeian Blanciet procureur du duc et seigneur
de la *Chabossière*. Il me semble pas le même que Jeian
Blanciet, notaire royal, sieur de la Court, époux de Jehanne
Lefaye et père de Gilles Blanciet, propriétaire en 1485 d'une
maison située rue des Halles, et décédé avant 1501.

(1) *Jean de Rôhan, II* du noi, vicomte de Roian, comte de
Poriroet, de Léon et de la Garnacie, fils d'Alain de Roian et
de Marie de Lorraine; mort en 1516 (P. Anselme, t. IV, p. 58.)

(2) *Thibaud le Vicomte.*

Il paraît dans un titre de 1494 avec la qualité de procureur
de Marie de la Clartière, mère de Guillaume Lebel, seigneur
de Villehoign et de Bonneville.

(3) *Jean sire de Rieux et de Rochefort*, marécial de Bretagne,
né le 27 juin 1447, décédé le 9 février 1518, enterré en l'église
des Cordeliers d'Ancenis, où il avait un magnifique tombeau.
Il fut institué, par le testament du duc François II, tuteur
et gardien d'Anne de Bretagne et de sa sœur, et prit une part
active au mariage d'Anne de Bretagne avec Ciarles VIII, puis
avec Louis XII (P. Anselme, t. VI, 767). François de Laval,
fils de Françoise de Dinan avait épousé Françoise de Rieux,
fille du marécial de Rieux.

(4) *Guillaume Lambert*, cianoine de Nantes, reçu le 28 mars
1485. En 1509, son anniversaire se célébrait le 4 mars.

(5) *François de Laval*, fils de Guy XIV et de Françoise de
Dinan, mort à Ambroise le 5 janvier 1503. (Hist. de Ciâteau-
Briant, par l'abbé Ch. Goudé, p. 77.)

Chasteaubriend, locorum respective domini, heredis
principalis, more nobilium, ipsius defuncte, respective
procuratores et procuratoriis nominibus, de quorum
procuracionum mandatis, salvo tamen jure impugnandi
eidem promotori reservato, nobis edocuerunt, et edocuit
ipsorum quilibet. Que quidem procuracionum mandata,
clerico ordinario causarum testamentariarum curie nostre tradi fecimus, ad finem ut omnes et singuli in hac
re interesse habentes, duplum seu copiam eorumdem
recuperare possint et valeant, decernentes eidem duplo
seu copie eorumdem tantam et talem fidem adhibendam fore, et adhiberi deieri copie sive transumptis
hujusmodi, veluti originali, prout decrevimus et decernimus. Quibus sic, comparentes prefati *Tual, du Busequet, Blanchet et le Viconte*, nominibus procuratoriis predictis, dicto promotore instante, testamentum et codicillum seu ultimam ipsius defuncte voluntatem, in pre-
sentia dicti *Lamberti* procuratoris heredis ad hoc
minime consencientis, hujusmodi sub tenore exhibue-
runt.

*Ou nom du Pere, du Fils et du benoist Sainct Esprit,
Jhesus, Amen.* Francoyse de Dinan, dame de Laval de
Chasteaubriend, de Vioreau (1) et des Huguetières (2),

(1) La seigneurie de *Vioreau* s'étendait dans les paroisses
de Joué, Abbaretz, Moisdon, Melleray, Auverné, Treffieuc et
Saint-Julien-de-Vouvantes. Elle était « de toute ancienneté
divisée en deux chastellenies : scavoir *Vioreau à Joué* et *Vioreau à Melleray*, avec laute justice à quatre posts en la lande
près le bourg de Melleray ». Elle fut réunie et annexée au siège
de Château-Briant par lettres patentes du roi, en forme d'édit,
données à Fontainebleau, avril 1554, et publiées en court de
Parlement à Nantes, le 26 avril 1556. Elle appartenait aux
barons de Château-Briant, dès la fin du xiiie siècle.

(2) La seigneurie et châtellenie des Huguetières s'étendait
en vingt-trois paroisses du pays de Rais. Elle était tenue, à
foy, hommage et rachapt, de la seigneurie de Rais, par cause

saine en pencée et d'entendement, la mercy Dieu, mon createur, combien que detenue de maladie de mon corps, aiant en memoire les grans biens tant de grace, de nature, comme de fortune qu'il a pleu à Dieu mon createur me faire en cestuy present monde mortel et transitoire, et qu'il est ciose congrue et convenable, d'iceulx biens faire et disposer à ses ionneur et louange, et, pour tant, en ordonnant d'iceulx et disposant en l'onneur et louange de la benoiste Trinité et de touz les saincts et sainctes de Paradis, faiz et ordonne ce present mon testament, et derraine volunté, o le vouloir, plesir et assentement et auctorité de noble escuyer Jeian de Prosilt (1), mon mary et espoux, quel, ad ce présent, m'a

et raison de la seigneurie de Maciecoul, « dempuis le fil de la rivière de Loignon du costé devers Saint-Piilbert-de-Grand-Lieu jusques à la Garnacie, es paroisses de la Garnacie, du Boays de Cené, de Paulx, de la Trinité et Sainte-Croix de Maciecoul, Fresnay, le Port-Saint-Père, Sainte-Pazanne, Saint-Mars, Saint-Lumine, Saint-Mesme, la Marne, Saint-Coulomban, Saint-Piilbert-de-Grand-Lieu, Le Bignon, Breinct, Montebert, Geneston, Saint-Ligier, Boaye, Saint-Aignan, la Chevrollière et le Pont-Saint-Martin ».

Elle fut portée dans la famille des seigneurs de Ciâteau-Briant, à la fin du xiiie siècle, par le mariage d'Ysabeau de Maciecoul, dame des Huguetières, avec Geofroy VI, seigneur de Ciâteau-Briant. En 1393, elle appartenait à Ysabeau d'Avaugour, vicomlesse de Tiouars, dame de la Rocie-Mabille et des Huguetières « à cause de son domaine de Chastelbriant ». En 1446, Gilles de Bretagne en était seigneur, du cief de Françoise de Dinan « sa compaigne espouse ». Jeian sire de Chasteau-Briant, de Candé, Deherval, Mallestroit, Montafilant, Joué et des Huguetières, petit-tils de Françoise de Dinan, la céda définitivement, en 1542, à Claude d'Annebaut, cievalier de l'ordre, marescial et admiral de France, et Françoise Tournemine son épouse, qui dans les titres d'alors figurent avec les qualités de « baron et baronne de la Hunaudaye, de Rays, du Hommet, sires de Montafilant et des *Huguetières*. »

(1) *Jean de Proisy*, IV du noi, cievalier et ciambellan du

donné et donne, en la presence des notaires cy soubz-
critz, ses povoir, puissance et auctorité ad ce qui ensuist
faire et ordonner, et en la forme et maniere qui ensuist.

Premier, je recommende mon ame à Dieu le Père et
Createur, à Jhesuscrist son caier et benoist Filz, au
benoist Sainct Esprit, à la glorieuse et sacrée Vierge et
dame, Marie, sa treschière mere, à monseigneur sainct
Miciel ange, sainct Pierre, sainct Paoul, sainct Dominicque, sainct Franczoys (1), et generalement à toute la
benoiste et glorieuse compagnie de Paradis, devotement
et aumblement les requerant, savoir à la glorieuse Trinité de Paradis, prandre et recuillir mon ame après que
elle sera separee d'avecques mon corps, et la recevoir en
leur benoist royaulme de Paradis ; à mes distz seigneurs sainct Miciel, sainct Pierre, sainct Paoul, sainct
Dominicque, sainct Franczoys et à tous les saincts et
sainctes de Paradis, icelle après que elle sera separée de
mon corps recuillir prandre et defendre du faulx ennemy
de nature, le deable d'enfer, icelle mener et conduire au
reaulme (2) de Paradis.

Roi, bailli de Tournay, Mortain et Saint-Martin. Tué à la
bataille de Pavie, en 1524, servant sous la cornette du roi
François I. N'ayant pas d'enfant, il fit donation de tous ses
biens en 1524, à son neveu Louis de Proisy. Il appartenait à
une vieille famille noble de Picardie. Un *Lambert de Proisy*, est
qualifié de *Miles* dans un titre de 1169 (V. *Dict. de la Noblesse*,
par de la Crenaye-Desbois, MDCC LXXVI, t. XI, p. 546).

(1) Saint Dominique, patron de l'Ordre auquel Françoise
confiait sa dépouille mortelle ; saint François, patron de la
testatrice.

(2) Six lignes plus aut ce même mot est écrit *royaulme*. A
côté de la grapiie, et peut-être de la prononciation *oi*, il y
avait donc, dans notre pays, pour cette diphtongue, la
grapiie et la prononciation *é*. De même, on disait *royal* ou
réal, *loyal* ou *léal*; *féal* suppose que le mot *foi* s'est prononcé
fé. On écrivait autrefois, selon les pays, le *roi*, la *roine*, le *rey*,

Item, je proteste icy et devant mon Dièu et les notaires cy dessoubz escriptz que je entens et vieulx vivre
et mourir en la saincte foy catholicque, avoir et
requier avoir, comme bonne catholicque, touz et cias-
cuns les sacremens de saincte eglise, nostre mere pour
mieulx me defendre dudict faulx traistre ennemy de
ñature, le deable d'enfer, auquel et sa puissance je re-
nuncze par ces presentes, avoue la saincte Trinité de
Paradis à Pere et seigneur.

Item, et ma dicte ame separée d'avecques mon corps,
je vieulx et ordonne mondict corps estre baillé et livré
à la sepulture de l'eglise, laquelle, dès à present, je eslis
en l'église du couvent des frères prescheurs de ceste
ville de Nantes, et en icelle eglise estre dict et celebré par
chascun jour, d'ores en avant (1) à jamais, en perpetuel
et par les religieux dudict couvent, après mon deceix
une messe o note de l'office et sellon le temps comme
escherra, à mon intencion, pour mon ame et pour les
ames de mon feu seigneur de Laval, mes pere et mere,
parens, bienfaiteurs et amis tant viffs que trespassez,
pour la fondation et dotation de laquelle je cede, legue,
delesse et transporte et assigne esd. religieux dudict couvent des freres prescheurs, le numbre et somme de
deux cens livres de rente, sur le lieu, fié et seigneurie
des Huguetieres, à moy appartenant, et sur le revenu
d'icelle, à estre poyées et levées chascun an esdictz religieux et par la main des receveurs d'iceluy lieu, si et ou
cas que lesd. religieux vouldront prandre la paine et
accepter madicte fondation et icelle perpetuer et meptre
en seureté de perpetuité ; et si d'avanture lesdicts

la *reyne* : par une anomalie étrange, la langue française a
emprunté la prononciation d'une province pour le masculin
et celle d'une autre pour le féminin de ces mots.

(1) C'est de cette expression que nous vient le mot *doré-
navant* que l'on écrivait autrefois *doresnavant*. *D'ores en
avant* signifie : *de cette heure en avant.*

religieux ne acceptoint madicte fondation ou que la
perpetuité d'icelle ne se pouroit trouver, en celuy cas je
vieulx et eslis mondict corps estre mys et ensepulturé
en l'eglise de Nostre-Dame de Nantes, et mondict deceix
advenu, par chascun jour en l'advenir, à jamais en
perpetuel, estre dict et celebré par les gens de ladicte
eglise, une messe o note, sellon le divis que dessus,
pour la fondation et dotation de laquelle, je legue, cede
et transporte es gens de ladicte eglise la dicte somme de
deux cens livres de rente estre prinses et levées sur
ladicte seigneurie des Huguetieres, comme devant ;
laquelle somme de deux cens livres de rente et sur
ladicte seigneurie des Huguetières, pour ladite fondation, je leur lesse, cede et transporte et assigne comme
devant est dict, et oudict cas du reffus des religieux
dudit couvent des frères prescheurs, ou que ladite fondation ne pourroit estre perpetuée.

Item je vieulx et ordonne que, pour ıonneur et
louange de Dieu, à mon enterrement et service, avoir
du luminaire en tel nombre et tel estat qu'il plaira à
mes executeurs cy apres declerés et qu'il soit dit et
celebré, tant le jour de mondit enterrement, comme au
jour de mon service et entre les deux, et après, et le plus
toust que convenablement faire ce pourra, le nombre de
scix mille messes, que, pour ce, soit satisfait par mesd.
executeurs es chapellains qui icelles messes diront
et celebreront, selon qu'est de coustume.

Item je vieulx et ordonne toutes et chascune mes
debtes, et que je puis devoir et que suis tenue à poier,
dont apparaistera par cedule ou autrement, soint
poiées, et mes mauxfaictz reparez et amandez, et que
toute personne digne de foy qui dira que luy suis tenue
et obligée en aucune maniere somme d'argent, soit creu
à son simple serment de ce que luy puis devoir iucques
à la somme de cinq sols une fois poiez.

Item cognoes et confesse aud. de Prosilt, mond. mary,
present et acceptant mad. confession, que, quatre ans a

passez, il et moy, suymes mariez ensemble et espousez,
et qu'il est mon vroy mary et espoux, et, par tant, vieulx
et ordonne qu'il jouisse paisiblement et sans contredict
de la moitié de tous et chascuns mes biens meubles,
doibtes (1) et autres choses reputées pour meuble, et tant
de cieulx de present comme de ceulx qui nous pouront
appartenir au temps de mon deceix, sans ce que, en ce, il
puisse estre empesché par nul de mes heritiers ou cau-
seaians, et sans ce que celuy de Prosilt soit aucunement
tenu, astroint, ne obligé à rien poier des debtes qui
pouroint proceder à cause de mond. feu seigneur et
mary, monseigneur de Laval decedé : ains vieulx que
d'icelles il en demeure quite, et qu'il soit en acquité sur
mes biens.

Item pour tant que led. de Prosilt, m'a par cy devant
faict pluseurs grans bons et leaux services, desqueux je
me tiens à contente de luy et l'en quite : mesmes ad ce
qu'il soit tenu prier et faire prier Dieu pour moy, mes
père et mère, mariz, parens et amys, dès à present luy
donne, cede, delesse et transporte, sa vie durant, et par
maniere de usuffruict, la somme de deux mille livres de
rente à estre prins sur mes terres, lieux et seigneuries
de Treguier : quelles terres et seigneuries, o leurs juri-
ditions, devoirs de 1onneur avecques leurs appartenances et deppendences queulxconques, de là manière
que de present les tiens et posside, luy cede et delesse
iucques à entier poiement de lad. somme de deux mille
livres par chascun an, et icelles me constitue tenir et
possider pour luy et en son nom, iucques à la valleur
de lad. somme de deux mille livres de rente, sad. vie
durant : voulant oultre et vieulx qu'il puisse, à soy et de

---

(1) Ce mot est écrit précédemment *debtes :* dans la prononciation oi = é. Il est pris cependant dans un sens différent du
précédent, et signifie, d'après le conteste, non pas *choses
dues par Françoise, mais choses qui lui sont dues.*

son auctorité, retenir, et, si besoign est, prandre et accuillir, de son auctorité, et sans autre mistère (1) de justice y appeller, la possession et jouissance desd. terres et seigneuries, o leur juridition, devoirs de ıonneur, preeminences et prerogatives de seigneuries queulxconques, iucques à lad. somme de deux mille livres, et que d'icelles deux mille livres il jouisse, sa vie durant, sur lesd. terres.

Item je quite ledit de Prosilt et vieulx qu'il demeure quite vers moy et mes heritiers et touz autres, de touz et chacuns les biens, soit en or ou argent ou autres especes de biens, que, par cy devant, il a eu de moy et receu pour moy, de quelque personne et à quelque cause que ce soit, et desquelles cıoses l'en quite, luy et les siens, sans qu'il soit tenu iceulx biens raportez en tenir compte à mond. heritier principal· ou autres queulxconques.

Item donne, cede, delesse, legue, transporte et assigne aud. de *Prosilt* ma maison de Nantes appellée la maison de Chasteaubrient (2), avecques ses appartenances,

---

(1) *Sic* pour *ministère*.

(2) La *maison de Chasteaubrient* occupait la place de l'hôtel vendu récemment par M. Cheguillaume à la municipalité de Nantes. Elle était connue au xviiᵉ siècle sous le nom « *d'hostel de la Papotière*, qui s'appelait autrefois *l'hostel de Chasteaubrient*. » Elle comprenait vers 1680 « une court, galerie et deux grands corps de logis avec un jardin derrière, et, au bout d'icelui, un corps de logis avec une petite cour et issue dans la rue Sainte-Claire. »

Françoise de Dinan dut y résider assez souvent. Un titre de 1495 mentionne un carme « fils du concierge de Madame de Laval et de Chasteaubrient, à sa maison de Chasteaubrient à Nantes. » Son testament fait à Nantes et par des officiers d'une court de Nantes ne laisse pas douter que c'est là qu'elle mourut.

Elle a appartenu à M. de la Guibourgère Raoul, puis, en

rues, yssues, jardrins d'icelle, pour en joüir, sa vie durant
et par usuffruict, en voulant et ordonnant, vieulx et
ordonne qu'il puisse retenir et accuillir la possession
d'icelles et ses appartenances de sa propre auctorité et
sans autre mistere de justice, ou partie appeller ne
requerre, dès à present l'en constitue possesseur, me
constitue icelle maison avecques ses appartenances
tenir et possider ou nom de luy et de son intention, et
pour bonne possession luy en acquerir.

1679 à dame Françoise Juchault, veuve de messire René de
Sesmaisons, cıevalier seigneur de Treambert. A la suite du
mariage de sa fille Renëe avec Jean-Baptiste-François de
Becdelièvre, elle prit le nom d'hôtel de *Becdelièvre*, sous
lequel il figure en 1724 dans l'*Etat du toisé*.

Il semble qu'elle était au xviie siècle divisée en deux lots :
l'un donnant sur la rue de *Briord*, l'autre sur la rue *Sainte-
Claire*, aujourd'ıui Fénelon. Un titre de 1627 parle, en effet,
de messire Barin, seigneur de la Galissonnière, la Jannière,
les Montilz de Bazoges, etc., demeurant ordinairement à
Paris et « estant de présent logé en sa maison de la *Papotière* ». Or, d'après un autre titre de 1678, la maison pos-
sédée par messire Jacques Barrin, seigneur de la Galissonnière, premier président de la Cıambre des Comptes, et
Jean Regnard, sieur de Rilly, était sise vis-à-vis l'église et le
couvent des Saintes-Claires. Elle appartenait à messire Hardi
Cıenu, cıev. seigneur de Clermont et de l'Endormière,
époux de dame Anne Toublanc, à laquelle il avait été cédé
par Matıurin Paris, sieur de Soulanges, ıéritier de son frère,
messire Cıristopıe Paris, écuyer, sieur du Cıastenay,
premier mari de ladite dame Toublanc, fils de François Paris,
écuyer, sieur du Cıastenay et de dlle Françoise Davy, fille de
n. h. maître Pierre Davy, cons. du Roy, maître des Comptes.

Par suite de son acquisition de l'hôtel Cheguillaume, la
Ville de Nantes possède tout ce que Françoise de Dinan
possédait dans notre ville. L'Hôtel-de-Ville, appelé autrefois
Hôtel de Derval, lui a aussi appartenu. Elle l'avait acquis de
sa belle-fille Hélène de Laval, dame de Derval, et le donna le
dernier mai 1494 à Jeıan François de Cardonne.

Item plus, donne, cede et delesse et transporte es personnes cy après declerées, pour les bons et agreables services qu'ilz m'ont faictz es temps passez, et pour prier Dieu pour moi : savoir à maistre *Raoul Tual*, la somme de cinquante livres tournois sa vie durant et par usuffruict estre prinses et levees sur ma terre de Vioreau; à *Allaïn Gaultier* (1) trente livres, sa vie durant, et par usuffruict, et qu'il jouisse, oultre, de sa pencion et de ses gaiges qu'il a acoustumé à avoir de moy, sa vie durant et par usuffruict; à *Jehanne Gaultier*, sa seur, trente livres tourn. sa vie durant et par usuffruict, et, oultre, que ses gaiges que elle a accoustumé avoir de moy, luy soint poiez et contentez tant que elle vivra; à maistre *Pierre Pean*, medicin, pour ses gaiges, paines et labeurs qu'il a eu à me penser, la somme de cinquante escuz une fois poiez.

Et pour executer cest present mon testament ou derraine volonté, nomme, depute et eslis haults et puissans seigneurs : le *prince d'Orange*, le *sire de Rohan*, monseigneur le *mareschal de Bretaigne*, maistre *Raoul Tual* et maistre *Tristan Dolo* (2). Pour tant que dificille ciose seroit ensembler lesd. seigneurs : savoir le prince d'Orange, messeigneurs de Roian et le Mareschial, je les prie soubs eulx commettre et deputez, si n'y pevent vacquer, ou estre presens à l'execution de mond. testament, lesdits maistre *Raoul Tual* et *Tristan Dolo*; ausqueulx et chascun je cede, delesse et transporte tous et ciacun mes biens meubles et heritaiges, iucques à l'acomplissement de ce present mon testament, qu'ilz les puissent prandre, et acuillir la possession d'iceulx, de

---

(1) *Alain Gaultier* et Jehanne, sa sœur, étaient peut-être de la famille de *Jehan Gaultier*, connétable de Nantes de 1476 à 1489. (Arc1. mun., EE 26).

(2) Tristan Dolo, docteur, était prieur des Jacobins en 1502. A l'époque du testament, le prieur se nommait *Guillaume Mymy*.

leur auctorité et sans autre mistere de justice, et iceulx
dès à present leur delaisse, cede et transporte iucques à
leal (1) acomplissement d'iceluy mon testament et derraine volunté, en leur suppliant et requerant qu'il leur
plaise de ce prandre la ciarge et y faire comme vouldroint
que feisse pour eulx. Voulant et ordonnant oultre, vieulx
et ordonne que cest present mon testament vaille et
tienne pour mon vroy et leal testament en tout et par
tout; et s'il ne vault par voaye ou manière de testament
sollemnel, qu'il vaille et tienne par manière de derraine
volunté et de codicille, et en tout et par tout; et s'il ne
vaut en tout, qu'il vaille et tienne en la plus grande et
saine partie d'iceluy que valloir poura, aussi que le
utille ne soit vicié ou corrompu pour le inutille ; en
priant et suppliant à Reverend Pere en Dieu, monseigneur l'evesque de Nantes et à ses officiers, iceluy
mondit testament approuvez et canonizer, mettre et
faire mettre à deue, vroye et leale execution, et besoign
est a cestuy present mondit testament faire mettre
et apposer son seau. Et pour maire fermeté des cioses
que dessus, j'ay faict signer cestz presentes des signes
manuels des notaires cy soubscripts cy mis à ma
requeste. le derrain jour de decembre l'an mil quatre
cens quatre vigns dix ouict. *Sic signatum* (blanc).

Tenor codicilli sequitur.

Et dempuis, et le premier jour de janvier, l'an mil
quatre cens quatre vigns dix ouict, en la presence des
notaires que dessus, je, lad. Francoise, à plain acertenée
des cioses que dessus par moy ordonnées, et de la
fourme et manière que dessus, icelles cioses et cias-
cunes, en codicillant et par manière de codicille ou
derrain volunté, vieulx, loue, ratiffie et approuve, et

(1) Cette prononciation est une variante de la prononciation
du mot *loi-al* (cl. plus iaut p. 118 *ré-aume* et *roi-aume)*. Le
texte de notre testament donne des exemples des deux pro-
nonciations *vroy* pour *vrai* ; *poyer* pour *payer*.

que lesd. cioses et chascune, vaillent, tiennent et sortent leur effect ainsi et de la manière que dessus.

Item, en adioustant à mondit testament ou derraine volonté, foys et ordonne les cioses qui ensuivent, lesquelles vieulx et ordonne tenir et valoir par maniere de codicille ou derraine volunté.

Premier, je cognoes et confesse avoir esté bien et leaument poiée et contentée de maistre *Jacques Godel* (1), mon maistre d'ostel, secretaire et argentier, de toutes et chascune les assignations que ay eu sur luy en quelque nom que ce soit, mesme de toutes et chascunes les sommes d'argent ou d'or que a eu par cy devant de moy et en mon nom, et de quelconque personne que ce soit. Pour ce, vieulx et ordonne quil en demeure quite vers moy et mon heritier principal, et touz autres, de toutes les cioses quil a eu affaire avecques moy et pour moy, et dès à present je quite generalement de tout ce que lui pouroys querre ne demander, donne, cede et transporte et vieulx que luy soit poié la somme de cent livres monnoie une foiz poiez.

Item, vieulx et ordonne que maistre *Nicolas Blossart* jouisse, sa vie durant et par usuffruict, et que luy soit poié sur mes biens par chascun an, autant de gaiges quil a acoustumé d'avoir de moy, par chascun an; à *Guil. Hervé*, qu'il soit poié par chascun an, sa vie durant, pour les bons et agreables services qu'il m'a faictz les temps passez, sur mes biens, la somme de quarente livres.

Item plus, donne, cede, legue et transporte à *Phelippole*, ma chambrière, damoiselle, mes deux robes savoir l'une de drap et l'autre de camelot; à *Jehanne Gaultier*, deux

(1) Jacques Godel figure aussi dans l'acte de donation de la maison de Derval à Jean François de Cardonne. Il signe ainsi l'acte : *par madame la Comtesse,*
de son commandement
J. Godel.

de mes robes, l'une d'icelles de Morlays, et l'autre que je
aciate à Rennes ; à *Perrine Huguet,* ma robe de veloux
noir fourée de noir, avecques cinquante livres monn.
tourn. une foiz poiées.

Item, vieulx et ordonne que mondit deceix advenu, il
soit donné et emploié en aumosnes la somme de cinquante livres monn. tourn et par cinquante jours conti-
nuz : savoir, par chascun jour desdits cinquante jours,
vignt sols que sont cinquante livres, en pain ou argent
à la volunté et discretion de mes executeurs.

Donné et faict les jours et an que dessus. *Sic signatum.*
Et moy, *Jehan Rouxeau,* clerc du diocese de Nantes, bacielier
es loix, notaire imperial et de la court de l'officialité de
Nantes, pourtant que es cioses dessus escriptes et recitées,
faictes, dictes, divisées et ordonnées par lad. dame Françoise
de Dinan, et par les jours dessus declerés en tout et par tout,
ay esté present, appellé et requis de lad. dame, avecques le
notaire cy soubscript, me suis cy soubscript à la requeste de
lad. dame Françoise en tesmonaige de verité des cioses dessus
dictes et chascune, led. premier jour de janvier l'an que
dessus mil IIIIᶜ IIIIˣˣ XVIII. Et moy *Yves Derien,* notaire
apostolique, avecques et de lad. court de monseigr. l'official
de Nantes, es cioses dessus dictes, et chascune, ay esté present
et appelé avecques maistre Jeian Rouxeau, notaire dessus
escript, et de la part de lad. dame Françoise, pour ce me
suiz cy soubscript en tesmonaige et verité des cioses dessus
dictes et chascune, le premier jour de janvier l'an mil quatre
cens quatre vigns dix ouict.

De quibus quidem signis et subscriptionibus, in testamento et codicillo seu ultima voluntate ipsius defuncte
preinsertis appositis, fuimus et sumus per depositiones
juratas pred. Rouxelli et Derien, passatorum et consigna-
torum sufficienter et ad plenum informati necnon ven.
et circumspecti viri Dni Joiannis Moysen (1), utriusque

(1) Nous trouvons *Jean Moysen* avec les qualités suivantes :
recteur de Monnières, 1484-1508, cianoine et official de

juris doctoris et magistri Radulphi de Mota (1), qui et quilibet, mediis eorum juramentis, per nos interrogati, deposuerunt fore et esse signa et subscriptiones pred. Rouxelli et Derien, quodque ipsi Rouxelli et Derien fuerunt et sunt, ipse videlicet Rouxelli imperiali, et Derien apostolica auctoritatibus curieque nostre notarii. Quibus premissis attentis, nos testamentum et codicillum seu ultimam ipsius defuncte voluntatem preinserta et contenta in eisdem instrumentis, eodem promotore, duximus publicanda, publicavimusque et publicamus ; decernentes unum vel plura inde fieri et confici transumptum seu transumpta, ipsisque et eorum cuilibet tantam fidem adhibendam fore et adhiberi debere huiusmodi transumptis veluti originali, prout decrevimus et decernimus. Et deinde cum promotor peteret, prout petiit, pred. *Tual* coexecutorem, *du Busequet*, *Blanchet*, et *le Viconte* nominibus procuratoriis præd. coexecutores compellendos fore et compelli debere ad assumendum onus executionis huiusmodi testamenti et codicilli preinsertorum, curie, dicti *du Busequet*,

Nantes, docteur en droit civil et droit canon, professeur de droit civil à l'Université de Nantes, 1504. Il fit de nombreuses fondations parmi lesquelles : à la collégiale N.-D., le double de l'octave de saint Jean l'évangéliste ; à la cathédrale : deux chapellenies de saint Yves, et les doubles de la Circoncision, de saint Etienne, des octaves de saint Jean et des Innocents, de saint Grégoire, de saint Ambroise, de saint Augustin et de saint Jérôme. Il était chanoine de la cathédrale en 1495, et mourut en février 1515, après avoir résigné cette dignité.

(1) Raoul de la Motte était en 1510 avocat en court d'église Peut-être était-il de la famille de Jean de la Motte, seigneur de Bourgérard et dont un frère, Jacques, né à Châteaubriant, fut licencié-ès-lois, chanoine de la cathédrale, 1460, et de la collégiale, 1465-1484, premier syndic de l'Université et grand vicaire de Pierre du Chaffault.

Il y eut aussi un peu plus tard un Jean de la Motte qui fut archidiacre de Nantes et abbé de Boquien.

Blanchet et *le Viconte*, nominibus procuratoriis predictorum principis *d'Orange*, dominorum *de Rohan et de
Rieux* coexecutorum nominatorum, onus executionis
huiusmodi testamenti et codicilli seu ultime voluntatis
ipsius defuncte preinsertorum sponte et libere assumere
se dixerunt et assumpserunt, promiseruntque et jura-
verunt ipsorum quilibet, ad sancta Dei evangelia per
eos et eorum quemlibet manualiter tacta, illa bene et
fideliter exequi, bonumque et fidele compotum dicto
promotori inde reddere et prestare infra unum annum
proximum a data presentium computandum. Ad quod
faciendum eosdem *du Busequet*, *Blanchet* et *le Viconte*,
nominibus procuratoriis predictis, duximus condem-
nandos et condemnamus, ipsosque et eorum quemlibet
monuimus et monemus ; adiudicantes, prout tenore
presentium adiudicamus, possessionem omnium et
singulorum bonorum ipsius defuncte pro executione
huiusmodi testamenti et codicilli fienda, in quantum
per nos executabilia declarabuntur et non alias, ipsis
executoribus et eorum cuilibet, dicto *Lamberto*, procura-
tore heredis minime consencientis, quinymo ad premissa
se opponentis ; prefatus vero *Tual*, executor nominatus,
dixit et asseruit se fore et esse senem, et quod res ista
est magne importantie, minime executioni vacare posse,
attenta eius etate, juravitque nunquam eidem defuncte
suum exequi testamentum aut codicillum promisisse.
Quare ipsum ab onere executione predictorum testamenti et codicilli ipsius defuncte duximus remittendum
et remittimus.

Consequenterque, quia nos, eodem promotore instante, quia prefati domini princeps d'Orange, de Roian
et de Rieux sepe morantur extra jurisdictionem nostram, idcirco prefati *du Busequet*, *Blanchet* et *le Viconte*,
in hac parte, quo ad omnia et singula supra et infras-
cripta factum et negotium huiusmodi testamenti et
codicilli ipsius defuncte concernentia, se submiserunt
et submittunt, ac submisit et submittit ipsorum quilibet,

nominibus procuratoriis, etiam gratis et sponte juris-
dictioni, cohercioni et districtui curie nostre, domici-
liumque in eadem elegerunt in domo presentis et solite
habitationis ven. viri mag. Joh. Rouxelli, curie nostre
advocati, sita et consistente infra fines et methas
parocîialis ecclesie S. Dionisii nannetensis, ubi decrevimus et decernimus mandata nostra ibidem exequenda
contra ipsos et eorum quemlibet, occasione testamenti
et codicilli ipsius defuncte valere, ac si ad propria
domicilia eorumdem executorum et coram cuilibet,
sub pena sentenlie excommunicationis et centum marcarum auri, eodem promotore petente, ne bona ipsius
defuncte, extra jurisdictionem nostram transferrant,
in preiudicium executionis testamenti et codicilli ipsius
defuncte, testamento et codicillo ipsius defuncte minime
completis, procuratoribus antedictis, nominibus procuratoriis sepedictis, dicentibus et asserentibus nichil
contra jus et in preiudicium executionis huiusmodi
testamenti et codicilli attemptare velle.

Insuper, cum promotor peteret, prout petiit, predictum
testamentum et codicillum ipsius defuncte secundum
ipsius formam, substantiam, tenorem et effectum executabilia ac exequenda fore per nos decerni et declarari,
in preiudicium ipsius heredis, tunc dictus Lamberti,
nomine procuratorio antedicto, petiit copiam preinsertorum testamenti et codicilli ipsius defuncte, ad finem
ut posset et valeat de et super viribus eorumdem melius
deliberare, et, cum his, petiit terminum ad se de et
super premissis deliberandum, quem quidem terminum
videlicet diem jovis post festum beati Hilarii, veluti
eidem domino Francisco reredi duximus prefigendum
et assignandum, prout prefigimus et assignamus ;
inhibentes prout inhibemus eidem domino Francisco
heredi, sub pena centum marcarum auri elemosinis
prefati Rev. Patris applicandarum, ne bona ipsius
defuncte ypothecata et obligata executioni testamenti et
codicilli preinsertorum, in preiudicium execcutionis

eorumdem transferat; et, postmodum, cum prefatus promotor peteret, prout petiit, pred. Lamberti procuratorem nomine procuratorio antedicto cogi ad eligendum domicilium pro mandatorum nostrorum contra ipsius dominum Franciscum heredem, occasione testamenti et codicilli huiusmodi, imposterum executioni fiendorum, eo quod plures habet lares et domicilia in jurisdictione nostra, et quod ad personam ipsius Domini Francisci heredis non patet tutus accessus, tunc dictus Lamberti, nomine procuratorio antedicto, dixit hoc minime fieri debere, dicens ulterius quod ipse dominus Franciscus heres tribus annis ultimo decursis moram trahit in jurisdictione nostra, et apud villam de Casteaubrient habet domicilium in quo cuilibet patet tutus accessus, dicto promotore contrarium asserente, et offerente probare in promptu de non tuto accessu ad personam ipsius domini Francisci heredis. Super quibus aliquantulum altercato, nos eidem promotori rationem facere reservavimus in proximo termino cause huiusmodi. Actum et datum ut supra, et cum quibus supra, die jovis decima mensis januarii, anno Domini millesimo quadringentesimo nonagesimo octavo.

Rob. Cholet promotor.

Dutertre expedivi.

La ville de Nantes qui conserve la dépouille funèbre de Françoise de Dinan, conserve aussi sa signature et une empreinte de son sceau. Nous ignorons si l'existence de l'une et de l'autre a été révélée. Nous ne la trouvons du moins pas mentionnée dans les belles études que M. Bertrand de Broussillon a consacrées à la Maison de Laval, et dans lesquelles il a reproduit un si grand nombre de sceaux et de signatures des personnages qui ont appartenu à cette illustre maison (1).

Ces deux documents existent dans un assez bel état de conservation aux *Archives Municipales de Nantes,* (DD 15) sur l'acte de donation de l'Hôtel de Derval et de ses dépendances, actuellement l'Hôtel-de-Ville, à Jean François de Cardonne : acte du dernier jour de mai 1494.

L'acte est scellé sur queue simple de parchemin, en cire rouge. Le sceau orbiculaire a 0,057 mil. de diamètre. Il porte une légende en minuscule gothique ; nous y lisons : *S. Francoyse de dinan (contesse) de la val dame de vilré de chasteaubriant...* Les dernières lettres sont d'une lecture douteuse ; la suite de la légende est brisée : il n'en reste plus que les trois dernières lettres. Nous croyons y voir *ort,* fin de *Montfort.*

L'écu losangé a 0,020 mil. de haut sur 0,017 de large. Il est mi-parti : au premier de *Laval-Montmorency*; au second de *Dinan-Châteaubriant.*

Par suite de la dépresssion que la forme losangée imprime aux différents quartiers de l'écu, les quatre alérions qui cantonnent au 1 et au 3, la croix chargée de coquilles, ne sont pas disposés régulièrement les uns au-dessus des autres, comme on le voit communément sur les armes de Laval-Montmorency.

Les armes de Dinan semblent aussi présenter une variante avec celles que le P. Anselme donne à Françoise (2). Ces armes telles que notre généalogiste les a publiées sont : *de gueules à la fasce fuselée d'hermines, de 4 pièces, accompagnée de 6 besans d'hermines, 3 en chef et 3 en pointe.* Dans celles que nous donne notre sceau, les

---

(1) *Sigillographie des seigneurs de Laval,* 1095-1605, par MM. Bertrand de Broussillon et Paul de Farcy.

(2) P. Anselme, t. I, p. 456.

quatre fuseaux d'hermines semblent accompagnés en pointe de quatre besans.

Les armes de Dinan-Châteaubriant sont : au *1 et au 4, de Dinan; et aux 2 et 3 de Châteaubriant*, c'est-à-dire : *semé de fleurs de lis*. Notre sceau mi-parti nous donne, suivant l'usage, les 2e et 4e quartiers.

Voici, du reste, ce sceau et cette signature :

Les témoins de l'exhumation de Françoise de Dinan ont pu voir la main qui a tracé cette dernière. Voir une signature et la main qui l'a tracée il y a des siècles, est un spectacle qui ne se présente pas tous les jours.

G. Durville.

Table des Matières

Nantes. — Imp. A. Dugas et Cⁱᵉ, 5, qual Cassard.

SOCIÉTÉ ARCHÉOLOGIQUE

DE NANTES

BULLETIN

DE LA

SOCIÉTÉ ARCHÉOLOGIQUE

DE NANTES

ET DU DÉPARTEMENT DE LA LOIRE-INFÉRIEURE

ANNÉE 1904

TOME QUARANTE-CINQUIÈME

IIe SEMESTRE

NANTES

BUREAUX DE LA SOCIÉTÉ ARCHÉOLOGIQUE

1904

NOTE

Les études insérées dans le *Bulletin de la Société Archéologique de Nantes et de la Loire-Inférieure* sont publiées sous l'entière responsabilité des auteurs.

BUREAU

DE LA

SOCIÉTÉ ARCHÉOLOGIQUE DE NANTES

ET DE LA LOIRE–INFÉRIEURE

MM. LÉON MAITRE, O. I. ❧ — Président.

le baron CHRISTIAN DE WISMES
ALCIDE DORTEL, O. I. ❧ } Vice-présidents..

JOSEPH SENOT DE LA LÔNDE
PAUL DE BERTHOU } Secrétaires généraux.

le baron GAETAN DE WISMES
HENRI GOUSSET } Secrétaires du Comité.

ÉDOUARD PIED, O. I. ❧ — Trésorier.

RAYMOND POUVREAU — Trésorier-adjoint.

PAUL SOULLARD
JOSEPH HOUDET } Bibliothécaires-
archivistes.

COMITÉ CENTRAL

MEMBRES A VIE

Anciens Présidents (1)

MM. le marquis DE BRÉMOND D'ARS MIGRÉ, ✳ (1884-1886 et 1899-1901).
HENRI LE MEIGNEN, O. A. ❧ (1887-1889 et 1896-1898).

MEMBRES ÉLUS

MM. RENÉ BLANCHARD, O. A. ❧
l'abbé BRAULT } Sortants en 1904.
TRÉMANT

CHAILLOU, O. I. ❧
LEROUX } Sortants en 1905.
CLAUDE DE MONTI DE REZÉ

le chanoine ALLARD
l'abbé DURVILLE } Sortants en 1906.
DE VEILLECHÈZE

(1) Les autres présidents de la Société ont été : MM. NAU (1845-1862).
† 4 juillet 1865; — le vicomte SIOCH'AN DE KERSABIEC (1863-1868),
† 28 novembre 1897; — le chanoine CAHOUR, O. A. ❧ (1869-1871),
† 7 septembre 1901; — l'intendant GALLES, O. ✳ (1872-1874), † 11
août 1891; — MARIONNEAU, ✳, O.I. ❧ (1875-1877), †13 septembre 1896;
— le baron DE WISMES (1878-1880), † 5 janvier 1887, — le vicomte DE
LA LAURENCIE, ✳ (1881-1883); — le marquis DE DION, ✳ (1890-1892),
† 26 avril 1901; — DE LA NICOLLIÈRE-TEIJEIRO, O. A. ❧ (1893-1895),
† 17 juin 1900.

LISTE DES MEMBRES

DE LA

SOCIÉTÉ ARCHÉOLOGIQUE DE NANTES

ET DE LA LOIRE-INFÉRIEURE

———➤✦◄———

ABRÉVIATIONS

Ac. —	Académie, académique.
Adj. —	Adjoint.
Adm. —	Administration, administrateur. administratif —ive.
Agr. —	Agriculture, agriculteur, agricole.
Anc. —	Ancien, — ne.
Ant. —	Antiquaire.
Arch. —	Archéologie, archéologique.
Arr. —	Arrondissement.
Art. —	Artiste, artistique.
Ass. —	Association.
B.-A. —	Beaux-Arts.
Bibl. —	Bibliothèque, bibliothécaire.
Bibl. bret. —	Bibliophiles bretons.
Centr. —	Central, — e.
Com. —·	Comité.
Comm. —	Commission, commissaire.
Conf. —	Conférence.
Cons. —	Conseil, conseiller.
Cor. —	Correspondant.
Dél. —	Délégué.
Dép. —	Département, — départemental, — e.
Dir. —	Directeur.
Ec. —	Ecole.
El. —	Elève.
Fond. —	Fondateur.
Gén. —	Général, — e.
Géog. —	Géographie, géographique.
Hist. —	Histoire, historique.
Hon. —	Honneur, honoraire,
Hort. —	Horticulture, horticulteur, horticole.
Inst. —	Instruction.
L¹. —	Lauréat.
Lit. —	Littéraire.
M. —	Membre.
Min. —	Ministère.
Mun. —	Municipal, — e.
Nat. —	Naturel, — le.
Pr¹, v.-pr¹. —	Président, vice-président.
Prof. —	Professeur.
Publ. —	Public, — ique.
Secr. —	Secrétaire.
Soc. —	Société.
Sc. —	Sciences, scientifique.
Sup. —	Supérieur.
Trés. —	Trésorier.
Chev. —	Chevalier.
O. —	Officier.
C. —	Commandeur.
G. O. —	Grand-officier.
G. C. —	Grand-croix.
O. I. —	Officier de l'Instruction publique.
O. A. —	Officier d'Académie.
Av. —	Avenue,
Boul. —	Boulevard.
Ch. —	Château.
Imp. —	Impasse.
Pass. —	Passage.
Pl. —	Place.
R. —	Rue.
Q. —	Quai.

Les dates qui suivent chaque nom indiquent l'année de la réception.

MEMBRES TITULAIRES

MM. ALIZON (E 1 ile), notaire hon. et anc. pr¹ de la ciambre, anc. pr¹ du Congrès annuel des notaires de France, suppléant de juge de paix, r. Franklin, 20, 1878.

ALLARD .(l'abbé Louis), cianoine hon. d'Angers, r. Haute-Rocie, 4ᵇⁱˢ, 1886.

ALLOTTE DE LA FÜYE (Maurice), ˙O. ✳, colonel du Génie en retraite, Versailles (Seine-et-Oise), 1899.   •

ANGOT (Josepi), r. des Pénitentes, 2, 1904.

AUGEARD (Eugène), anc. notaire, pass. Sᵗ-Yves, 2, et ch. de la Guérivais, Rougé, 1893.

AVROUIN-FOULON (le comte Louis), r. Sᵗ-André, 102, et ch. de la Couronnerie, Carquefou, 1892.

BACQUA (Auguste), maire de Sᵗ-Fiacre, pl. Louis XVI, 1, et ch. du Coin, La Haie-Fouassière, 1879.

BAGNEUX (le vicomte Zénobe FROTIER de), ch. de la Pélissonnière, Le Boupère (Vendée), et r. du Bac, 86, Paris, 1885.

BALBY DE VERNON (le marquis Georges de), l̇ᵗ de la Soc. arci. de la Loire-Inférieure, m. de la Soc. des agr. de France et de la Soc. hist. et arch. de l'Orléanais, m. de la Soc. ariégoise des Sciences, Lettres et˙ Arts et des Etudes du Couserans., ch. de la Briais, Saint-Julien-de-Vouvantes, 1886.

BAUDOUIN (le docteur Marcel), r. Linné, 21, Paris, 1904.

BAUGÉ (Si 1 on), dir. particulier de l'*Urbaine* et de la *Seine*, pr¹ du Tribunal de commerce, m. de la Soc. des Amis des arts, r. Lafayette, 1, 1874.

BEAUCAIRE (le vicomte Robert HORRIC de), r. Contrescarpe, 20, 1891.

Messieurs les Secrétaires généraux prient leurs collègues de vouloir bien leur faire connaître les rectifications à apporter à la liste des sociétaires, et déclinent toute responsabilité pour les erreurs et les lacunes qu'entraînerait un défaut de communication.

BELLEVÜE (le comte Xavier FOURNIER de), cons. gén. de la Loire-Inférieure, capitaine de cavalerie territoriale, ch. de Moulinroûl, Soudan, et r. Lesage, 4, Rennes (Ile-et-Vilaine), 1895.

BERTHOU (le comte Paul de), arciiviste-paléograpie, anc. él. et m. de la Soc. de l'Ec. des Ciartes, m. de l'Ass. bret., de la Soc. arci. d'Ille-et-Vilaine et du Coi. de la Bibl. publ., li de l'Ac. des Inscriptions et Belles Lettres et de la Soc. arci. de la Loire-Inférieure, r. du Boccage, 6, et ch. de Cadouzan, St-Dolay, La Roche-Bernard (Morbiian), 1884.

BLANCHARD (René), O. A. ☉, li de l'Institut et de la Soc. arci. de la Loire-Inférieure, secr. et bibl.-archiviste de la Soc. des bibl. bret., arciiviste de la Ville de Nantes, m. du Coi. de la Bibl. publ., r. Royale, 1, 1875.

BLANCHET (le docteur Ferdinand), m. et anc. pri de la Soc. ac., pri hon. de la Soc. nantaise d'hort., m. de la Soc. des sc. nat. de l'ouest de la France, de la Soc. art. et litt. de l'Ouest et de la Soc. de géog. commerciale, r. du Calvaire, 3, et Le Pellerin, 1854.

BOIS DE LA PATELLIÈRE (Henri du), maire de Saint-Etienne-de-Montluc, Le Perroteau, Saint-Etienne-de-Montluc, 1886.

BOISGUÉIIENNEUC (Henri du), r. Colbert, 6, 1903.

BONET (Louis), industriel, anc. v.-pri de la Soc. philatélique, r. d'Alger, 10, 1901.

ROSSIS (le docteur Auguste), r. de Gigant, 2, 1904.

BOÜARD (le vicomte René de), ariateur, r. Anizon, 2, 1898.

BOUBÉE (Josepi), r. Sévigné, 9, et ch. de la Meule. Artion, 1890.

BOUCHAUD (Adolpie), pl. de la Petite-Hollande, 3, et ch. de la Bernardière, St-Herblain, 1893.

BOUGOÜIN (François), architecte, anc. él. de l'Ec. des B.-A., pri. de la Soc. des architectes, li de la grande iédaille de la Soc. centr. pour l'architecture privée, 1892, r. du Calvaire, 10, et r. de Bel-Air, 22, 1879.

BOUYER (l'abbé Jules), chanoine hon., anc. missionnaire, anc. aumônier des Dames Blanches, sup. du Petit-Séminaire de Guérande, Guérande, 1886.

BRAULT (l'abbé Ferdinand), aumônier du Lycée, anc. prof. de philosophie à l'Externat, r. du Bouffay, 2, 1900.

BREMOND D'ARS MIGRÉ (le marquis Anatole de), ✻, licencié en droit, chev. de St-Jean-de-Jérusalem (Malte), et de St-Sylvestre, C. de Pie IX, anc. sous-préfet, secr. du Cons. gén. du Finistère, pr^t du comice agr. de Pont-Aven, cor. de la Soc. nationale des ant. de France, dél. de la Soc. des bibl. br., m. de l'Ass. bret., pr^t du Com. dép. de la Soc. bibliographique, m. de l'Ac. d'Aix-en-Provence, l'un des pr^ts hon. du Cons. héraldique de France, m. de plusieurs autres Soc. savantes, r. Harroüys, 5, et ch. de la Porte-Neuve, Riec-sur-Bélon (Finistère), 1874.

BRÈVEDENT DU PLESSIS (Irénée de), r. Henri IV, 12, 1892.

BROCA (Alexis de), O. A. ✿, art. peintre, pr^t hon. de la Soc. des Art. bretons, r. Urvoy-de-St-Bedan, 11, 1896.

BRUC DE LIVERNIÈRE (le comte Léopold de), r. Chauvin, 2, 1890.

BRUC (le comte Maurice de), anc. camérier d'hon. de S. S. le Pape Léon XIII, ch. de Bruc, Candé (Maine-et-Loire), et r. de Penthièvre, 26, Paris, 1889.

BUREAU (le docteur Louis), O. I. ✿, licencié ès-sc. nat., dir.-conservateur du Muséum d'hist. nat., prof. d'hist. nat. à l'Ec. de médecine, cor. du Muséum de Paris, m. du Cons. de l'Ass. française pour l'avancement des sc., m. fond. de la Soc. zoologique de France, collaborateur adj. à la carte zoologique détaillée de la France, sec. gén. trés. de la Soc. des sc. nat. de l'ouest de la France, m. du Cons. centr. de la Soc. ac., r. Gresset, 15, et ch. de la Meilleraye, Riaillé, 1891.

CAILLÉ (Dominique), l^t de la Soc. nat. d'encouragement au bien et de plusieurs Soc. savantes, anc. pr^t et m. du Cons. cent. de la Soc. ac., anc. secr. de la Soc. des bibl. bret., pl. Delorme, 2, 1904.

CAZAUTET (Constant), boul. Delorme, 24, 1904.

CHAILLOU (Félix), O. A. $, l[t] de la Soc. arc ı. de la
Loire-Inférieure, m. de la Soc. française d'arc ı. et de
la Soc. des sc. nat. de l'ouest de la France, viticulteur,
q. de la Fosse, 70, et ch. des Cléons, Vertou, 1885.

CHARON (Georges), O. A. $, négociant - assureur,
v.-pr[t] de la section nantaise des Hospitaliers-Sauve-
teurs-Bretons, r. Gresset, 8, 1895.

CHATELLIER (Léon), cons. ı un. de Nantes, r. Félibien,
66, 1884.

CHAUVET (André), arc ıitecte, anc. él. de l'Ec. des
B.-A., m. de la Soc. des Art. bretons, r. Guibal, 19,
1901.

CLÉRIÇAYE (Constant CLÉRICEAU DE LA), arc ıitecte,
dél. et anc. pr[t] de la Soc. des arc ıitectes, secr. de la
Co ı ı. dép. des bâtiments civils, anc. adj. au maire
de Nantes, r. Crébillon, 22, 1868.

CLERVILLE (Adolp ıe JOLLAN de), cons. gén. de la
Loire-Inférieure, m. de la Soc. ac., du Cons. dép. de
l'Inst. publ. et de la Co ı ı. du Muséu ı, maire de
St-Viaud, r. de Bréa, 9, et ch. de Blain, 1902.

CORMERAIS (Ludovic), docteur en droit, anc. auditeur
au Cons. d'État, anc. cons. de préfecture, seer. du
Cons. gén. de la Loire-Inférieure et de la Co ı ı. dép.,
maire de S[t]-P ıilbert-de-Grand-Lieu, dél. de la Soc.
française de secours aux blessés pour la XIe région
militaire et de la Soc. des bibl. bret., v.-pr[t] du Syndicat des agr., pr[t] de la Co ı ı. du Musée Dobrée, m.
de la Co ı ı. du Musée arc ı., boul. Delor ı e, 34, et
ch. du Roc ıer, St-Philbert-de-Grand-Lieu, 1884.

CORMERAIS (E ı ile), industriel, anc. pr[t] du Trib. de
Co ı ı. m. de la Ch. de Co ı ı., r. de la Moricière, 10,
1902.

COTTEUX (Marcel), anc. notaire, expert, Châteaubriant,
1895.

DION (le marquis Albert de), député, cons. gén. de la
Loire-Inférieure, v.-pr[t] de l'*Automobile Club*, ch. de
Maubreuil, Carquefou, et av. de la Crande-Ar ı ée, 46,
Paris, 1903.

DORTEL (Alcide), O. I. $, avocat, cons. gén. de la
Loire-Inférieure, anc. secr. de la Soc. des bibl. bret.,

m. du Co 1. de la Bibl. publ., de la Co 1 1. du Musée
arc1., de la Soc. ac. et du Cons. dép. d'hygiène publ.,
cor. du Min. de l'inst. publ. pour les travaux 1ist., r.
de l'Héronnière, 8, 1889.

DOUDIÈS (Jules), q. de Tourville, 19, 1901.

DURVILLE (l'abbé Georges), aumônier des Sœurs de
l'Espérance, l¹ de la Soc. arc1. de la Loire-Inférieure,
anc. pr¹ de la Soc. p1ilatélique, m. de la Co 1 1. du
Musée arc1., petit pass. S¹-Yves, 5, 1892.

ESTOURBEILLON DE LA GARNACHE (le marquis Régis
de l') O. A. ✪, député, cons. mun. de Vannes, cor.
de la Soc. nationale des ant. de France, inspecleur et
l¹ de la Soc. française d'arc1., fond. dir. de la *Revue
historique de l'Ouest*, anc. pr¹ de la Soc. polymatique
du Morbi1an, v.-pr¹ de la Soc. des bibl. bret, m. de
l'Ass. bret., de la Soc. des Hospitaliers-Sauveteurs-
Bretons et de la Soc art. et litt. de l'Ouest, l¹ de la
Soc. arc1. de la Loire-Inférieure, pl. de l'Evêché, 10,
Vannes (Morbi1an), et boul. S¹-Mic1el, 20, Paris, 1880.

FABRÉ (Xavier), notaire, r. de Saillé, Guérande, 1883.

FONTENEAU (Félix), m. de la Soc. des Amis des Arts,
r. Mondésir, 12, 1890.

FRABOULET (Mat1urin), arc1itecte, auteur de nombreuses églises, c1âteaux et 1ospices, m. de la Soc.
des arc1itectes, titulaire de la médaille d'or pour le
plan de la place S¹-Pierre, pl. Bretagne, 17, 1895.

FRANCE (Jules de), titulaire de deux médailles d'1on.
co 1 1.-voyer, r. C1arles-Monselet, 30, 1898.

FRESLON (Paul de), r. Mal1erbe, 8, 1902.

FURRET (Jules), arc1itecte, m. de la Soc. des architectes, r. Geoffroy-Drouet, 6, 1904.

GOURDON (Maurice), O. A. ✪, C. de l'ordre royal de
C1arles III d'Espagne, attac1é au service de la carte
géologique de France, r. de Gigant, 19, et ch. de la
Haie des Bouillons, Corde 1 ais, 1900.

GOUSSET (le comte René), avocat, docteur en droit, m.
du Cons. 1éraldique de France et de l'Ass. des Chev.
pontificaux, pl. de l'Oratoire, 14, 1889.

GRAND (Roger), O. A. ✪, anc. élève et m. de la Soc.
de l'Ec. des C1artes, avocat, anc. arc1iviste du

Cantal, anc. archiviste-adj. de la Loire-Inférieure,
cor. du Min. de l'Inst. publ. et de la Soc. nationale
des ant. de France, inspecteur dép. de la Soc.
française d'arch., r. Copernic, 20, et Arradon
(Morbihan), 1903.

GUICHARD (Armand), licencié en droit, juge de paix
du 2e arr. de Nantes, m. de la Soc. ac., r. Piron, 3, 1901.

GUILLON (Léon), La Boucardière, Crantenay-s.-Loire,
1900.

HALGAN (le docteur Georges) boul. Delorie, 30, 1904.

HARGUES (Joseph de), r. de Rennes, 94, 1903.

HOUDET (Joseph) r. de la Rosière, 9, 1900.

HUNAULT (Alfred), comm.-priseur hon., r. Regnard, 5,
1895.

KERVENOAËL (le vicomte Emile JOUAN de), docteur en
droit, m. de la Soc. française d'arch. et de la Soc. des
bibl. bret., r. Tournefort, 3, et ch. de Boisy-Sourdis,
La Verrie (Vendée), 1886.

LAFONT (Georges), architecte, inspecteur diocésain,
anc. secr. de la Soc. des architectes, prt fond. hon. de
la Comm. des fêtes nantaises, m. de la Comm. dép.
des bâtiments civils, du Cons. dép. d'hygiène publ.,
de la Comm. du Jardin des Plantes et du Comm. des
Amis des arts, m. d'hon. de la Comm. du Musée arch.,
r. de la Rosière, 17, 1873.

LAGRÉE (Victor), O. ✻, de l'ordre du Nicham-Iftikar,
de l'ordre royal du Cambodge et du Dragon-Vert de
l'Annam, capitaine de frégate en retraite, r. Bonne-
Louise, 2, 1901.

LALLIÉ (Alfred), docteur en droit, anc. député de la
Loire-Inférieure, maire de St-Colombin, m. du cons.
de la Soc. des bibl. bret., r. Lafayette, 18, et ch. du
Pay, St-Colombin, 1878.

LAUBRIÈRE (Louis BRIANT de), anc. v.-prt de la Soc.
hist. et arch. de Château-Thierry (Aisne), m. de la
Soc. géologique de France, r. St-Clément, 6, 1895.

LAUZON (Etienne de), cons. d'arr. de la Motte-Achard,
m. du Cons. héraldique de France., r. Mathelin-
Rodier, 19, et ch. de la Forêt, la Motte-Achard
(Vendée), 1890.

LECORNU (Alfred), O. A. ✥, architecte retraité de la Ville de Paris, r. de la Distillerie, et ch. de Kerlocdulee, Sᵗ-Marc, en Saint-Nazaire, 1900.

LE COUR-GRANDMAISON (Henri), ✳, sénateur, cons. gén. de la Loire-Inférieure, anc. seer. de la Coᴍᴍ. dép., maire de Campbon, prᵗ de la Soc. des courses, v.-prᵗ du Syndicat des Agric. pour l'arr. de Nantes, m. du Cons. de la Soc. d'agr., r. de Bréa, 2, ch. de Coislin, Campbon, et r. de Lille, 55, Paris, 1887.

LE MEIGNEN (Henri),-O. A. ✥, avocat, cɪef du contentieux au Sᵗ-Hubert-Club de France, anc. prof. à l'Ec. libre de droit, prᵗ d'ɪon. de la Soc. des bibl. bret., anc. v.-prᵗ de la Soc. nantaise des Amis de l'hort. et du Comice agr. de Cɪaɪptoceaux, m. de l'Ass. bret., anc. m. de la Bibl. publ., anc. cons. d'arr. de Nantes, anc. maire de Bouzillé (Maine-et-Loire), r. .Biot, 27, Paris, 1873.

LERAT (le docteur Fernand), O. l. ✥, prof. à l'Ec. des sc. et des lettres, anc. cɪef des travaux anatomiques à l'Ec. de ɪédecine, m. de la Coᴍᴍ. du Muséuɪ, anc. m. adj. du Cons. dép. d'hygiène publ., r. Tɪiers, 4, 1900.

LEROUX (Alcide), avocat, m. et anc. prᵗ de la Soc. ac., m. de la Soc. française d'arcɪ. et de l'Ass. bret., r. de la Moricière, 22, 1877.

LESAGE (Pierre), art. peintre, m. de la Soc. des Art. bret., r. de la Moricière, 22, 1903.

LESIMPLE (l'abbé Jean-Baptiste), vicaire de Basse-Goulaine, 1903.

LINYER (Louis), ✳, avocat, anc. bâtonnier, m. du Cons., prof. à l'Ec. libre de droit, anc. adj. au maire de Nantes, m. et anc. prᵗ de la Soc. ac., prᵗ fond. de la Soc. de géog. coᴍᴍerciale, m. de la Soc. française d'arcɪ., de la Soc. art. et lit. de l'Ouest et de la Soc. des Amis des Arts., r. Paré, 1, ch. des Jubinières, Héric, et ch. de Veillon, Talmont (Vendée), 1877.

LISLE ᴅᴜ DRENEUC (Georges de), av. Félix Faure, 28, 1901.

LISLE ᴅᴜ DRENEUC (le vicomte Pitre de), O. A. ✥, lᵗ de la Soc. française d'arcɪ. et de la Soc. arcɪ. de la Loire-Inférieure, conservateur et m. d'ɪon. de la

Co1 1. du Musée arc1., conservateur du Musée Dobrée, cor. du Min. pour les travaux 1ist., m. de la Co1 1. des monuments 1ist. et des mégalit1es de France, du Co1. des B.-A. des dép. et de la Soc. des Ant. de France, auxiliaire de la Co1 1. de géog. 1ist. et des mégalit1es de France, m. du Co1. de la Bibl. publ. et de la Co1 1. du Musée des B.-A., av. de l'Eperonnière (r. de Paris, 19), 1872.

LONDE (Josep1 SENOT de la), docteur en droit, maire de Thouaré, r. Mathelin-Rodier, 6, et ch. de la Picauderie, Thouaré, 1887.

LOTZ-BRISSONNEAU, (Alp1onse), ingénieur des arts et 1anufactures, v.-pr¹ de la Soc. des Amis des Arts, m. de la Co1 1. du Mus. des B.-A. et du Co1. de la Bibl. publ., ad1. du Bureau de bienfaisance, q. de la Fosse, 86, 1898.

MAILCAILLOZ (Alfred), O. A. ⚜, c1ef du contentieux de la mairie de Nantes, anc. seer. perpétuel de la Soc. ac., r. Général de Sonis, 7, 1901.

MAITRE (Léon), O. 1. ⚜, archiviste-paléograp1e, anc. él. et m. de la Soc. de l'Ec. des C1artes, arc1iviste du dép., m. du Co1. des travaux 1ist. et sc. près le Min. de l'instr. publ., anc. pr¹ de la Soc. ac., v.-pr¹ de la Soc. de géog. co1 1., r. de Strasbourg, 2, 1870.

MARBŒUF (l'abbé), r. du Coudray, 85, Nantes, 1903.

MARTIN (Art1ur), O. ✳, capitaine de vaisseau, r. de la Co1édie, 20, Lorient (Morbi1an), 1895.

MICHEL (Gaston), ingénieur des Ponts et Chaussées, c1ef du service des eaux et de l'assainissement de Nantes, m. adj. du Cons. dép. d'hygiène publ., r. de la Bastille, 54, 1900.

MONTI DE REZÉ (Claude de), c1ev. de S¹-Grégoire-le-Grand, cons. d'arr., m. du Cons. d'adm. de la *Revue historique de l'Ouest*, du Cons. de la Soc. des bibl. bret., m. de la Soc. française d'arc1., du Cons. héraidique, de la Soc. d'émulation de la Vendée, q. Ceineray, 3, et ch. du Fief-Milon, Pouzauges (Vendée), 1883.

MONTI DE REZÉ (le comte Henri de), cons. co1 1. de la Soc. française de secours aux blessés, r. de Strasbourg, 31, et ch. de Rezé, près Nantes, 1886.

MONTI DE REZÉ (Yves de), q. Ceineray, 3, et ch. du Fief-Milon, Pouzauges (Vendée), 1900. ·

NAU (Paul), architecte, dél. de la Soc. des architectes, m. de la Com. du Musée arch., r. Lafayette, 16, et ch. de Port-Sinan, Rouans, 1865.

NORVILLE (Henri de NANTEUIL de la); ingénieur des mines, r. des Cadeniers, 3, 1904.

OHEIX (André), Savenay, 1900.

OLLIVE (Frédéric), inspecteur du service vicinal, r. Félibien, 61, 1901.

OLIVE (Jean-Baptiste), seer. adj. de la Soc. des Amis des Arts, Pont-Rousseau, Rezé, 1900.

PIED (Edouard), O. l, ✪, économe hon. du Lycée, m. du Com. de la Bibl. publ., pass. Leroy, 14, 1888.

PLANTARD (le docteur J.-M.), Mont-St-Bernard, Chantenay, 1904.

POMMIER (Félix), O. A. ✪, conservateur du Musée des B.-A., trés. et m. de la Com. du Musée arch., r. Leroy, 23, 1888.

PORT (Etienne), prof. au Collège de St-Nazaire, St-Nazaire, 1903.

POUVREAU (Raymond), anc. cons. d'arr. de Nantes, dir. de la *Mutuelle du Mans*, tenue Camus, 19, 1884.

RADIGOIS (l'abbé Auguste), anc. sup. du Collège de Châteaubriant, anc. curé de St-Sébastien, aumônier du Pensionnat des Frères, r. de Bel-Air, 14, 1886.

REVELIÈRE (Jules), receveur de l'Enregistrement en retraite, Blain, 1898.

RÉVÉREND (Jules), bibl. adj. de la Soc. de géog. commerciale, q. de la Fosse, 100, et ch. de Bourgerel, Muzillac (Morbihan), 1893.

RIGAULT (Félix), O. A. ✪, commis principal des Douanes, r. de Coutances, 18, 1898.

RINGEVAL (Léon), à Porte-Chaise, St-Sébastien, 1903.

ROUXEAU (le docteur Alfred), O. A. ✪, anc. interne des hôpitaux de Paris, prof. de physiologie à l'Ec. de médecine, seer. de la *Gazette médicale de Nantes*, m. de la Soc· ac. et du Com. de la Bibl. publ., r. de l'Héronnière, 4, 1894.

SÉCHEZ (Paul), r. Voltaire, 9, 1896.

SÉCILLON (le vicomte Stéphen de), r. Prémion, 1, et ch. de la Tour, Orvault, 1898.

SOREAU (l'abbé Henri), chanoine hon., prof. de dessin au Pensionnat St-Stanislas, 1886.

SOULLARD (Marcel), avocat, docteur en droit, prof. suppléant à l'Ec. libre de droit, r. du Château, 10, et ch. de la Haye-Morlière, près Nantes, 1896.

SOULLARD (Paul), numismate, m. de la Com. du Musée arch., m. cor. de la Soc. française de numismatique, r. du Château, 10, et ch. de la Haye-Morlière, près Nantes, 1862.

SUYROT (Gabriel de), r. du Lycée, 13, et ch. de la Gastière, Mortagne-s/-Sèvre (Vendée), 1890.

TERNAY (le comte Ludovic d'AVIAU de), r, Tournefort, 2, et ch. de Ternay, les Trois-Moûtiers, (Vendée), 1886.

TOUCHE (Xavier LE LIÈVRE de la), numismate, r. du Port-Communeau, 21, 1883.

TRÉMANT (Paul), r. de la Rosière, 11, 1900.

TULLAYE (le comte Alfred de la), r. de la Plâtrerie, 6, Etampes (Seine-et-Oise), 1867.

VALLET (Joseph), sculpteur, m. de la Soc. des Art. bretons, cons. mun. de Nantes, r. de Rennes, 49, 1896.

VEILLECHÈZE (Alfred de), r. Colbert, 11, 1885.

VIEUVILLE (Gaston de la), O. ✹, colonel de cavalerie breveté en retraite, r. Tournefort, 1, et ch. de la Gazoire, Nort, 1900.

VIGNARD (le docteur Edmond), O. A. ✪, chirurgien des hôpitaux, prof. de clinique chirurgicale à l'Ec. de médecine, chirurgien titulaire à l'Hôtel-Dieu, r. de l'Héronnière, 6, 1900.

VIGNARD (Auguste), r. de Rennes, 11, 1904.

VINCENT (Antoine), juge et anc. v.-prt du Tribunal de commerce, r. de Courson, 3, 1896.

VINCENT (Félix), ch. de la Gobinière, Orvault, 1896.

VOLLATIER (Philibert), chef de division à la Préfecture en retraite, pass. St-Yves, 24, 1883.

WISMES (Christian de BLOCQUEL de CROIX, baron de), m. d'hon. de la Com. du Musée arch., prt de la Soc. ac., anc. v.-prt de la Conf. La Moricière, m. de la

Soc. des Art. bretons, cor. de la Soc. de l'Art
cɪrétien et de l'Ass. bretonne, r. Henri IV, 12, 1887.

WISMES (Gaëtan de BLOCQUEL de CROIX, baron de)
seer. adj. de la Soc. des bibl. bret., m. du Cons.
centr. de la Soc. ac., r. St-André, 11, et ch. de la
Chollière, Orvault, 1887.

MEMBRES CORRESPONDANTS

MM. ACHON (le chevalier Charles d'), anc. él. de l'Ec. des
Chartes, ch. de la Roche-de-Gennes, Gennes (Maine-
et-Loire), 1898.

AUMONT (Joseph), photographe, r. Crébillon, 11, 1882.

BARMON (Henri Nicolazo de), anc. camérier d'hon. de
S. S. le Pape Léon XIII, ch. de la Touche, Fégréac, 1887.

BEAUFRETON (Emile), O. A. ✿, agent voyer, St-Phil-
bert-de-Grand-Lieu, 1897.

BÉJARRY (le comte Amédée de), ✳, sénateur de la
Vendée, anc. lieutenant-colonel du 63e régiment terri-
torial, r. Tournefort, 7, et ch. de la Roche-Loucherie,
Ste-Hermine (Vendée), 1885.

BERTRAND-GESLIN (le baron Lucien), ✳, anc. officier
supérieur de cavalerie, r. de Courcelles, 47, Paris, et
ch. du Pas, Vue, 1900.

BOCERET (Emmanuel Priour de), écrivain, r. Sully, 1,
1887.

BOIS-SAINT-LYS (Mlle Maillard de), associée corres-
pondante, r. Maurice-Duval, 2, 1900.

BONNEAU (Louis), O. I. ✿, juge de paix, m. de la Soc.
des bibl. bret. et de la Soc. polymathique du Morbihan,
écrivain, lt de nombreux concours lit., m. des Hospi-
taliers-Sauveteurs-Bretons, q. de St-Goustan, 28, Auray
(Morbihan), 1898.

BOURDEAUT (l'abbé Arthur), docteur en théologie, vic.
de Nozay, 1903.

BROCHET (Louis), O. A. ✿, agent voyer d'arr. hors
classe, m. de la Soc. des antiquaires de l'Ouest, r. de
la République, 114, Fontenay-le-Comte (Vendée), 1900.

CHAPRON (Joseph), lt de la Soc. ac., Châteaubriant,
1899.

CHARBONNEAU-LASSAY, prof. à St-Laurent-s/-Sèvre
(Vendée), 1902.

CHATELLIER (le baron Paul Maufras du), O. I. ✿, m.
cor. de l'Institut, l\[t] de l'Institut, cor. de la Soc. des
Ant. de France, cor. du Min. de l'instr. publ. et des
B.-A., pr\[t] de la Soc. arch. du Finistère, ch. de Kernuz,
Pont-l'Abbé (Finistère), 1883.

CORSON (l'abbé Amédée Guillotin de), chanoine hon.
de Rennes, l\[t] de l'Institut, de la Soc. française d'arch.,
de la Soc. ac. et de la Soc. arch. de la Loire-Inférieure,
anc. pr\[t] de la Soc. arch. d'Ille-et-Vilaine, ch. de la Noë,
Bain-de-Bretagne (Ille-et-Vilaine), 1865.

COURSON de la VILLENEUVE (le vicomte Robert de)
✳, colonel, commandant le 13\[e] régiment d'inf\[ie], r. de
Nièvre, 50, Nevers (Nièvre), 1895.

DRESNAY (le vicomte Maurice du), licencié ès-lettres,
attaché à la légation de France à Tokio, Tokio (Japon),
av. du Trocadéro, 14\[bis], Paris, et ch. du Dréneuc,
Fégréac, 1886.

DUBREIL (Charles), juge suppléant, Châteaulin (Finis-
tère), 1900.

EUDEL (Paul), O. I. ✿, critique d'art, chargé de mis-
sions en Algérie, r. Gustave-Flaubert, 4, Paris, et
ch. du Gord, par Cellettes (Loire-et-Cher), 1885.

FERRONNAYS (le marquis Henry de la), ✳, C. avec
plaque du Christ, C. de Pie IX, C. du Danebrog, chev.
militaire de S\[t]-Grégoire-le-Grand, décoré de Men-
tana, etc., anc. officier de cavalerie, maire de S\[t]-Mars-
la-Jaille, pr\[t] du Cons. gén. et député de la Loire-Infé-
rieure, etc., r. de l'Université, 95, Paris, et ch. de
S\[t]-Mars-la-Jaille, 1899.

GENDRE (l'abbé Armand), à Ker Mabon, Ewing (Alta),
Canada, 1888.

GENUIT (le docteur Marcel), ch. de la Guichardaye,
Tréal (Morbihan), 1881.

GIROUSSE (l'abbé Félix), vicaire de S\[t]-Similien, Nantes,
1895.

HERRIOT (Edouard), anc. él. de l'Ec. normale supé-
rieure, agrégé des lettres, prof. de réthorique au Lycée
de Lyon, cours d'Herbouville, 1, Lyon (Rhône), 1896.

KERGUENNEC (François Le Chauff de), maire de
S\[t]-Molf, ch. de Kerguennec, Guérande, et r. du Mené,
18, Vannes (Morbihan), 1879.

KERVILER (René Focard du Cosquer de), ✳, O. I. ⬠,
   C. de St-Grégoire-le-Grand et d'Isabelle la Catholique,
   ingénieur en chef des Ponts et Chaussées, m. non
   résident du Con. des travaux hist., prt de l'Union
   régionaliste bretonne, lt de l'Ac. française, v.-prt
   d'hon. de la Soc. des bibl. bret., r. de l'Hôpital, 36,
   Lorient (Morbihan), et ch. de Penanros, en Plonelin,
   Quimper (Finistère), 1873.

LONGRAIS (Frédéric Joüon des), archiviste-paléo-
   graphe, anc. él. de l'Ec. des Chartes, rue du Griffon, 4,
   Rennes, et ch. de la Martinière, Rennes (Ille-et-
   Vilaine), 1894.

LORIÈRE (Henri Trochon de) .r. Henri IV, 11, et ch.
   du Pavillon, Presles et Thierry (Aisne), 1901.

MAUPASSANT (le comte Charles de), ch. de Clermont,
   le Cellier, et r. de Monceau, 69, Paris, 1891.

MÉREL (l'abbé Louis), vicaire d'Issé, 1900.

MÉRESSE (Gabriel) ch. de Lessac, Guérande, et villa la
   Reine, r. Fontaine-Bleue, Mustapha-Alger (Algérie),
   1881.

MOLLAT (l'abbé Guillaume), chapelain de l'église
   St-Louis-des-Français, Rome (Italie), 1901.

MONTAIGU (le marquis Pierre de), ✳, C. de Pie IX, v.-prt
   du Cons. gén. et député de la Loire-Inférieure, maire
   de Missillac, v.-prt d'hon. de la Soc. St-Hubert de
   l'Ouest, ch. de la Bretesche, Missillac, et r. Marti-
   gnac, 18, Paris, 1899.

MOREAU (Georges), ingénieur des mines, av. Bugeaud, 28,
   Paris, 1902.

PERRON (Louis), Formusson, Daon (Mayenne), 1881.

PEYRADE (Henri Espitalié de la), anc. cons. mun. de
   Nantes, ch. du Bois-de-Roz, Limerzel (Morbihan), 1883.

PICHELIN (Paul), banquier, m. de la Soc. des Amis des
   arts, r. Bonne-Louise, 12, 1874.

PORTE (le vicomte Hippolyte Le Gouvello de la),
   cons. d'arr. de St-Nazaire, maire de Sévérac, m. de la
   Comm. du Musée Dobrée, ch. de Sévérac, St-Gildas-
   des-Bois, 1886.

RENOUL (le docteur Emmanuel), le Loroux-Bottereau,
   1901.

ROCHETTE (Émerand POICTEVIN de la), pr^t de la Soc. des Art. bretons, fort Hikerric, Le Croisic, et r. de Strasbourg, 15 bis, 1900.

TOUCHE (Henry ROUMAIN de la), anc. 1 agistrat, cons. d'arr. d'Ancenis, ch. de Champtoceaux (Maine-et-Loire), 1885.

TRÉVELEC (le marquis Harry de), Durban Wootton Gardens, 15, Bournemout 1 (Angleterre), 1902.

MEMBRES HONORAIRES

MM. ABGRALL (l'abbé Jean-Marie), cıanoine hon. de Quimper, aumônier de l'Hôpital, v.-prᵗ de la Soc. arcı. du Finistère, cor. de la Comm. des monuments ıist., lᵗ de la Soc. française d'arcı., Quimper (Finistère), 1898.

CROIX (le R. P. Camille de la), ✳, religieux de la Compagnie de Jésus, Poitiers (Vienne), 1894.

POTHIER (l'abbé Auguste), anc. seer. particulier de Mᵍʳ Fournier, cıapelain d'ıon. de la Sainte Maison de Lorette, pl. du Martray, 1902.

POTTIER (l'abbé Fernand), O. A. ⊕, cıanoine titulaire, prᵗ de la Soc. arcı. du Tarn-et-Garonne, cor. du Min. de l'inst. pub. pour les travaux hist., du Min. des B.-A., de la Coıı. des monuments ıist., inspecteur de la Soc. française d'arch., prof. d'arcı. au Grand-Séminaire, r. du Moustier, 59, Montauban (Tarn-et-Garonne), 1898.

ROUSSE (Josepı), O. A. ⊕, anc. cons. gén. de la Loire-Inférieure, conservateur de la Bibl. publ., m. de la Coıı. du Musée arcı. et de la Coıı. du Musée des B.-A., v.-prᵗ de la Soc. des bibl. bret., r. Royale, 14, 1877.

SOCIÉTÉS CORRESPONDANTES

FRANCE

Aisne .... Société académique des sciences, arts, belles-lettres, agriculture et industrie de Saint-Quentin (Saint-Quentin).

Allier .... Société d'émulation des lettres, sciences et arts du Bourbonnais (Moulins).

Alpes-Maritimes..... Société des lettres, sciences et arts des Alpes-Maritimes (Nice et Paris).

Aube .... Société acadé 1 ique, d'agriculture, des sciences, arts et belles-lettres du département de l'Aube (Troyes).

Aude ....:... Commission arc 1éologique et littéraire de l'arrondissement de Narbonne (Narbonne).

Aveyron............ Société des lettres, sciences et arts de l'Aveyron (Rodez).

Basses-Pyrénées..... Société des sciences, lettres et arts de Paul (Pau),

Belfort .... Société Belfortaine d'émulation (Belfort).

Bouches-du-Rhône... Société de statistique . de Marseille (Marseille).

Cantal....:........ Revue de la Haute-Auvergne (Aurillac).

Charente........... Société arc 1éologique et historique de la C1arente (Angoulême).

Charente-Inférieure . Société des arc 1ives 1istoriques (Revue de Saintonge et d'Aunis (Saintes).

Cher............... Société des antiquaires du Centre (Bourges).

Corrèze .... Société scientifique , 1istorique et arc 1éologique de la Corrèze (Brives).

Côtes-du-Nord ......: Socitété d'émulation des Côtes-du-Nord (Saint-Brieuc).

Creuse	Société des sciences naturelles et arcıéologiques de la Creuse (Guéret).
Deux-Sèvres	Société de statistique, sciences, lettres et arts du département des Deux-Sèvres (Niort).
Dordogne	Société ıistorique et arcıéologique du Périgord (Périgueux).
Drôme..............	Bulletin d'histoire ecclésiastique et. d'archéologie religieuse des diocèses de Valence, Gap, Grenoble et Viviers (Roıans).
Eure-et-Loir	Société arcıéologique d'Eure-et-Loir (Chartres).
Finistère	Société arcıéologique du Finistère (Quiıper).
—	Société académique de Brest (Brest).
Gard	Académie de Nîmes (Niıes).
Gironde.............	Société arcıéologique de Bordeaux (Bordeaux).
Hautes-Alpes........	Société d'études des Hautes-Alpes (Gap).
Haute-Garonne......	Société arcıéologique du Midi de la France (Toulouse).
Haute-Marne........	Société ıistorique et arcıéologique .de Langres (Langres).
Haute-Saône	Société d'agriculture, sciences et arts du département de la Haute-Saône (Vesoul).
Haute-Vienne.......	Société arcıéologique et ıistorique du Limousin (Liıoges). Société des amis des sciences et arts de Rocıecıouart (Rocıecıouart).
Ille-et-Vilaine.......	Société arcıéologique du département d'Ille-et-Vilaine (Rennes). Annales de Bretagne, publiées par la Faculté des lettres de Rennes (Rennes).
Indre-et-Loire	Société arcıéologique de la Touraine (Tours).
Isère	Académie Delphinale (Grenoble).

Jura	Société d'émulation du Jura (Lons-le Saulnier).
Landes	Société de Borda (Dax).
Loir-et-Cher	Société des sciences et lettres du Loir-et-Cier (Blois).
	Société arciéologique, scientifique et littéraire du Vendômois (Vendôme).
Loire-Inférieure	Société académique de Nantes et de la Loire-Intérieure (Nantes).
	Société des sciences naturelles de. l'Ouest de la France (Nantes).
	Société des Bibliopiiles Bretons et de l'Histoire de Bretagne (Nantes).
Loiret	Société arciéologique et iistorique de l'Orléanais (Orléans).
Lot	Société des études littéraires, scientifiques et artistiques du Lot (Caiors).
Lozère	Société d'agriculture, industrie, sciences et arts du département de la Lozère (Mende).
Maine-et-Loire	Société des sciences, lettres et beaux-arts de l'arrondissement de Ciolet (Ciolet).
Manche	Société d'agriculture, d'archéologie et d'histoire naturelle du département de la Mancie (Saint-Lô).
Marne	Société d'agriculture, commerce, sciences et arts du département de la Marne (Châlons-sur-Marne).
Mayenne	Commission iistorique et archéologique de la Mayenne (Laval).
Meurthe-et-Moselle ..	Société d'archéologie lorraine et Musée iistorique lorrain (Nancy).
Meuse	Sociétés des lettres, sciences et arts de Bar-le-Duc (Bar-le-Duc).
Morbihan	Société polymathique du Morbiian (Vannes).
	Revue Morbihannaise, r. Pasteur, 19 (Vannes).

Nord	Commission historique et archéologique (Lille).
Oise	Société académique d'archéologie, sciences et arts du département de l'Oise (Beauvais).
Orne	Société historique et archéologique de l'Orne (Alençon).
Pas-de-Calais	Société des antiquaires de la Morinie (Saint-Omer).
Puy-de-Dôme	Académie des sciences, lettres et arts de Clermont-Ferrand (Clermont-Ferrand).
Rhône	Société académique d'architecture de Lyon (Lyon).
	Bulletin historique du diocèse de Lyon (Lyon).
Saône-et-Loire	Société Eduenne (Autun).
Sarthe	Société d'agriculture, sciences et arts de la Sarthe (Le Mans).
	Revue historique et archéologique du Maine (Le Mans et Mamers).
Seine	Journal des savants (Paris).
—	Société nationale des antiquaires de France (Paris).
	Société française d'archéologie pour la conservation et la description des monuments (Congrès archéologiques) (Paris et Caen).
	Revue de la Société des études historiques, faisant suite à l'*Investigateur* (Paris).
	Comité des travaux historiques et scientifiques (M. I. P., Paris).
Seine-Inférieure	Commission des antiquités de la Seine-Inférieure (Rouen).
	Société havraise d'études diverses (Le Havre).
Seine-et-Oise	Société archéologique de Rambouillet (Rambouillet).
Somme	Société des antiquaires de Picardie (Amiens et Paris).

Tarn-et-Garonne .... Société archéologipuè du Tarn-et-Garonne (Montauban).

Var .... Société d'études scientifiques et archéologiques de la ville de Draguignan (Draguignan).

Vendée .... Société d'émulation de la Vendée (la Rocie-sur-Yon).

Vienne............. Société des antiquaires de l'Ouest (Poitiers).

Yonne .... Société des sciences iistoriques et naturelles de l'Yonne (Auxerre).

ALGÉRIE

Constantine......... Société arciéologique du département de Constantine (Constantine).

— Académie d'Hippone (Bône).

MADAGASCAR

Tananarive ...._. Académie malgacie de Tananarive (Tananarive).

ESPAGNE

Barcelone........... Revista de la Associacion artistico-arqueolôgica (Barcelone).

Palma.............. Boletin de la Sociedad arqueolôgica Iuliana (Palma de Mallorca, islas Baleares).

ÉTATS-UNIS D'AMÉRIQUE

Washington......... Smitisonian Institution (Wasiington).

SUÈDE

Stockolm .... Académie royale des belles-lettres, d'histoire et des antiquités de Stockolm (Stockolm).

EXTRAITS

Des procès-verbaux des Séances

SOCIÉTÉ ARCHÉOLOGIQUE

DE LA LOIRE-INFÉRIEURE

Hôtel Dobrée

SÉANCE DU MARDI 5 JUILLET 1904

Présidence de M. le Baron DE WISMES, Vice-Président

Présents : MM. René BLANCHARD, l'abbé BRAULT, Dominique CAILLÉ, CAZAUTET, CHAILLOU, CHARON, DORTEL, FURRET, HOUDET, LESAGE, RINGEVAL, SENOT DE LA LONDE, Maurice SOULLARD, Paul SOULLARD, TRÉMANT et baron Gaëtan DE WISMES.

Le procès-verbal de la séance précédente est lu et adopté.

M. LE PRÉSIDENT donne avis de la démission de M. Jules Lagrée, capitaine de frégate en retraite, et souhaite la bienvenue à MM. Dominique Caillé et Furret, admis à la dernière réunion dans les rangs de notre compagnie où leur place était depuis longtemps marquée par leurs études sur les monuments du vieux Nantes.

M. DE NANTEUIL DE LA NORVILLE, ingénieur des Mines, présenté par MM. Raymond Pouvreau et Léon Maître, est admis en qualité de membre titulaire.

M. LE PRÉSIDENT communique une lettre de M. de Brémond d'Ars annonçant la mort de M. Anatole de Barthélemy, membre honoraire de la Société et membre de l'Académie des Inscriptions et Belles-Lettres. Notre Société perd en lui un protecteur éclairé et dévoué, et la Science de l'Archéologie et de l'Histoire, un savant émérite. Une érudition profonde et une incomparable sûreté de critique s'alliaient chez lui à une rare modestie. Il disparaît à l'âge de 83 ans, ayant conservé jusqu'aux dernières limites de sa verte vieillesse la passion de l'étude et le culte des véritables traditions du savoir.

M. DE WISMES exhibe ensuite une plaque de cuivre découverte dans l'enfeu des sires de Retz à Machecoul, et offerte par M. l'abbé Gendre. Elle est revêtue de l'inscription suivante : « Ici repose Pierre de Gondy, duc de Retz et pair de France, chevalier des Ordres du Roy, décédé le 20 avril 1676, âgé de 74 ans. »

M. P. SOULLARD annonce que les travaux de démolition du bastion Saint-Pierre ont fait apparaître sur son saillant Est une tour de petit diamètre, dont l'appareil défectueux accuse une construction hâtive. Elle devait se rattacher au système de fortification du mur d'enceinte de la ville qui venait se relier sur ce point à la courtine du château. Il apprend également qu'un nouveau cercueil en plomb, sans inscription ni indication aucune, a été trouvé le mois dernier dans le sous-sol de l'ancienne église des Jacobins. Enfin il signale que le *Bulletin international de Numismatique* mentionne la découverte du trésor du Douët, en Saint-Sébastien, décrit dans nos Annales de 1903, et enregistre la rectification relative à la prétendue monnaie obsidionale de Nantes de 1793.

M. FURRET rapporte qu'au cours des travaux de voirie exécutés rue du Refuge, les ouvriers ont mis à jour divers carreaux émaillés du XVIe siècle, provenant de l'enclos voisin des Cordeliers, et M. DORTEL exhibe plusieurs échantillons d'objets analogues recueillis dans les décombres déposés à l'extrémité de la rue Fouré, et ayant dû jadis garnir les cellules des Chartreux de l'avenue Chanzy. Leur décoration consiste en fleurs d'un joli dessin, aux couleurs très vives, et dénote la facture d'artisans italiens de l'école de la Renaissance.

Notre collègue lit également un article du journal « *l'Éclair* » en date du 2 juin dernier, qui signale les actes d'odieux vandalisme journellement commis dans la Basilique de Saint-Denis avec la complicité de l'Administration. Des chapiteaux délicatement fouillés, des rosaces merveilleuses, des colonnes et des marbres sculptés par les artistes des XIIe et XIIIe siècles, s'en vont pêle-mêle dans le tombereau des entrepreneurs s'échouer sur les chantiers voisins où le premier venu les acquiert au mètre cube comme matériaux de démolition! De purs chefs-d'œuvre de l'art gothique, d'inestimables souvenirs de notre histoire et jusqu'aux restes des tombeaux de nos Rois sont ainsi dispersés aux quatre coins de la ville, où ils sont employés dans les constructions modernes ou à la décoration des villas de la banlieue! Le cercueil de Marguerite de Provence, épouse de saint Louis, sauvé du marteau, s'en est allé orner la demeure d'un conseiller municipal; et dans le jardinet d'un épicier du crû, l'auteur de l'article a découvert au milieu d'un véritable musée dont toutes les pièces ont la même provenance, un merveilleux rétable, véritable bijou d'architecture gothique, travaillé avec une délicatesse infinie. Son médaillon central est incrusté de pierreries et d'émaux. Enfin l'épitaphe de Béatrix de Bourbon, arrière-petite-fille de saint Louis et femme de Jean de Luxembourg, roi de Bohème, qui combattit et mourut pour la France à Crécy, a disparu du socle de sa statue. Vendue l'an passé au milieu d'un tas de gravats à un maçon qui la repassa à un brocanteur, elle a calé tout l'automne dernier des roues de bicyclettes dans le quartier de l'Arsenal. Un fonctionnaire des Beaux-Arts vient de l'arracher à son odyssée lamentable et l'a recueillie à l'étalage d'un fripier!

Le même journal annonce que Hugues Le Roux, au cours d'un voyage en Ethiopie a découvert un très ancien manuscrit relatant dans sa forme originale l'aventure de Salomon et de la reine de Saba. Ménélick, a, paraît-il, désigné une Commission chargée de l'étudier et de le traduire.

M. FURRET commence la lecture d'un mémoire écrit en collaboration avec M. Dominique Caillé sur les anciennes Cathédrales de Nantes. On sait que notre cité au cours de son histoire, a vu s'édifier et disparaître sur le coteau Saint-Pierre, trois basiliques, avant la Cathédrale actuelle qui date à peine de cinq siècles. Mais le berceau de la primitive

Église occupa la colline qui domine l'Erdre, et le modeste
oratoire de Saint-Clair groupa les premiers fidèles sur
l'emplacement du nouveau sanctuaire Saint-Similien, ainsi
que l'attestent les nombreux vestiges mis à découvert lors de
sa construction. Quand les persécutions eurent pris fin, et
que le christianisme officiellement reconnu put enfin se
développer au grand jour, les chapelles se multiplièrent;
chaque quartier tint à honneur de posséder la sienne. En
même temps le besoin de centraliser la vie religieuse nécessita le transfert de la principale Eglise au cœur même de la
cité naissante; et ce fut la butte Saint-Pierre, sur laquelle
s'élevait jadis le temple des divinités païennes, qui devint son
siège. C'est là qu'au milieu du vie siècle, Eumère d'abord et
saint Félix ensuite, élevèrent la première Cathédrale. Le poète
Fortunat et Albert le Grand en ont laissé une description
pompeuse. Son dôme recouvert d'étain, ses voûtes magni-
fiques, ses mosaïques et ses marbres précieux, ses colonnes
dont l'une supportait un christ d'or massif, et l'autre renfermait une escarboucle d'un éclat extraordinaire, étaient vantés
au loin et la faisaient considérer comme le sanctuaire le plus
riche et le plus fameux de toute la Gaule. Sa consécration
eut lieu en 568 en présence des évêques de la Province;
mais en 843 les Normands, après avoir égorgé le saint évêque
Gohard sur les degrés de l'autel, massacré prêtres et fidèles,
et pillé le trésor, la livrèrent aux flammes. Il n'est subsiste
rien que quelques fûts de colonnes, précieusement conservés
au musée Dobrée.

M. Dortel lit une lettre de notre confrère, M. André Oheix,
qui rend compte d'une récente visite au fameux *camp de
Péran*, situé à 8 kil. de Saint-Brieuc, et qui donna lieu à de
longues et curieuses controverses. En forme d'ellipse, et
entouré d'un double retranchement, ses murs, bien conservés
en divers endroits, présentent le singulier aspect de masses
de pierres et de scories vitrifiées sous l'action d'un feu d'une
extraordinaire intensité. Une tradition locale, jugée assez
vraisemblable, attribue à ce feu une durée de sept années, et
estime à 2,000 stères de gros bois le volume du combustible
qui servit à son alimentation. L'opinion généralement admise
dans le monde savant est que cet immense incendie fut
employé non pour détruire, mais, au contraire, pour lier et

solidifier cette masse ainsi vitrifiée et la mettre en état de résister à toutes les attaques et à toutes les intempéries.

M. SENOT DE LA LONDE donne lecture d'un mémoire *sur le Bastion Saint-Pierre* qui fait face au cours et dont le Génie militaire opère en ce moment le démantèlement.

Construit par Mercœur au temps de la Ligue, ce travail faisait partie du vaste plan de travaux entrepris par l'ambitieux gouverneur pour mettre Nantes à l'abri de toute attaque du parti calviniste et des armées royales. Après avoir relevé les tours de la vieille enceinte et édifié de nouveaux forts pour protéger la ville neuve, il voulut doter le château d'un système de fortifications modernes. C'est ainsi que furent successivement construits par ses soins le bastion de l'ouest, à l'entrée du Port-Maillard et la grande courtine de l'Est qui reliait la Tour du Fer à cheval à celle de la Loire. Le Bastion Saint-Pierre, destiné à couvrir le grand logis de François II et la cour intérieure en les abritant du feu de la Motte située sur l'emplacement actuel du Cours, et à assurer une protection efficace à la porte de secours, eut pour architecte Fourché de la Courosserie. Les paysans, réquisitionnés et conduits par les sergents du duc, vinrent, par paroisses entières, travailler à ses remparts où les bourgeois de la ville furent également tenus d'envoyer des équipes de terrassiers. En même temps des taxes exorbitantes étaient levées sur les habitants pour subvenir à ces travaux. Mais les différences que l'on constate dans la forme et l'appareil de construction entre la partie inférieure et la partie supérieure font penser que celle-ci dût être construite après coup et n'est pas l'œuvre de Mercœur. Elle put être rajoutée au commencement du règne de Louis XIII, ainsi qu'il paraît résulter d'une délibération du Bureau de la Ville d'avril 1616, ou lors de la visite de Vauban aux places fortes de Bretagne, à la fin du XVIIe siècle. Au siècle suivant, son sommet servit de promenoir et de jardin à l'aumônier de la milice cantonnée au Château, et les pièces d'artillerie qui garnissaient ses créneaux durent être démontées pendant la Révolution. Ses robustes assises résistèrent à la terrible explosion du 25 mai 1800 qui détruisit de fond en comble la tour des Espagnols située tout près. Sa disparition ne peut être regrettée, surtout si la Commission des Beaux-Arts en profite pour faire restaurer le vieux donjon du xiv⁰ siècle que masquait son faîte, et se décide à le décoiffer de ses hideuses toîtures modernes qui le déshonorent.

La séance est levée à 6 heures.

Le Secrétaire général,

J. SENOT DE LA LONDE.

SÉANCE DU MARDI 25 OCTOBRE 1904

Présidence de M. Léon MAÎTRE, Président

Étaient présents: MM. l'abbé BRAULT, CAZAUTET, CHARON, DORTEL, FURRET, LAGRÉE, Al. LEROUX, LESAGE, PIED, Docteur PLANTARD, R. POUVREAU, SENOT DE LA LONDE, P. SOULLARD, DE VEILLECHÈZE, Ant. VINCENT, Félix VINCENT, barons Ch. DE WISMES et G. DE WISMES.

Le procès-verbal de la séance précédente est lu et adopté sans observation. Il est procédé à l'élection de trois nouveaux membres: MM. le docteur Marcel Baudouin, Joseph Angot et le docteur Bossis, présentés, le premier par MM. Pied et le docteur Louis Bureau, le second par MM. Obeix et le baron de Wismes, le troisième par MM. Soullard et le baron G. de Wismes, sont admis en qualité de membres titulaires.

M. LE PRÉSIDENT se fait l'interprète des regrets unanimes que cause à la Société la disparition d'un de nos plus sympathiques collègues, *M. Henry Gousset,* secrétaire du Comité, décédé à Quimper le 24 septembre dernier. Nature ouverte et cordiale, esprit aimable et délicat, Henry Gousset alliait aux dons d'une intelligence distinguée un sentiment juste et profond des choses de l'art. D'heureux débuts l'avaient classé au rang des paysagistes d'avenir de notre ville, et son talent consciencieux servi par une réelle facilité et une grande habileté de moyens semblait promis à de brillants succès. Sa perte est vivement ressentie dans notre compagnie où il ne comptait que des amis.

M. le Marquis DE BALBY DE VERNON s'excuse de ne pouvoir venir en personne défendre la cause de la conservation de la vieille église de Moisdon-la-Rivière ; la lecture de son mémoire est ajournée à la prochaine séance.

Le Ministre de l'Intérieur et des Cultes, sollicité d'autoriser le dépôt dans la cathédrale des restes de Françoise de Dinan, découverts l'an dernier, refuse d'accueillir la demande de la Société. Sa décision s'appuie sur les dispositions du décret du 23 prairial an XII, et sur le défaut d'intérêt artistique de la mesure projetée. Il est profondément regrettable que les règlements de l'Administration n'aient pas fléchi devant les considérations dont s'inspirait la proposition : assurer à une princesse bretonne, dont l'histoire se lie intimement aux Annales de notre Province, et qui durant un demi-siècle y joua un rôle considérable, une sépulture d'honneur près du tombeau de nos Ducs, n'eût pas, semble-t-il, mis en grave péril les droits de l'Etat ! Espérons du moins que ses restes pourront, avec l'agrément de Monseigneur, être inhumés dans la crypte de la cathédrale, à côté des caveaux des Evêques.

M. LE PRÉSIDENT rend compte de l'excursion faite par quelques membres de la Société le 16 octobre dernier à la vieille église de Saint-Philbert. Le zèle intelligent du maire, M. Cormerais, qui a su intéresser la Commission des Beaux-Arts à sa conservation, et les travaux habilement dirigés par le R. P. Camille de la Croix, l'éminent archéologue, ont restitué au monument son caractère primitif et la pureté grandiose de ses lignes. Il est à souhaiter qu'une inscription placée sur ses murs rappelle la part de chacun dans l'œuvre de restauration du seul édifice carolingien subsistant en France dans son intégrité.

Plusieurs sociétaires signalent la prochaine démolition du vieux clocher de Bouguenais dont la tour présente un curieux spécimen de l'architecture religieuse du XVIIe siècle. Les démarches tendant à le faire classer comme monument historique ont malheureusement échoué, et la municipalité reculant devant les dépenses qu'imposait une consolidation nécessaire, a résolu son enlèvement. Notre collègue, M. Bougouin, suivra sans doute avec son dévouement habituel le travail de démolition, et des reproductions photographiques aideront à conserver le souvenir de cet intéressant monument.

M. le Président communique le résultat des fouilles pratiquées dernièrement dans le cimetière entourant l'église de Doulon. L'ouverture de tranchées profondes a mis à jour des murs anciens arasés à 1 mètre du sol, se dirigeant obliquement vers l'église, et amené la découverte d'un grand nombre de briques romaines assez semblables à celles que l'on retrouve à l'étage inférieur du chevet du sanctuaire. La nature de ces débris atteste la haute antiquité de l'agglomération de Doulon.

M. le Baron de Wismes offre à la Bibliothèque un exemplaire de son étude sur la Vierge-tabernacle de Sainte-Marie, et M. Gaëtan de Wismès exhibe une belle héliogravure reproduisant un curieux portrait de la Duchesse Anne, appartenant à M. le comte Lanjuinais, député. Ce portrait, qui a figuré à la récente Exposition des Primitifs, a été attribué par certains amateurs à Bourdichon.

M. de Veillechèze donne lecture d'un intéressant mémoire sur la Chapelle du Crucifix. Ce charmant édifice s'élève à 1200 mètres du Croisic, au bord du chemin qui de la route de Batz conduit à la grande Côte, sur une légère éminence environnée de verdure. D'un style très pur et de forme rectangulaire avec un chevet à trois pans coupés, il mesure 16 mètres de long sur 7 de large, et reçoit le jour de cinq belles fenêtres ogivales couronnées d'un fronton triangulaire orné de crochets. Il occupe le tertre où, suivant la tradition, saint Félix ou ses disciples baptisèrent les Saxons établis à l'embouchure de la rive droite de la Loire, et fut érigé par Radulphe Kérahès, riche armateur du Croisic, au commencement du XVIe siècle. Deux bulles, l'une de Clément VII du 15 mai 1534, l'autre de Paul III du 27 mars 1540, accordent des indulgences aux fidèles qui contribueront par leurs dons à la conservation et à l'embellissement du sanctuaire, ou qui le visiteront pieusement à certaines fêtes de l'année. Objet d'une grande vénération dans le pays et pèlerinage habituel des femmes des marins de la côte, la Chapelle du Crucifix fut pendant longtemps le but des processsions paroissiales que troublèrent plus d'une fois les partisans de la Réforme très nombreux dans la presqu'île. De naïves pratiques et de touchantes légendes ont pendant de longs siècles poétisé sa dévotion. Devenue propriété de l'Etat en 1791 et désaffectée, elle a servi de magasin d'artillerie jusqu'au jour où elle fut acquise de l'Admininistration des Domaines en 1858 par M. l'abbé Bigarré, ancien curé du Croisic. Cédée en 1863 au baron Carüel de Saint-Martin, propriétaire près de là du château de Saint-Nudec, elle a été par ses soins l'objet de restaurations importantes, achevées heureusement de nos jours par son gendre, M. le comte de Partz. Aujourd'hui l'élégante chapelle « artistement rajeunie, plus solide que jamais sur ses assises granitiques rejointoyées, continue sans avoir rien perdu de sa grâce antique, à assister, témoin impassible, à toutes les transformations qui depuis bientôt quatre siècles, s'accomplissent à ses alentours ».

M. Gaëtan DE WISMES rend compte d'une excursion aux *ruines de Pouancé* et retrace les grandes lignes de l'histoire de cette baronnie importante. Située à 3 lieues de Châteaubriant, sur les marches de la Bretagne et de l'Anjou mais dépendant de cette Province, Pouancé partagea les destinées de la châtellenie de la Guerche et du Xe siècle à la Révolution, conserva les mêmes seigneurs. Possédé au XIIe siècle par les descendants de Juhaël de Châteaubriant, il passa ensuite dans la maison de Beaumont, fut cédé en 1379 à Bertrand du Guesclin dont le frère Olivier, connétable de Castille, le vendit au duc Jean IV, qui le donna en apanage à Marie, sa fille, épouse de Jean II d'Alençon. Entrée par voie d'échange dans le domaine des Cossé-Brissac, et plus tard par héritage dans celui des Villeroy, ducs de Retz, dont le dernier fut guillotiné à Paris le 28 avril 1794, cette terre fut vendue après la Révolution à M. Feuillant, ancien député de Maine-et-Loire, et acquise de lui par le Marquis de Préaulx. La petite-fille de ce dernier, Mme d'Aligre l'a cédée au comte de Rougé, son propriétaire actuel.

L'antique forteresse dont les ruines imposantes couronnées de hautes tours s'étagent encore au bord d'un vaste étang, fut longtemps disputée par les comtes d'Anjou et les ducs de Bretagne, et devint au cours du moyen âge le théâtre de rudes assauts. Conan II, impatient d'agrandir le duché, vint en 1060 y mettre le siège, et grâce à la complicité de Sylvestre de la Guerche réussit à en forcer les portes. En

1379 Jean IV s'en empara à son tour. Mais soixante ans plus tard, la place, malgré un investissement rigoureux et un siège prolongé, résista victorieusement aux troupes bretonnes que commandait Arthur de Richemont en personne et contraignit le duc à négocier la paix avec son neveu Jean d'Alençon. Enfin en 1443 les bandes anglaises du comte de Sommerset essuyèrent sous ses murs un sanglant échec.

M. de Wismes complète cette intéressante étude historique par la description de la triple série d'enceintes fortifiées de Pouancé, dont les vestiges présentent encore un des modèles parfaits de l'architecture militaire au temps de la féodalité.

La séance est levée à 5 heures 1/2.

Le secrétaire général,

J. SENOT DE LA LONDE.

SÉANCE DU MARDI 8 NOVEMBRE 1904

Présidence de M. Léon MAÎTRE, Président

Étaient présents : MM. ANGOT, René BLANCHARD, CHARON, DORTEL, GUICHARD, HOUDET, LAGRÉE, Al. LEROUX, PIED, POUVREAU, RIGAULT, SENOT DE LA LONDE, P. SOULLARD, TROCHON DE LORIÈRE, DE VEILLECHÈZE, Ant. VINCENT, barons Ch. et G. DE WISMES.

Le procès-verbal de la séance précédente est lu et adopté après une légère rectification de M. Léon Maître.

M. le PRÉSIDENT excuse M. de Balby de Vernon que ses occupations empêchent de communiquer lui-même son mémoire inscrit à l'ordre du jour; il annonce que le Congrès annuel des Sociétés Savantes se tiendra à Alger au printemps 1905, et signale la prochaine publication de l'inventaire des Archives communales d'Aurillac, ainsi que les conditions de la souscription.

M. le Président attire également l'attention sur l'intérêt

que présente le bel ouvrage édité par le Ministère de l'Instruction Publique : *Bibliographie générale des travaux historiques et archéologiques de toutes les Sociétés savantes de la France,* dont vient de paraître le dernier fascicule accompagné de la table. Deux éminents savants de l'Ecole des Chartes, MM. de Lasteyrie et Antonin Lefèvre-Pontalis, y ont classé par ordre alphabétique d'auteurs, les titres, dates et lieux d'impression de tous les mémoires et écrits sur des sujets d'histoire et d'archéologie parus dans les Bulletins de province. Ce vaste répertoire, en abrégeant et facilitant les recherches des travailleurs en quête de documents, est appelé à rendre les plus grands services.

M. Léon Maître donne lecture de l'étude de M. DE BALBY DE VERNON sur *le Chatellier et l'Eglise fortifiée de Moisdon la Rivière.* Moisdon, dénommé aussi Meduon, Maesdon, dans les vieux titres, occupe une sorte de promontoire formé par le Don et l'un de ses affluents et surplombe la vallée où coule la rivière. Au sommet, un terrain encore appelé « *le camp* » commande le gué de la Chaussée ainsi que l'ancienne voie romaine de Nantes à Rennes. A quelques pas de là sur le penchant du coteau, et bien abrité par les reliefs du sol, s'étend un espace désigné depuis de longs siècles sous le nom significatif de « *chatellier* ». C'est sur cet emplacement, entouré de tous côtés de sérieuses défenses naturelles, et parsemé récemment encore de nombreux vestiges d'enceintes en pierres sèches, qu'à l'époque barbare les premiers habitants du pays vinrent chercher asile et protection contre les incursions et les ravages des pillards. Plus tard, les chrétiens utilisant les avantages de cette position y édifièrent leur église, et pour l'adapter aux besoins et aux nécessités de l'époque, la mirent en état de défense. Un acte du milieu du XVe siècle nous montre en effet cet édifice entouré de douves et de fossés. percé de petites fenêtres servant de meurtrières, et pourvu d'une unique porte fort étroite, s'ouvrant sur le midi. Aux jours troublés de guerre et d'invasion si fréquents au Moyen Age, les paroissiens s'y retranchaient comme en une forteresse, et mettaient à l'abri de ses épaisses murailles leurs familles et leurs biens les plus précieux.

Un prieuré des Bénédictins, dépendant de l'Abbaye de Saint-Florent de Saumur, s'établit près de l'église dès

le XIe siècle; mais de bonne leure les moines clerclèrent
à prendre possession de celle-ci. Une longue contestation dont les Archives du Maine-et-Loire nous ont conservé les curieuses pièces de procédure, s'éleva à cette
occasion entre l'Abbé et les labitants de Moisdon, et force
fut à ceux-ci de recourir au duc François II qui leur con-
firla solennellement la libre disposition et la propriété de
l'antique édifice.

En terminant M. de Balby de Vernon s'élève contre l'épidémie de destruction qui menace tous les vieux monuments
religieux du pays ; et forme le vœu que l'église de Moisdon,
dont les murs séculaires, témoins des angoisses et des espérances des générations disparues, rappellent de si précieux
souvenirs, éclappe au vandalisme moderne.

M. DORTEL communique un rapport de *M. le docteur Marcel
Baudouin* traîtant *des découvertes de stations gallo-romaines
sur l'ancien rivage du Hâvre de la Gâchère*, près d'Olonne
(Vendée). L'auteur y résume le résultat des fouilles pratiquées en 1901, 1902 et 1903, au cours d'une mission officielle
entreprise en vue de reclercler l'emplacement du fameux
Portus Secor, signalé par Strabon et Ptolémée, et que l'on
suppose situé dans ces parages.

Dès 1901, la découverte d'une sépulture par inhumation,
paraissant dater de la fin de la période romaine, à l'entrée
du dolmen de Pierre-Levée, commune de Brétignolles, avait
fortifié l'opinion de M. Baudouin sur l'existence d'anciens
établissements sur cette partie de la côte. L'année suivante à
trois cents mètres de là, sous les sables de la dune de la
Cancle du Clarnier, des travaux de défrichement firent
apparaître les restes d'une villa gallo-romaine.

A deux mètres environ de profondeur, autour d'un espace
recouvert d'un carrelage assez bien conservé, deux murailles
sans mortier, correspondant sans doute possible aux fondations d'une construction ancienne ont été mises au jour. Ces
murs forment les deux côtés Nord-ouest et Nord-est d'une
clambre carrée mesurant 6 mètres 20 à l'intérieur, et
précédée d'une petite annexe avec porte. La grande clambre
seule était dallée de petits carreaux rouges espacés à 50 centimètres et disposés régulièrement en damiers. Dans l'air,
formée par ces substructions et à l'extérieur de la villa appa-

raissaient de nombreux débris caractéristiques de l'époque, tels que tuiles à rebord, fragments de vases de forme et de dimension variées, d'armes, de coquilles et de morceaux d'os. Un grand nombre de carreaux, les uns à faces lisses et unies, les autres présentant des sillons ou dessinant des losanges avec des raies obliques et profondes, quelques-uns enfin ornés de décorations spéciales et marqués des initiales du potier, ont été exhumés du sous-sol. Mais la nature de tous ces objets indique une habitation fort modeste. La découverte de divers blocs vitrifiés autorise à penser que sa destruction fut l'œuvre d'un incendie.

Diverses constatations au cours des fouilles, inclinent l'auteur à croire qu'après cette destruction, probablement au Moyen Age, on édifia sur son emplacement une nouvelle construction qui dut disparaître à son tour à la même époque que le château voisin de Saint-Nicolas de Bren.

M. ALCIDE LEROUX, annonce qu'il a pu dans le courant de l'été dernier reconnaître près de l'ancienne abbaye de Langonnet (Morbihan), où il a précédemment découvert un atelier industriel de briques romaines, de nouveaux vestiges de cette époque. La Société espère que ses remarques pourront être l'objet d'une nouvelle communication.

Après un échange d'idées entre les membres présents, l'excursion aux ruines de Pouancé, est ajournée au printemps prochain.

La séance est levée à cinq heures et demie.

Le Secrétaire Général,

J. SENOT DE LA LONDE.

SÉANCE DU MARDI 6 DÉCEMBRE 1905

Présidence de M. Léon MAITRE, président

Étaient présents : MM. AUGEARD, BAUGÉ, BLANCHARD, DU BOIS DE LA PATELLIÈRE, DU BOISGUÉHENNEUC, BOUCHAUD, abbé BRAULT, DE BRÉVÉDENT, docteur BUREAU, Dominique CAILLÉ, CAZAUTET, CHAILLOU, JOLLAN DE CLERVILLE, Ludovic COR-MERAIS, Émile CORMERAIS, DORTEL, abbé DURVILLE, FABRÉ, FRABOULET, DE FRANCE, DE FRESLON, FURRET, GOURDON, comte GOUSSET, docteur HALGAN, DE HARGUES, J.-M. HOU-DET, LAGRÉE, LALLIÉ, LECORNU, docteur LERAT, LESAGE, vicomte DE LISLE DU DRÉNEUC, Georges DE LISLE DU DRÉNEUC, Léon MAÎTRE, MAILCAILLOZ, comte DE MONTI DE REZÉ, NAU, OLIVE, PIED, docteur PLANTARD, POUVREAU, abbé RADIGOIS, docteur ROUXEAU, vicomte DE SÉCILLON, SENOT DE LA LONDE, abbé SOREAU, P. SOULLARD, DE SUYROT, TRÉMANT, VALLET, DE VEILLECHÈZE, VIGNARD, Antoine VINCENT, Félix VINCENT, VOLLATIER, baron DE WISMES, et baron Gaëtan DE WISMES.

La séance est ouverte à 3 heures 40, et le procès-verbal de la réunion précédente est lu et adopté.

M. le Président présente les excuses de MM. Angot, de Bellevue, de Berthou, Chauvet, Roger Grand, Michel et Oheix; puis il annonce que l'ordre du jour fixe à la présente séance l'élection du nouveau Bureau appelé à diriger les travaux de la Société pendant les années 1905, 1906 et 1907, et informe la réunion que M. de Berthou décline toute candidature dans sa composition. Après avoir donné lecture des articles du règlement relatifs à son organisation, à son élection et au mode de votation en vigueur, il déclare le scrutin ouvert. M. le Secrétaire général procède alors à l'appel nominal des sociétaires, et Messieurs les membres présents viennent par ordre alphabétique déposer leur bulletin dans l'urne.

Entre temps, M. FRABOULET exhibe deux anciens plans, fort curieux, l'un de Nantes, en 1791 ; l'autre représentant les bâtiments et dépendances du vieux couvent des Ursulines dont le sol et le vaste enclos sont actuellement occupés par le Lycée et le Jardin des Plantes.

M. le Président communique ensuite au nom du Comité
son rapport sur l'état des travaux de la Société dans le cours
de ces trois dernières années. Après avoir rappelé les principaux mémoires lus en séance et publiés au Bulletin, il
propose à l'Assemblée d'adopter les conclusions de la Commission en décernant la médaille d'or du Concours triennal
à M. CHAILLOU pour sa belle découverte de la villa gallo-
romaine des Cléons et les savantes études où il en décrit les
résultats et en déduit les enseignements. Au mérite d'avoir
recueilli avec la patience et la parcimomie scrupuleuse de
l'archéologue sincère les moindres débris de cet établissement, notre éminent confrère a su joindre le labeur persévérant et fécond de l'observateur sagace ; et la série de ses
publications sur *les bains gallo-romains* (1894), *le puits des
Cléons* (1897), *la découverte d'une cachette de petits bronzes
gallo-romains* (1901), *une monnaie d'or ancienne au type
d'Elafius* (1904), etc., a fixé avec une impeccable sûreté de
critique l'attribution, le caractère et la date des divers éléments offerts à son étude. Enfin mû par le généreux désir
d'associer le public aux résultats de ses trouvailles, et d'en
faire profiter le monde savant, M. CHAILLOU a créé pour
l'instruction de tous un Musée, véritable modèle de goût et
d'exposition méthodique, où sont réunis et classés tous les
objets provenant de ses fouilles poursuivies depuis 1884
jusqu'à l'heure actuelle.

Le scrutin ouvert sur les conclusions de ce rapport et
auquel prennent part 31 votants, donne le résultat suivant :

MM. CHAILLOU................ 21 voix

l'abbé DURVILLE........ 10 —

En conséquence, la médaille d'or du Concours triennal
ouvert en 1904 est décernée à M. CHAILLOU et lui sera remise
au cours de la séance de Janvier prochain, lors de l'installation du nouveau Bureau.

M. CHAILLOU en termes élus, remercie la Société de la
haute distinction qu'elle vient de lui accorder ; il en fait
remonter l'honneur aux conseils et aux encouragements
qu'il a su trouver dans ses rangs, et ajoute qu'il sera heureux de consacrer à l'accroissement de nos connaissances

locales et au développement scientifique de notre Compagnie, son activité et son travail.

A cinq heures, M. le Président déclare clos le scrutin ouvert pour l'élection du Bureau. Il est immédiatement procédé au dépouillement qui donne les résultats suivants :

Emargements constatés sur la liste de la Société... 58
Bulletins trouvés dans l'urne...................... 58
Majorité absolue.................................. 30

Ont obtenu :

Président..............	M. le Baron DE WISMES....	57 voix
	M. CHAILLOU..............	1 —
Vice-Présidents........	MM. SENOT DE LA LONDE....	58 —
	DORTEL...............	56 —
	Bulletins blancs............	2
Secrétaires généraux....	MM. Antoine VINCENT.......	58 —
	l'abbé BRAULT..........	57 —
	M. de VEILLECHÈZE	1 —
Secrétaires du Comité...	MM. le Baron Gaëtan DE WISMES.	58 —
	HOUDET	58 —
Trésorier	M. PIED..................	58 —
Trésorier-Adjoint.......	M. POUVREAU	57 —
	Bulletin blanc.............	1
Bibliothécaires-Archiv...	MM. P. SOULLARD............	58 voix
	LAGRÉE................	58

Ces Messieurs, ayant tous réuni la majorité absolue des suffrages, ont été déclarés élus. En conséquence, M. le Président a proclamé la composition du nouveau Bureau qui se trouve constitué de la façon suivante :

Président...............	Baron DE WISMES.
Vice-Présidents..........	MM. SENOT DE LA LONDE. DORTEL.
Secrétaires généraux.....	MM. Antoine VINCENT. Abbé BRAULT.
Secrétaires du Comité	MM. le Baron Gaëtan DE WISMES. HOUDET.

Trésorier............... M. Pied.

Trésorier-Adjoint........ M. Pouvreau.

Bibliothécaires-Archivistes MM. P. Soullard.

Lagrée.

M. le Baron de Wismes « se déclare profondément touché de la marque de confiance et de sympathie qui vient d'être donnée à lui et à tous les membres du Bureau dont l'intelligence, le zèle et le dévouement sont connus et appréciés de tous. Il remercie vivement la Société en son nom et au leur et l'assure qu'elle peut compter sur eux pour la maintenir dans la voie d'entente cordiale et de labeur fécond qui en fait une grande famille, travaillant dans une harmonie parfaite pour la gloire de la Bretagne, notre petite patrie, et de la France ».

Il est ensuite procédé au vote pour l'élection de la série sortante du Comité central. MM. René Blanchard et Trémant, dont le mandat expire à la fin de 1904, et M. de Berthou, en remplacement de M. l'abbé Brault, nommé secrétaire général, sont élus pour trois ans. Les pouvoirs de ces Messieurs prendront fin avec ceux du nouveau Bureau, en décembre 1907.

. M. Furret continue la lecture de l'étude écrite en collaboration avec M. Dominique Caillé sur *les anciennes cathédrales ds Nantes.* Dans une précédente séance, ces auteurs nous ont fait assister au développement progressif de l'église nantaise à travers les premiers siècles et montré son siège d'abord établi sur le coteau de Saint-Similien, définitivement fixé sur la butte Saint-Pierre, à l'endroit même où s'élevait jadis le temple des dieux de Rome. C'est là qu'Eumère et saint Félix édifièrent la première cathédrale, si pompeusement décrite par le poète Fortunat, et dont Albert-le-Grand a vanté après lui les grandioses proportions et les décorations splendides. Trois siècles plus tard, le 24 juin 843, les Normands en brisèrent les portes, et après avoir massacré sur les degrés de l'autel le saint pontife Gohard, en pillèrent le trésor, et y mirent le feu. Toutefois la basilique ne souffrit que dans ses légers ouvrages, et moins d'un demi-siècle après, Actárd et Hermengaire avaient restauré l'édifice. Pour le mettre à l'abri d'un nouvel assaut, l'évêque Foucier, encouragé et soutenu par Alain-le-Grand, l'entoura vers l'ouest de larges douves, qu'il relia à la muraille gallo-romaine à l'est et au nord. Cette nouvelle enceinte, sorte d'oppidum que défendait au centre le castellum roıain, semblait assurer un refuge inviolable au peuple et au clergé. Mais, en 919, les Barbares reparurent, rompirent les fortifications, mirent la cité à sac et incendièrent de nouveau les lambris et la toiture du temple. Quand après vingt ans Alain-Barıe-Torte eut cıassé leurs ıordes, l'antique catıédrale ne présentait que des ruines que les efforts d'Octro et de ses successeurs ne suffirent pas à réparer. La solidité de ses murs était menacée, et d'ailleurs son étendue ne répondait plus aux nécessités du culte. En 980, Guérech entreprit de la rebâtir sur le même emplacement, en utilisant les parties les moins gravement atteintes.

Un nouveau cıevet fut aussitôt projeté, et les arcıitectes fidèles aux traditions de l'époque, résolurent d'abord la construction d'une crypte destinée à recevoir le sarcopıage du saint martyr Gobard. Les travaux du chœur actuel l'ont ıeureusement conservée, et le Rapport de M. Sauvageot, qui dirigea l'achèvement de Saint-Pierre, a relevé avec exactitude les traits caractérisliques de ce curieux monument. Quatre colonnes de granit frustes soutenaient les voûtes du *martyrium*, qu'entourait un large déambulatoire, dont les piliers engagés reposaient sur un banc circulaire peu élevé. D'étroites fenêtres l'éclairaient discrètement, et pouvaient au besoin servir à la défense, tandis qu'un unique escalier, clos par une porte, en ménageait l'aceès. L'ensemble accuse d'ailleurs une construction grossière ; lcs matériaux vulgaires et disparates n'offrent ni sculptures ni ornements, les murs enduits de mortier de chaux et remplis de vieilles tuiles et de carreaux romains, sont dépourvus de toute décoration, et l'œil n'aperçoit nulle trace de fragments intéressants.

La mort de Guérech et l'approche si redoutée de l'an mil interrompirent les travaux, et c'est seulement sous l'épiscopat de Gaultier que fut édifié le cıevet disposé comme la crypte, et sous celui de Budic que s'éleva le transept nord qui subsista jusqu'en 1838, reliant le cıœur à l'Évêché.

Ce transept présentait comme le cıevet deux étages avec voûtes séparées par des arcs retombant sur les colonnes engagées dans ses ıurs. Le rez-de-cıaussée, situé au niveau du sol de la basilique de saint Félix, était d'une exécution sévère, presque barbare, avec ses fenêtres petites, sans cadre, et ses chapiteaux cubiques sans ornements. A l'étage supérieur, les chapiteaux étaient sculptés, et les croisées jumellées encadrées de colonnettes.

Le chevet faisait corps avec la courtine est de la Cité et constituait une véritable fortification ; l'abside centrale, établie en dehors de cette courtine, formait une tour. Le mur du déambulatoire protégeait le chœur ; il était crénelé, percé de barbacanes et le chemin de ronde du mur d'enceinte se continuait autour de la partie haute du chœur.

Le maître-autel était dédié aux Apôtres saint Pierre et saint Paul ; la chapelle absidiale de gauche, à saint Ferréol, celle de droite, à saint Guillaume; l'abside centrale, à l'archange saint Michel.

Tel était l'état des travaux vers la fin du XIe siècle. A cette époque, sous l'impulsion des Ordres monastiques, et à la faveur du grand élan religieux qui allait marquer la rénovation de l'art en France, une activité puissante et féconde se répand sur tous les chantiers de nos cathédrales. En 1080, un religieux Bénédictin élevé à l'Evêché de Nantes commence la nef, et son successeur, Brice Robert, entreprend de commencer la tour du transept, puis la tour elliptique qui forma plus tard un immense baldaquin au grand autel et ne fut démolie qu'en 1888. Cette tour était destinée à l'installation d'un clocher, et remplaçait celle du Castellum romain qui avait fait place à l'Evêché. Le clocher était ajouré d'arcatures continues sur ses quatre faces et surmonté d'un comble en ardoises. En même temps on réédifiait presque entièrement le chevet dont l'exécution hâtive laissait tant à désirer, et l'on ouvrait au-dessus du chœur trois fenêtres en plein cintre, décorées dans le goût byzantin. Enfin l'évêque Geoffroy (1196-1216) mettait la dernière main à la cathédrale romane en édifiant le porche d'entrée et en l'ornant de riches parements intérieurs.

La séance est levée à 5 heures 1/2.

Le Secrétaire général,

J. Senot de la Londe.

SAINTE-MARIE

AVANT-PROPOS

Né à Nantes le 13 mars 1798, Jean-Baptiste-Louis Chevas perdit, à dix ans, son père, receveur des douanes au Pellerin. Il fut élevé par sa mère et protégé par un de ses oncles, l'abbé Louis-Alexandre Chevas (1). Engagé, à 18 ans, dans le service actif des douanes, il ne tarda pas à le quitter pour entrer dans les bureaux de la Préfecture, puis dans les Contributions indirectes (1822), où il devint chef du bureau du cadastre. Greffier du 2e arrondissement de Nantes (1832), il aborda la politique en se faisant élire conseiller municipal de Vertou, où il possédait une petite propriété. Successivement conseiller d'arrondissement (1840), conseiller général (1842), conseiller municipal de Nantes (1846), il fut, lors de la Révolution de février 1848, nommé secrétaire de la Préfecture par Guépin, commissaire du Gouvernement, qui, appelé à Vannes en cette même qualité, le nomma commissaire provisoire à Nantes (16 mai). Le 11 août, le maire Evariste Colombel confiait à Chevas les archives de la Ville. Chevas mourut à Nantes le 22 février 1861.

Un de ses compatriotes pornicais, M. Joseph Rousse, l'aimable et savant conservateur de notre Bibliothèque publique, a eu l'heureuse inspiration de lui consacrer une notice biographique (2), dans laquelle se trouve

---

(1) Prêtre insermenté, émigré en Espagne pendant la Révolution, il fut, à son retour en France, nommé vicaire (1803), puis curé (1809) de Bouguenais, où il mourut en 1824.

(2) *Annales de Bretagne*, 1898-1899. On peut aussi consulter la *Bio-bibliographie bretonne* de Kerviler (IX, 182 et suiv.) et le *Populaire* du 16 septembre 1901 *(Jean-Baptiste Chevas*, par X...).

reproduite une lettre de Michelet à Béranger, dont je crois devoir citer quelques passages : « Nantes (Loire-Inférieure), près Saint-Félix, 1er septembre 1852. Monsieur et cier Maître, la personne qui vous remet cette lettre est M. Cievas, écrivain et antiquaire très distingué de notre ville, esprit très fin..., qui sait tout le pays, et de toute époque, par iommes et par familles... Vous ne sauriez croire combien j'ai eu à me louer de l'hospitalité et de l'obligeance des Nantais... Je vous écris dans un verger immense, sous un beau *cèdre* (1), qui domine Nantes et toute la contrée... »

Comme on le voit, Cievas était un iomme d'une réelle valeur. La preuve en est dans ses innombrables articles et dans ses ouvrages, entre autres ses *Notes historiques et statistiques sur les communes du département de la Loire-Inférieure* (Nantes, L. et A. Guéraud, passage Bouciaud, 1852). Malieureusement le canton de Bourgneuf et la commune de Pornic ont seuls été imprimés. Le reste est demeuré à l'état de manuscrits, déposés à la Bibliotièque publique. C'est là que j'ai été ciercier celui qui concerne la commune de Sainte-Marie, si importante jadis par sa célèbre abbaye, si appréciée aujourd'hui par les familles qui y passent l'été.

Par elles-mêmes, ces notes, prises sur le vif, à une époque où les ciemins de fer n'existaient pas encore, où les mœurs étaient si différentes des nôtres, sont des documents d'un intérêt tout particulier. Puissent les commentaires dont je les ai accompagnées l'augmenter encore !

Le Baron de Wismes.

(1) M. Alfred Rethoré, l'aimable propriétaire de la Haute-Forêt, a dû, non sans regret, se résoudre à faire abattre, le 6 janvier 1902, cet arbre semi-iistorique, atteint par les ans. Des croquis de ce cèdre et de l'écriteau qui y était cloué se trouvent reproduits dans les *Souvenirs d'un vieux Nantais* (p. 138, *Le Cèdre de Michelet*).

SAINTE-MARIE

1re PARTIE

BORNES ET ÉTENDUES

La commune de Sainte-Marie est bornée : au N. par celles de la Plaine et de Saint-Miciel, à l'E. par le Clion et Pornic, au S. par l'Océan et à l'O. par la Plaine (1).

Sa plus grande longueur, mesurée de la métairie de l'Angle, limite E., au village de la Jaunais, limite O., est de 8.740 mètres.

Sa plus grande largeur, prise du Bourg, limite S., au village de la Haterie, limite N. (2), est de 5.300 mètres.

Son périmètre total est de 44.650 mètres.

Sa superficie totale est de 33.413.294 m. c. faisant de l'ancienne mesure de Bretagne 7.077 journaux, 35 coudées 1/2 (3), lesquels se divisent comme suit :

(1) Orieux est plus exact en indiquant comme limites de la commune : à l'E., le ruisseau de l'Angle, qui la sépare du Clion, et au S., la baie de Bourgneuf (l'Océan), la ville de Pornic et l'étier de Haute-Perc1e (le Clion).

(2) C'est exact, si on tire une ligne droite partant du bourg et perpendiculaire à celle indiquée ci-dessus par C1evas ; mais, un peu à l'E., on trouve un point plus septentrional : la jonction du ruisseau de l'Angle avec la route de Saint-Mic1el à Chauvé, qui est à 2 kil. plus au N.

(3) Il y a là une erreur. Orieux indique, en effet, une super-ficie de 3.514 1ectares, et l'honorable M. Lecoq, secrétaire de la mairie, veut bien me fournir les renseignements suivants : Superficie totale, conforme au cadastre : 3.515 h., se divisant ainsi : *(a)* terres labourables (prairies artificielles et tempo-raires) : 2.680 ; *(b)* prés naturels : 450 ; vignes : 250 ; 1erbages et pacages : 115 ; landes et terres meubles : 20.

Terres labourables	2. 684	65	79
Vignes	147	80	96
Prés..............................	273	78	55
Bois taillis.......................	88	38	99
Jardins...........................	46	81	26
Pâtureries et landes	61	93	
Terres vaines et vagues.............	2	64	89
Etangs, marais et abreuvoirs		72	18
Superficie des propriétés bâties	8	24	20
Contenance imposable	3. 313	99	82
Eglise et cimetière................			
Rivières et ruisseaux	127	33	12
Chemins et places publiques			
	3. 441	32	94

SITUATION ET ASPECT

Le Bourg, situé à 51 kil. de Nantes, 24 de Paimbœuf et 2 (1) de Pornic, son chef-lieu de canton, est agréablement placé sur un rocher élevé (2), dominant la mer, qui s'en trouve à 120 m. De ce lieu la vue s'étend jusqu'à Noirmoutiers, et le pittoresque de son site en fait un but de promenade pour les étrangers venant apporter à Pornic leur ennui ou leur mauvaise santé (3).

(1) C'est-à-dire de l'entrée de la ville à l'O., car il faut compter près de 3 kil. jusqu'à la gare, située à l'E. En établissant une jonction de route directe entre la ville et la côte (1903), le conseil municipal de Pornic s'est montré sagement inspiré, car elle supprime une descente et un tournant des plus dangereux. Cette facilité d'accès favorise, par contre, les automobiles, dont la vitesse, souvent excessive, appelle la vigilance de l'autorité.

(2) De 15 mètres (Orieux).

(3) « La véritable richesse de Pornic, c'est la visite annuelle et le séjour des étrangers, que leur santé, la mode ou le

Le nombre des maisons groupées autour de l'église
est de 30 environ, irrégulièrement distribuées sur quatre
rues ou passages, dont le principal est le chemin conduisant à la Plaine ; de toutes ces maisons, couvertes en
tuiles, aucune n'est remarquable (1).

GÉOLOGIE

Le sol est principalement micaschisteux ; on y trouve
également le schiste fibreux.

AÉROGRAPHIE

La température est habituellement humide ; par rapport aux vents de mer, on y éprouve peu de grands
froids et peu de grandes chaleurs ; mais l'air y est vif et
sain.

Depuis quelques années, à l'instar de Paris, sur lequel
Sainte-Marie se modèle, la propreté a fait de grands
progrès dans cette commune, ce qui ne contribue pas
peu à la rendre une des plus salubres du département.

Les vents les plus habituellement régnants sont ceux
du S.-O. ou du N.-O. (2).

---

besoin de distraction conduisent dans ce pays », remarque
avec plus de vérité Chevas dans sa notice sur Pornic.

M. l'abbé Dubreil, le saint et vénéré curé de cette paroisse
(1846-1895), dit un jour, au prône, que les étrangers constituaient, en quelque sorte, la récolte des Pornicais.

(1) Le nombre des maisons habitées toute l'année est de
50 ; celui des maisons à louer pendant l'été de 26, sans
compter tous les chalets et villas qui se sont élevés sur
la côte, soit de la Noëveillard, soit des Sablons, et dont le
nombre s'accroît sans cesse.

(2) Chevas parle ailleurs de la salubrité exceptionnelle de
Pornic, « où il est peu de famille qui ne puisse présenter son
patriarche octogénaire ». Certaines personnes qui ont passé
la saison froide à Pornic y ont trouvé la guérison. Le Dr

Hydrographie

La limite avec le Clion est, en partie, formée par le canal de Haute-Percie, dans les eaux duquel viennent se jeter celles du ruisseau de l'Angle. La longueur du canal, en ce qu'il forme limite, est de 3.470 mètres. Celle du ruisseau de l'Angle est de 1.900.

Partant de Haute-Percie et formant limite avec le Clion, on trouve le ruisseau de la Bregeonnière, dont la longueur est de 1.620 mètres et porte aussi le nom de la Séverie.

Ceux du Porteau (1.170 m.), de la Roulière (2.215 m.), passant à 110 m. S. des villages de ce nom ; celui de la Jansonnière (1.170 m.), à la suite celui de la Séverie, de 1.674 m. et de la Bourelière (1.360 m.), parcourent une partie de la commune et, après avoir fertilisé les vallées, vont se perdre dans l'Océan.

Comme celui de l'Angle, le ruisseau de Saint-Martin (1), dont la source est à 15 m. S. de la Tocnaie, va se

---

Brouardel vint même étudier le pays dans le dessein d'en faire une station d'hiver.

Mais ce que Cievas dit des vents de Sainte-Marie s'accorde mal avec ce qu'il écrit dans sa notice sur Pornic (p. 4) : « Les vents du N., N.-E., E. et S.-E. règnent habituellement pendant le printemps et l'été ; les vents opposés dominent dans les autres saisons ; cependant il n'est pas rare de voir, dans les mois de mai, juin, juillet et août, les vents souffler, le matin, dans la partie de l'est et passer le soir à l'ouest ». Avis aux bicyclistes ! A ce propos, Cievas mentionne ce fait singulier que, dans la nuit du 14 au 15 mars 1751, au cours d'un ouragan terrible, « le clocher pencha vers l'est, lorsqu'un grand vent d'est vint d'un seul coup remettre tout en place, et le clocher reprit son aplomb. » (p. 35).

(1) Dans la vallée de ce nom, à peu de distance du canal, se trouve, enfouie à mi-côte dans la verdure, une fontaine célèbre, qui a inspiré à M. J. Rousse une de ses plus fraîches et délicieuses poésies : *La fontaine de Saint-Martin.*

jeter dans le canal de Haute-Percıe, après un parcours
de 3.020 m.

Des étangs, mares ou abreuvoirs se trouvent à l'Angle,
au Boismain, à la Leclière, la Mossardière, le Plessix,
la Rebardière (1), le Petit-Rémartin et à la Tocnaie.

ZOOLOGIE

Le nombre des bourriquets est à peu près égal à celui
des cıevaux et peut s'élever à cinquante. Plus facile à
nourrir que·le cıeval, il est la ressource du pauvre, qui
l'emploie à porter, soit son engrais, soit les produits de
la pêcıe, ou le donne en location aux amateurs de pro-
menades pacifiques ; le nombre des moutons dépasse
3.000 ; ils sont loin d'être de belle race, mais la cıair en
est assez bonne ; leur véritable utilité pour l'habitant de
la campagne est la laine qu'ils lui fournissent pour ses
habillements. On trouve quelques cıèvres et presque
toujours deux vacıes et un porc par métairie. Il peut y
avoir dans la commune de Sainte-Marie une centaine
d'attelages de bœufs (2).

POPULATION

La population, qui, en 1426, était de 324 individus,
était, en 1779, de 1.300. Partant de ce dernier cıiffre, on
dressera le tableau suivant :

(1) Reberdière.
ι2) Actuellement le nombre des cıevaux et juments est de
75 ; celui des ânes de 100, dont 5 sont à louer pour les pro-
menades : la bicyclette a presque anéanti cette brancıe de
commerce et ces excursions qui joignaient le cıarme du
pittoresque à celui de l'imprévu. On compte encore 150 taureaux, 524 bœufs, 930 vacıes, 400 élèves, 1.600 béliers et brebis,
600 agneaux et agnelles de moins d'un an, 170 porcs, 20 truies,
300 porcelets et 6 cıèvres.

Années	Population	Augmentation	Diminution
1779.......	1.300		...
1793.......	1.220		80
1800.......	1.097	...	123
1803.......	1.154	57	...
1821.......	1.286	132	...
1825.......	1.200	...	86
1831.......	1.458	258	...
1836.......	1.473	15	...
1841.......	1.459	...	14

Le chiffre des diminutions est de.... 303
Celui des augmentations de......... 462
_____
Le total des augmentations est de ... 159

La guerre civile explique la diminution des périodes de 1793 et de 1800; mais celle de 1821 à 1825 ne trouve son explication que dans l'hypothèse d'une erreur au recensement (1).

Les 1.459 individus (2) formant la population actuelle se classent comme suit :

Hommes mariés.... 242 ⎫
— — veufs ..... 39 ⎬ population virile 716'
Garçons........... 435 ⎭

Femmes mariées ... 239 ⎫
— veuves .... 68 ⎬ popul⁰ⁿ féminine 743
Filles............. 436 ⎭

(1) Faisant la même observation à propos de la statistique de Pornic, qui accuse une diminution de 74 personnes en 1825, Cievas s'exprime ainsi: « Est-ce cause accidentelle? Est-ce une erreur de chiffre? » Je préfère ce scepticisme à l'affirmation d'une erreur qui n'est pas prouvée.

(2) D'après Orieux, la population était, en 1895, de 1.795 individus, dont 185 dans le bourg; elle est actuellement de 1.850, dont 192 dans le bourg.

La population féminine est supérieure d'un ciffre de 27 individus (A).

Toute cette population habite, non compris le bourg, 69 villages ou métairies, dont les plus considérables sont la Bourelière, la Bregeonnière, la Corbeillière, le Portmain, le Porteau, la Ratière, Rémartin, la Rinais et la Séverie (B) (1).

COUTUMES ET SUPERSTITIONS

Avant la Révolution, l'abbé de Sainte-Marie devait donner à toutes les femmes de la paroisse venant se

(A) Le nombre officiel des feux s'élevant à 339 (2), si on le compare à celui de la population, on trouve que la moyenne des habitants par feu est de 4 1/2 environ.

(B) Parmi les anciennes demeures ou propriétés nobles on voit encore aujourd'hui le Boismacé (3), le Boismain, la Rinais et la Tocnaie (4).

(1) Il est actuellement de 82. — Le village de Rémartin fut témoin d'un épisode intéressant. Un arbre de la liberté y avait été planté à la suite d'un assaut repoussé le 24 avril 1794 ; en 1814, il fut abattu par plusieurs habitants de Pornic, dirigés par M. Desbrosses-Dessalines.

(2) Il est actuellement de 445. — A propos de Pornic, Cievas fait cette remarque curieuse que le nombre des maisons est de 360, bien que les données officielles n'en constatent que 290. Cette erreur serait plus difficile à Sainte-Marie.

(3) Une superbe avenue d'arbres, qui constituait jadis un but de promenade pour les étrangers, a été vendue, en 1869-70, par M. de Robien à trois entrepreneurs pour le prix de 2.900 francs.

(4) Aujourd'hui propriété de M. Galot, le maire si sympathique de Sainte-Marie, conseiller général et député, qui a construit une maison neuve sur l'emplacement du vieux logis. C'est dans les vastes prairies de la Tocnaie qu'ont eu lieu, avec un plein succès, le 4 septembre 1904, les premières courses de cievaux. D'autres propriétés nobles existaient autrefois sur le territoire de Sainte-Marie, entre autres l'Angle et le Sableau.

purifier après leurs couches un pain et un pot de vin.
L'impôt n'était pas lourd. Peut-être cela arrivait-il dix à
douze fois par an et, lorsque l'accouchée était aisée, le
plateau présenté à l'offrande indemnisait largement
l'abbé de son petit sacrifice.

La croyance aux fées n'est pas encore perdue à Sainte-
Marie. Elles ont la propriété exclusive d'un terrain de
35 à 40 ares, appelé le terrain des Bonnes Dames, que
personne n'oserait s'aviser de défricher. Une menace de
mort est suspendue sur la tête de celui qui braverait la
défense des bonnes dames qui, toutes bonnes qu'elles
soient, tiennent à faire acte de puissance et à être
obéies; il est à remarquer que cette mort n'est pas
subite, mais qu'elle arrive indubitablement dans
l'année.

Pour peu que vous soyez curieux d'entendre conter
une histoire tragique, alors que la veillée est ouverte et
qu'assis au coin du foyer vous écoutez le vent faire
mugir la vague et la jeter avec violence dans les anfrac-
tuosités des rochers, vous ne manquerez pas de conteurs
qui, tressant l'osier dont ils font des paniers ou la quenouille chargée de laine au côté, vous diront comment
une fois, locution toute faite qui a l'immense avantage
de ne pas exposer le narrateur à quelques anachro-
nismes, comment une fois un homme, qui demeurait
dans tel village, jamais dans le lieu où vous êtes, comment cet homme voulut, pour nourrir sa famille, tenter
de violer la défense, comment il donna un seul coup de
pioche, comment une belle dame lui apparut et le
menaça de mort, malgré ses pleurs et son repentir,
comment enfin, le dernier jour de l'année arrivant, alors
même que le malheureux commençait à perdre le souvenir de la funeste apparition, le curé chantait un *Libera*
en le portant en terre, parce qu'il avait eu, encore heureusement, le temps de se reconnaître et de se confesser.

Le narrateur n'a pas connu la victime des Bonnes
Dames, mais son grand'père avait souvent été à la

pêc1e aux moules avec lui, ...dès lors, comment douter
de la vérité ?

Ce c1amp, auquel on donne encore le nom de c1amp
des Fontenilles, est un terrain communal que la mairie
ferait bien de vendre ou de faire cultiver, afin de prouver que le temps des fées, comme celui des esprits, est
passé (1).

Ces bonnes dames ont été vues maintes fois, par les
anciens surtout, se promenant au clair de lune, portant
sur leurs têtes de ces énormes pierres que deux et trois
maçons des plus robustes du pays ne pourraient soulever ; c'est peut-être une de ces femmes fortes qui avait
prolongé sa course jusque dans le marais Guido de
Corsept (A).

Quelquefois aussi, de bonnes âmes en état de grâce,
venant de la mission ou de quelque croix, ont vu dans
la pièce des bonnes dames un ou plusieurs de ces êtres
mystérieux accroupis en filant la quenouille ; si elles
avaient le courage d'en approc1er, elles ne voyaient plus
rien ; mais si, par une crainte involontaire, elles
passaient leur c1emin, les fileuses restaient en place et
c'était un mauvais signe ; la visionnaire ou quelques
uns de ses parents, amis ou connaissances mouraient
dans l'année.

(A) Cette croyance dans la force surhumaine des fées n'est pas
particulière à la Bretagne. En Brantôme, dans la Dordogne, on vous
dira sérieusement que l'énorme dolmen en face du lieu nommé le
Kéraharn a été apporté dans le tablier de gaze d'une fée qui en descendait la montagne en filant. (Guy. monu., p. 6.)

(1) « Trente-trois pièces de terre portent le nom de Fon-
tenil, entre le Port-Main (plage) et la Vallée de l'Etang. Le
morceau de terre aux Fées appartient à M. Jean Forcier, du
Port-Main. Les fées prenaient les pierres druidiques dans
leurs tabliers, les portaient sans repos jusqu'à la Vallée de
l'Etang et revenaient les déposer à la Motte ». Ces intéressants
renseignements m'ont été donnés par M. Lecoq.

ADMINISTRATION

Avant la Révolution, sous le rapport ecclésiastique, Sainte-Marie était une des neuf vicairies perpétuelles du climat et doyenné de Retz ou de Macíecoul, ayant un revenu de 600 livres, non compris, comme pour toutes les cures de campagne, le casuel et le devant de l'église.

Le titre de curé primitif appartenait au seigneur abbé, qui avait 2.000 livres pour sa mense abbatiale.

L'abbaye de Sainte-Marie, de l'ordre des cianoines réguliers de Saint-Augustin, avait donc sous sa dépendance 5 prieurés-cures, pareil nombre de prieurés simples, une cure ou rectorie et la vicairie perpétuelle de la paroisse, une des 50 du climat et doyenné de Retz.

Sous le rapport judiciaire, Sainte-Marie était des 30 paroisses de la menée de Retz, et, sous le rapport administratif, l'une des 11 de la subdélégation de Paimbœuf.

Aujourd'hui Sainte-Marie est une succursale relevant de la cure de Pornic, une commune du canton, et, sous le troisième rapport, elle est administrée par un maire ayant un conseil composé de 12 membres, à l'élection desquels sont appelés à concourir 123 électeurs, deux de moins qu'en 1836 (1).

La commune de Sainte-Marie n'a pas de local pour sa mairie ; en 1840, les registres de l'état-civil étaient ciez M. Raffin, adjoint, demeurant au Porteau, à 2 kilo-

----

(1) Les ciangements ci-dessus se produisirent en 1790. La première municipalité, élue le 15 février, comprenait un maire, un procureur, cinq écievins et douze notables. Le nombre des électeurs inscrits en 1905 est de 554 et celui des conseillers municipaux de 14.

mètres du Bourg, où l'on trouve une brigade de douaniers, dépendant de la capitainerie de Pornic (1).

FINANCES

Là contenance imposable à Sainte-Marie est de 3.313 1ectares 99 ares 82 centiares (2).

Cette contenance est divisée en 11.574 parcelles ou articles et 646 propriétaires ; son revenu est porté à 43.585 fr. 39 centimes, et elle est imposée comme suit :

	Principal	Accessoires	Total
Contributions foncières : 646 contribuables..	5.000	3.719 50	8.719 50
Portes et fenêtres 220 — .	350	143 64	493 64
Personnelle 258 —			
Sur ce nombre 191 sont, en outre, soumis à l'impôt mobilier, ensemble................:......:.	1.498	1.039 45	2.537 45
21 patentables fournissent un droit fixe de 142 fr. et un droit proportionnel de 64 fr., ensemble	206	69 47	275 47
	7.054	4.972 06	12.026 06

En ajoutant au total les frais du premier avertissement....................................... 38 25

On a pour résultat des quatre contributions directes.. 12.064 31

La taxe sur les poids et mesures s'élève à...... 11 76

Total général........ 12.076 07

(1) La mairie, construite, en 1853, sur les plans de l'habile arcıitecte, M. Liberge, se trouve au N.-E. du bourg dans un bâtiment auquel est annexée l'école des garçons. — Le Porteau n'est guère qu'à 1 kilomètre de Sainte-Marie. La brigade de douaniers a été supprimée et rattacıée à celle de Pornic.

(2) Cette contenance est actuellement de 3.388 h. 49.

7.054 francs, faisant le total des quatre contributions, entrent dans la caisse de l'Etat et, sur les accessoires, formant 4.972 fr. 06, destinés aux frais généraux, 351 fr. 31 c. viennent aider, sous le titre de centimes additionnels, à former le budget communal, lequel pour 1842 a été réglé de la manière suivante :

RECETTES ORDINAIRES

5 centimes additionnels sur les trois contributions	324 90	
Attribution sur les patentes de l'année précédente	26 41	
Rentes sur particuliers	71 04	
Expédition des actes de l'état-civil	3 »	
Intérêts des fonds placés au trésor	58 53	
Total des recettes ordinaires....		483 88

RECETTES EXTRAORDINAIRES

Imposition pour l'instruction primaire..	206 64	
— pour chemins vicinaux	352 30	
Evaluation en argent de prestations en nature	2.031 »	
Complément de traitement de l'instituteur	203 36	
Total des recettes extraordinaires...		2.793 30
Total général des recettes		3.277 18

DÉPENSES ORDINAIRES

Entretien et loyer de la mairie	25 »	
Frais de bureau et d'impression	117 »	
Abonnement au Bulletin des lois	6 50	
Registres de l'état-civil	47 50	
Traitement du receveur municipal	105 85	
— du publicateur	8 »	
Contributions des biens communaux....	5 70	
Dépenses relatives à l'instruction publique	410 »	
Total des dépenses ordinaires		725 55

Report des dépenses ordinaires.....   —   725 55

DÉPENSES EXTRAORDINAIRES

Entretien des ciemins vicinaux.........	150 »	
Evaluation des prestations...............	924 81	
Frais de rôles........................	9 35	
Dépenses imprévues (secours aux indigents)...............................	10 »	
Contingent pour les ciemins de grande communication, tant en argent qu'en nature..............................	1.217 90	
Total des dépenses extraordinaires..		2.312 06
Total général des dépenses.........		3.037 61

RÉCAPITULATION

Les recettes s'élèvent à......	3.277 18
Les dépenses à.............	3.037 60
Excédent de recettes........	239 58

La comparaison des recettes et des dépenses ordinaires donne un déficit de 241,67 (1).

INSTRUCTION PUBLIQUE

La commune de Sainte-Marie n'a pas encore d'instituteur primaire (2); une sœur de l'ordre de Saint-Gildas

(1) Le budget communal s'est établi de la façon suivante pour ces trois dernières années :
1902. Recettes 14.487 fr. — Dépenses 12.507 fr. 52 c.
1903. » 15.943 fr. — » 10.195 fr. »
1904. » 17.340 fr. — » 17.343 fr. »
(2) Cette lacune a été comblée en 1853. Le nombre des enfants qui fréquentent l'école est, en moyenne, de 72. L'instituteur actuel, l'honorable M. Lecoq, à l'obligeance duquel je dois plusieurs des renseignements contenus dans ce travail, reçoit, pendant les vacances, un certain nombre de pension-

tient une école privée. de petites filles ; le nombre de ses élèves est de 30 en 1iver et de 40 en été, sur lesquelles 18 environ ne paient aucune rétribution, les autres donnent 80 c. par mois et l'on ne peut guère porter à plus de 100 francs la recette totale annuelle de l'institutrice.

Hospices

Sainte-Marie n'a pas d'hospice, mais elle a droit de faire admettre ses malades à celui de Pornic (1).

Agriculture

Les 1abitants de cette commune n'ont pas attendu les essais ou les t1éories de nos agriculteurs modernes, et on doit les en féliciter, car il y a plus de 60 ans que l'on a écrit que la paroisse de Sainte-Marie était bien cultivée.

naires. Il en est de même des Sœurs de Saint-Gildas, qui, au nombre de quatre, donnent l'instruction gratuite à environ 75 petites filles. Il existe, en outre, un orp1elinat fondé, en avril 1898, par une c1aritable c1rétienne, Mme Vve Lemonnier.

(1) Sainte-Marie donne l'assistance médicale gratuite à une centaine d'indigents et possède trois lits à l'hospice de Pornic. Cet 1ospice, comme on le sait, fut fondé en 1721 sur un vaste terrain donné par Gabriel Paynot et appelé terrain de Montplaisir. Il avait été ac1eté, en effet, en 1621, par Jean de Bruc de Montplaisir, procureur général des Etats de Bretagne, père du poète René de Bruc (Voir *Notice historique et littéraire sur René de Bruc, marquis de Montplaisir, poète breton du XVII° siècle*, par le baron de Wismes, Nantes, Guéraud, 1853). L'hôtel de Montplaisir est la maison noble signalée en 1426, croit C1evas. Quoi qu'il en soit, Louis XV se déclara le protecteur du nouvel 1ospice et fit placer ses armes sur la porte principale, d'où elles furent arrac1ées en 1793. — La c1apelle, reconstruite en 1838-1840 et agrandie en 1895, est dédiée à sainte Anne, patronne de la Bretagne et protectrice des gens de 1er.'

Le tiers des terres, et dans beaucoup de métairies près de la moitié, est ensemencé chaque année ; ainsi, sur les 2.700 hectares de terres labourables, on en met 1.000 en froment, 15 en avoine et à peu près autant en divers autres grains.

Année commune, le produit en froment est de 42.030 doubles décalitres ou à peu près six fois la semence ; le blé noir rend douze fois, les fèves dix, les avoines et seigles cinq, c'est la moindre récolte et aussi celle à laquelle on s'attache fort peu.

Les variétés de froment qui se cultivent le plus à Sainte-Marie sont le sans barbe ordinaire, le sans barbe grand rouge, le sans barbe blanc réélu et le barbu rouge. Indépendamment de la bonté du sol, ce qui vient en aide aux laborieux cultivateurs de Sainte-Marie, ce sont les engrais étrangers qu'ils ont le bon esprit d'employer en grande quantité ; à la vérité, la proximité de l'île de Noirmoutiers les leur procure facilement (1). Indépendamment des cendres fournies par cette île, ils ramassent encore sur le rivage quelque peu de fucus ou varech qu'ils connaissent sous le nom de goëmon, nom générique sous lequel on comprend un grand nombre de plantes grasses, et s'approvisionnent également d'engrais au Croisic, au Pouliguen, à Pénerf, à l'Ile-Dieu et dans tous les lieux où ils sont abondants (2).

(1) « Les goëmons de Noirmoutiers sont longs, d'une feuille large et d'une qualité supérieure. Aussi les fermiers s'en servent beaucoup pour graisser leurs vignes... Rien de plus curieux que de voir ramasser les goëmons sur les rochers ; plus de 200 personnes sont occupées à ces travaux et en chargent les nombreuses chaloupes qui les amènent aux quais de Pornic, où se trouvent des charrettes qui les amènent dans les vignes de la contrée ». *(Espérance du Peuple,* 20 avril 1905.)

(2) Une ordonnance de police, en date du 27 décembre 1790, enjoint aux habitants de Pornic de balayer les rues, chacun devant sa maison, de remblayer les excavations dans les-

Les pâturages ne sont ni assez nombreux ni assez fertiles pour permettre aux habitants de faire des élèves; aussi, cette branche de l'industrie agricole est-elle nulle à Sainte-Marie (1). Les animaux nécessaires au labourage sont achetés dans les communes voisines de la contrée et revendus lorsqu'ils deviennent impropres au service ou bien encore lorsque le cultivateur peut s'en passer, économisant ainsi ses fourrages; mais jamais non plus il ne refuse de s'en défaire, si on lui présente l'appât d'un bénéfice.

On cultive environ 176 hectares de vigne dans la commune, surtout dans la partie aspectant la mer, mais le vin, comme tout celui du littoral, est de médiocre qualité et se consomme dans le pays (2).

Commerce et Industrie

Le principal commerce consiste dans la vente du froment qui s'expédie par le port de Pornic pour Bordeaux et l'étranger.

Une sucrerie de betteraves a été tentée, mais abandonnée presque aussitôt. Une entreprise plus appropriée aux besoins locaux a remplacé la sucrerie; c'est celle de

quelles séjournent les eaux pluviales, faisant toutefois une exception en faveur des rues du Bourg-aux-Moines et de Saint-André, parce que la mairie ne veut pas priver les habitants de ces pauvres quartiers de la faculté de *bourrer* ces rues, pour faire des engrais dont ils ont besoin ou dont ils tirent parti en les vendant (Chevas, *Pornic*, p. 47). Une bonne moitié des terres est ensemencée chaque année. Un cinquième de la récolte totale, qui atteint une moyenne de 20.000 hectolitres, est vendu au dehors; le reste est consommé dans la commune.

(1) Il n'en est plus de même aujourd'hui. Les pâturages (115 h.) et prairies artificielles (55 h.) permettent aux laboureurs de faire de l'élevage, source de beaux profits.

(2) Le chiffre est actuellement de 250 hectares. Aussi le commerce des vins vient-il s'ajouter à celui des froments.

deux fours à briques et à tuiles qui rivalisent avec ceux d'Arthon et autres communes (1).

Un certain nombre d'habitants se livrent à la marine (2).

Sainte-Marie trouve aussi dans la mode des bains de mer une nouvelle source de profits. Quelques personnes vont y demeurer pour fuir l'ennui d'une mise recherchée, comme il convient de l'avoir à Pornic, le rendez-vous de la fassion, et ceux des habitants qui peuvent disposer d'une chambre sont toujours certains de la louer.

COMMUNICATIONS

Parmi le grand nombre de chemins de cette commune, on remarque comme étant les principaux ceux qui suivent (3) :

Celui du Bourg à Pornic par l'anse de la Noëveillard, le

(1) L'un d'eux se trouvait sur la route de Saint-Père-en-Retz, à 1.500 mètres environ au N. de Pornic, l'autre à 1.500 environ à l'E. du premier. Il n'en existe plus qu'un, celui de la Bourclière, tenu par M. Lehours.

(2) Ce nombre est très restreint, pour ne pas dire nul.

(3) Il serait aussi long que fastidieux d'énumérer les belles voies de communication établies depuis cette époque. Le nombre s'en accroît sans cesse. En 1903, le conseil municipal a décidé l'ouverture de 12 chemins, dont 5 sont faits. Les autres, y compris celui de la plage de Mombau à celle des Sablons, sur le bord de la mer, sont à l'étude. — Signalons comme très souhaitable la prolongation jusqu'à la route de la Plaine du chemin qui va de la Noëveillard à la Motte, car elle éviterait aux habitants de la côte un détour par Sainte-Marie ou par Pornic. Malheureusement ce travail, dont il est question, ne se fera que lorsque la commune aura plus de ressources. — Ajoutons que le chemin de fer à voie étroite de Pornic à Paimbœuf passera par Sainte-Marie; mais, malgré l'activité avec laquelle sont poussés les travaux, cette ligne ne pourra être livrée au public avant le printemps de 1906.

fort de ce nom et le moulin de la Motte : sa longueur est de 1.590 mètres.

Celui du Bourg à la Plaine, prolongement du précédent : il passe à la maison Vigneux, au chemin qui conduit à l'anse du Porteau, où sans danger se peuvent prendre des bains à la lame, aux villages de la Ratière, de la Prudhommière et du Jaunais : sa longueur est de 3.735 mètres.

Celui sortant par le N. du Bourg et allant à Saint-Michel en passant près le Moulin-Neuf, le village des Cœurées, la métairie des Granges, le ruisseau de la Rebardière, le haut chemin, la Rochardière (1) et la Haterie : son parcours est de 5.330 mètres.

Celui de Pornic à Saint-Michel, partant du Sandier, joignant et se confondant avec le précédent à la hauteur du village de la Sennerie : sa longueur jusqu'au point de rencontre est de 2.595 mètres.

Celui du Bourg à Saint-Père-en-Retz par les Cœurés, la Ficaudière et le moulin Plessix : sa longueur est de 6.200 mètres ; mais il passe sur Saint-Michel, qui avance sur le territoire de Sainte-Marie, sur une longueur de 735 mètres pour passer de nouveau sur Sainte-Marie.

La route départementale n° 7 de Paimbœuf à Pornic entre sur la commune de Sainte-Marie au village du Petit-Rémartin, passe au grand moulin, près de la Davitière et de la croix de la Tanderie : sa longueur est de 6.200 mètres.

Le chemin de grande communication qui de Port-Saint-Père conduira à la Plaine par Pornic passera sur Sainte-Marie.

Les chemins ruraux, sans être en aussi mauvais état que dans un grand nombre d'autres communes, ont besoin néammoins de toute l'action vigilante de l'autorité.

(1) Reberdière ; Rochandière.

CURIOSITÉS NATURELLES, ANTIQUITÉS ET MONUMENTS

La Pierre Paquer, au S.-O. du Porteau, est un rocier présentant une masse isolée de 2 m. de iauteur, placée à l'extrémité d'un banc d'autres rociers ; cette pierre, que l'on indique à tous les voyageurs, n'a sans doute rien de curieux ; mais, lorsque le vent fraîciit et fait moutonner la vague, si vous la contemplez placée comme une sentinelle avancée, vous ne comprenez pas comment elle peut, depuis des siècles, résister aux assauts continuels que lui livre l'Océan ; alors vous courbez la tête et, vous rappelant les beaux vers du poète, vous vous inclinez devant la puissance de Celui qui met, quand il lui plait, un frein à la fureur des flots.

Les Grottes du Diable ou les Cieminées (1) ou encore le Clot au Jau pour le Clos au Coq, sont des rociers minés ciaque jour par la mer, lesquels présentent une excavation partant de la base et s'élevant jusqu'au sommet, qui se trouve à l'affleurement du sol ; si la vague est poussée par la moindre brise, lorsqu'elle arrive dans cette anfractuosité, elle fait jaillir sous les pieds une masse d'écume blanciâtre, qui retombe comme une petite pluie ou un épais brouillard.

L'église de Sainte-Marie est la construction la plus intéressante de tout l'arrondissement.

Elle n'a qu'une grande nef et deux bas côtés, un seul transept ou chœur demi-circulaire et une tour carrée ; sa décoration intérieure, toute moderne, est sans intérêt : tel est l'ensemble de ce monument.

Mais ce qu'il faut admirer, ce sont les détails d'une

(1) C'est cette appellation qui a prévalu. Mais ces grottes sont situées sur le territoire du Clion, près du village de la *Birochère*, auquel elles ont donné son noi.

arciitecture qui, en raison de l'alliance de l'ogive et du plein cintre, paraît remonter au xiie siècle (1).

La tour est terminée par une corniche soutenue à ses angles par de longs piliers couronnés par des ciapiteaux et, dans les intervalles de ces ciapiteaux, par des figures grimaçantes.

L'EGLISE DE SAINTE-MARIE (XI-XIIe)

Dessinée, en 1867, par le Baron O. de WISMES

(Vue prise du S.-E.)

(1) « Cet édifice appartenait au style-roman, mais sa construction n'avait jamais été terminée : un lambris remplaçait la voûte. Le cicœur avait 38 pieds de long, et la nef, accompagnée d'un bas-côté, avait 69 pieds. Les murs, sans aucun ornement, reposaient sur 5 arcades en plein cintre. Le clocier, en forme de tour carrée massive, était percée de 4 ouvertures de même style et surmontait l'entrée principale à l'ouest. » (Léon Maître, Sainte-Marie, p. 15.) M. le Curé possède une photographie de cet édifice, dont plusieurs vestiges se voient encore dans le jardin du presbytère. J'en ai plusieurs dessins exécutés par mon père et en donne deux ici.

La porte de l'ouest a été retouchée et changée de forme ; mais on reconnaît facilement que l'arc en était construit en pierres régulières et de moyenne dimension, genre appartenant à une époque fort reculée.

La porte latérale au sud est plus remarquable ; elle a probablement subi des changements dans ses côtés, mais sa façade est encore presque complète (1).

L'ÉGLISE DE SAINTE-MARIE (XI-XIIe)

Dessinée, en 1867, par le Baron O. de WISMES

(Vue prise du S.-O.)

(1) « La porte la plus curieuse, placée au midi, était ornée de modillons romans (qu'on conserve pour les utiliser dans la construction du presbytère) et précédée d'un porche ou chapiteau semblable à ceux qu'on rencontre encore dans beaucoup d'églises de Bretagne. C'est là que se tenait, à l'issue de la grand'messe, l'assemblée des chefs de famille et anciens marguilliers formant le corps délibérant de la paroisse. » (Ib.) Un calvaire se dressait en face de cette porte, qu'un généreux paroissien, M. H. du Bois, avait offert de reconstruire à ses frais, mais qui a été malheureusement

Le premier arc qui forme la voûte de cette porte est en plein cintre, les autres, qui lui sont superposés et forment comme le dessous d'un escalier, ont une légère forme ogivale. Le tout est recouvert d'un tympan angulaire retombant de chaque côté en forme de toit. Les retombées des arcs sont soutenues par des piliers et de petites colonnes à chapiteaux ; ces piliers sont droits, les uns avec et les autres sans chapiteaux.

Les colonnettes, au nombre de trois (A), sont travaillées ; l'une est torse, et les rubans qui la contournent sont de diverses grandeurs ; l'autre a les mêmes rubans, mais en ziz-zag perpendiculaire (1).

Les chapiteaux, dont l'ornement est une espèce de feuillage, sont grossièrement sculptés ; ils ont la forme cubique, si commune au xie siècle et l'un des ornements byzantins introduits dans l'architecture romane.

Sur les piliers sont quelques personnages, qui ne paraissent pas d'une meilleure facture que les chapiteaux ; peut-être aussi que les couches nombreuses et successives de chaux mises par les gâcheurs, sous prétexte d'embellissement, nuisent au travail et à l'intelligence complète de la pensée de l'artiste.

Le premier personnage que l'on remarque est une espèce de minotaure, dont les oreilles ne figurent pas mal les bords d'un chapeau : il semble porter un homme sur son dos. En face de ce groupe est un autre person-

(A) Il en manque une à gauche.

vendue. Aussi ne saurais-je trop remercier Mme Lemonnier d'avoir bien voulu m'accorder la gracieuse autorisation de faire reproduire une belle aquarelle de son père, M. René Toulmouche, datant de 1832.

(1) « M. Nau indique l'église de Sainte-Marie de Pornic comme un sujet d'étude d'autant plus intéressant qu'elle est la seule qui ait des colonnes en zig-zag, caractère en général fort rare. » (Société archéologique, séance du 6 mai 1846).

nage, qui, le genou en terre et paraissant armé d'un
arc, semble vouloir s'opposer à la marcie du ravisseur.
Du même côté se voit un génie ailé ; le iaut de sa tête
est coupé par une ligne droite et iorizontale ; deux
ailes s'élèvent symétriquement de derrière ses épaules ;

PORTE LATÉRAIE AU SUD

D'après une aquarelle de M RENE TOULMOUCHE (18;2)

sa main semble appuyée sur sa ceinture, qui retient
un léger vêtement ne descendant que jusqu'aux genoux ;
ses jambes sont brisées. A côté de ce génie ou de ce
personnage ailé, est un oiseau dont la tête, totalement
ronde, indique un iibou ou une ciouette.

Du côté gaucie, on ne voit qu'un seul personnage,

dont les bras tendus en croix font penser que c'est la représentation du Christ.

Il y avait une chapelle, que l'on croit avoir été fondée par les seigneurs du Boismacé et dans laquelle était le tombeau dont il va être parlé ; elle était près de la porte latérale. Sa destruction ne date pas de très loin ; la porte latérale, qui a survécu, au surplus, de cette construction, ne donne aucune indication sur son époque.

La Pierre tombale, telle qu'elle était dans l'ancien cimetière

Dessin du Baron O. de WISMES (1867)

En construisant ou en faisant·des réparations au cœur, on a employé des matériaux provenant d'une construction, peut-être de la chapelle, car, du côté du midi, on aperçoit un moellon orné de dessin.

Dans le cimetière, au joignant de l'église, on trouve, au rez de terre, un tombeau appartenant évidemment à un personnage important. C'est une grande pierre ayant la forme d'un carré long de 2 mètres sur 1 mètre 50. On y voit sculpté en demie ronde bosse un chevalier couché sur le dos, la tête nue, les mains sur la poitrine ;

son épée pend à sa ceinture et sur son glaive repose son écu n'ayant pour toute marque qu'une croix ; deux écussons, placés aux deux angles du côté de la tête, ne portent également qu'une croix. A la gauche de ce personnage est une sculpture qui a été mutilée, mais qui semble avoir représenté un casque. Les jambes de cette statue sont brisées au bas de la cotte, qui descend jusqu'aux genoux ; le visage est également mutilé.

Sur l'encadrement tracé autour de cette pierre tom-

LA PIERRE TOMBALE adossée au mur méridional de l'église

Dessin du Baron O. de WISMES (1876)

bale il y a quelques caractères en creux et en style gotique ; mais, bien qu'ils soient visibles, il paraît impossible de les déchiffrer.

Il y a lieu de penser que ce personnage fut au nombre de ceux qui allèrent à la Terre-Sainte, et la croix placée sur son écu fait pencier vers cette opinion. Le blason de notre Bretagne indique deux familles dont la croix latine ornait les écussons : celle de Vaucouleurs et celle de Tréguené, et l'une et l'autre eurent des leurs aux croisades.

Quelques personnes pensent, et cette opinion n'est pas dénuée de fondement, que ce monument est le tombeau d'un membre de la famille des seigneurs du Boismacé. Elles appuient cette opinion sur ce que les possesseurs de cette terre noble devaient entretenir la chapelle, aujourd'hui démolie, dans laquelle ce sarcophage était placé ; ces mêmes personnes affirment avoir vu les pièces d'un procès où les seigneurs du Boismacé étaient menacés, par l'abbé de Sainte-Marie, de voir mettre hors de cette chapelle le tombeau de leur ancêtre, s'ils ne faisaient pas au bâtiment les réparations qu'il leur demandait.

Quant à la tradition locale, qui ne raisonne pas toujours les opinions qu'elle embrasse, elle veut que ce tombeau soit celui d'un général qui fut attaquer Tharon (en Saint-Michel), ville alors considérable, lequel, ayant été occis, fut apporté par ses soldats et enterré à Sainte-Marie (1).

---

(1) Cette chapelle, placée sous l'invocation de saint Nicolas, fut reconstruite en 1640 et démolie en 1776. Elle abritait, en effet, la pierre tombale, dont les caractères ne sont pas illisibles, comme le croit Cuevas. Voici, en effet, ce qu'ils disent : *Cy gist monsieur Vuillaume des Bretesches chevalier qui décéda ... octob...* Le reste a disparu. L'histoire de ce preux a été reconstituée en partie par M. Maître. M. du Bois, s'appuyant sur un passage de D. Morice, serait porté à le croire parent du sire de Retz. La pierre tombale, restaurée par M. Vallet, a été placée dans l'église par les soins de M. le Curé. (Voir, pour plus de détails, l'ouvrage, déjà cité, de notre savant archiviste, et ma Notice sur *Notre-Dame du Tabernacle*). Il est assez singulier que Cuevas ne parle ni de la fuie abbatiale ni de la Vierge-Tabernacle. Pour cette insigne relique, auquel j'ai consacré une étude spéciale, l'omission peut s'expliquer par le fait du badigeon qui couvrait la statue vénérée et cachait aux regards le tabernacle, qui

Le Boismacé, ancienne maison seigneuriale, ayant 1aute, moyenne et basse justice, est une vieille construction; sa c1apelle est fort simple, et le culte ne s'y célèbre plus (1).

Il reste encore quelques vestiges de la c1apelle du Tabier ou Tablier, dont l'origine, comme la destruction, sont jusqu'ici demeurées inconnues (2).

Il y a peu de temps, le curé de Sainte-Marie, M. Coulon, faisant reconstruire une partie du presbytère, qui tombait en ruines, trouva dans les fondations des pierres de granit ornées de moulures, ayant évidemment appartenu à l'abbaye, entre autres fragments une tête grimaçante fort bien exécutée.

Une pièce romaine a aussi été trouvée dans le jardin presbytéral avec une pièce en cuivre jaune de la grandeur d'une pièce d'un franc, avec sa légende en lettres gothiques, un peu altérée, et sur le revers 4 fleurs de lys dans un losange,

constitue son caractère le plus frappant. — Quant à la fuie, dont les murs ont une épaisseur de 0,90 c., elle a 32 m. de circonférence intérieure et 5,90 de 1auteur, au-dessous de la couverture. La porte, qui est en granit et sc1iste taillé, comme les cinq rangées de pierres qui en forment les assises, a 1,52 c. de 1aut sur 0,75 c. de large. La pierre qui porte la date, ainsi que l'écusson dont il sera question plus loin, a une longueur de 0,70 c., et se trouve au S.-O. (Renseignements communiqués par M. H. du Bois.)

(1) Cette c1apelle existe toujours, désaffectée. La pierre d'autel fut employée pour faire le sommet de la maçonnerie de la croix érigée près des Granges.

(2) Son nom était Saint-Jacques. Fondée pour une lèproserie et située dans les landes du Ta1ier ou Tablier, à 6 kil. au N.-E. du bourg, elle cessa d'être desservie lorsque la lèpre eût disparu. La pierre d'autel, qui avait 5 pieds, fut transportée, en 1674, dans la c1apelle du Boismacé, que faisait bâtir M. Pierre du Bois-Orhant de la Métairie.

2ᵐᵉ PARTIE

Sainte-Marie de Pornic. — Sancta Maria de Pornido vel de Burgo propè Pornidum. Et révolutionnairement Roche-Pelletier (A).

La fondation de l'église de Sainte-Marie remonte à une époque fort reculée.

Au VIIIᵉ siècle, des moines inconnus vinrent débarquer sur la côte de Pornic (B) et firent leur établissement sur le territoire où se trouve aujourd'hui Sainte-Marie.

Ce fait n'est pas prouvé, mais il semble probable (1).

· (A) Suivant l'annuaire de la Société de l'histoire de France (année 1838), Burgam propè Pornidum.

(B) Voir la Plaine.

(1) Suivant l'abbé Beaudouin, curé et maire de Sainte-Marie après la Révolution, saint Philbert, quittant son abbaye de Jumièges, aurait laissé quelques moines à Pornic, lieu de son embarquement pour Noirmoutiers. « Le premier sanctuaire élevé au vrai Dieu, dit, en 1767, le chanoine Comard de Puylorson, fut la petite chapelle de Saint-Hilaire à la campagne, au VIIᵉ siècle, sous l'épiscopat d'Ansoald. » (Jules Piet, *Fouilles archéologiques à Noirmoutiers*, 1870). « M. Léon Maître, archiviste de la Loire-Inférieure, nous fournit un document du VIIᵉ siècle, d'une réelle importance, qui avait échappé, jusqu'en 1898, aux investigations des historiens. C'est une copie authentique, faite au XIᵉ siècle, de la charte de fondation de l'abbaye bénédictine de Noirmoutiers, signée en 676 par Ansoald ». (R. P. de la Croix. *Étude sommaire du Baptistère Saint-Jean*, p. 47). Rien de mieux établi, par conséquent, que ce passage de saint Philbert à Pornic, désigné

Dans ce siècle, plusieurs insulaires quittent l'ile de la Grande-Bretagne, ravagée par les Danois et les différentes factions qui se disputent la puissance souveraine. Dès lors rien d'étonnant que, de même que saint Vital quitte, en 727, l'Angleterre et vient se fixer au mont Sabrit (Saint-Viaud), de voir quelques autres pieux personnages venir s'établir en Sainte-Marie.

L'histoire ne nous apprend rien de leur existence et de leur vie. Probablement autour de leur ermitage sont venues se grouper quelques cabanes : de là les commencements de Sainte-Marie.

Notre tâche de compilateur n'est autre que de rapporter des titres et des faits. Nous n'entrerons donc pas dans le vaste champ des hypothèses où l'imagination, en se donnant libre carrière, peut facilement s'égarer. Nous partirons du premier titre qui nous soit connu.

alors, toujours d'après l'abbé Beaudouin, sous le nom de *Portus medius*, port du milieu (d'où *Pormid, Pornid, Pornil* et enfin *Pornic)*, par opposition à *Portellus*, petit port *(Porteau)*, et *Portus magnus*, grand port *(Portmin)*. Orieux affirme qu'avant la Révolution Pornic s'appelait Pornid *(Hist. et géog. de la L.-I.,* p. 517), se rangeant ainsi à l'opinion de Carou. Quoi qu'il en soit, les disciples de saint Philbert auraient résidé à Pornic ; mais quant à voir là l'origine du *Bourg aux Moines*, non. Les religieux qui habitèrent depuis cette partie de la ville, à eux donnée par Glévian et Drolavius, en 1050, justifient suffisamment cette désignation pour ne pas risquer une hypothèse aussi téméraire. Tout à fait plausible, au contraire, est celle d'un établissement définitif des bénédictins, soit aux Grandes-Vallées, soit à Sainte-Marie même. La découverte d'un endroit propice à l'attérage, près de la plage de Mombau, semblait au savant curé une forte présomption qu'il voyait juste ; depuis lors, une découverte importante, celle de 1855, dont M. l'abbé Couton a dressé un procès-verbal précis et intéressant, est venu en ajouter une nouvelle. (Voir, pour plus de détails, l'*Excursion pittoresque et archéologique à la baie de Bourgneuf, Ste-Marie de Pornic,* p. 22 et s.).

1051

Glavihen ou Glévian, prince ou seigneur de Becon, que l'on a supposé pouvoir être Princé, donne à l'abbaye de Redon l'église de Sainte-Marie avec la moitié des dimes de la paroisse de ce nom et plusieurs domaines (1).

(1) Les historiens, à part M. Orieux, qui exprime un doute, avaient admis jusqu'ici qu'il s'agissait bien de notre Sainte-Marie. Travers a même insinué que Becon pouvait être Princé, ce qui expliquerait fort bien la donation faite par Glévian de ses droits sur Chéméré (1041). Mais M. René Blanchard, le savant archiviste de la Ville, conteste cette opinion. Après avoir fait remarquer qu'on s'accorde généralement pour voir dans Becon ou Begon, Bougon, ancienne seigneurie près de Bouguenais, il rejette aussi bien Ste-Marie de Frossay et Ste-Marie de Paimbœuf que Ste-Marie de Pornic et estime qu'il s'agissait d'une autre église du pays de Retz. « Ste-Marie de Pornic, dit-il, n'avait conservé aucun lien avec Redon, si tant est qu'elle en ait jamais eu, et n'appartenait point au même ordre. » (Airard et Quiriac, évêques de Nantes, p. 25 à 27). Que mon excellent collègue veuille bien me permettre de lui faire remarquer d'abord qu'avant l'établissement des chanoines de St-Augustin, la propriété, l'existence même de l'abbaye sont contestées, ensuite qu'en admettant sa fondation par les religieux de saint Philbert, la donation de Glévian aurait fort bien pu n'être qu'une restitution à l'ordre des Bénédictins, comme l'observe avec raison M. Anizon (Excursion pittoresque, etc.; p. 28).

Quant à la date de la charte, Travers la croit des environs de 1060, dom Lobineau de 1095 seulement, mais la plupart des auteurs admettent 1050 ou 1051, et cette dernière date nous paraît s'imposer, puisque Airard, qui y figure avec son titre d'évêque de Nantes, ne l'a pris que ces deux années-là (Airard et Quiriac, etc., p. 4).

D'autres points restent à élucider. Si l'on admet, par exemple, que les religieux de St-Serge se sont installés (1113) à Pornic, dans une chapelle élevée peut-être par leurs confrères de St-Sauveur et dédiée à saint André, on n'est pas d'ac-

L'évêque Airard, chassé de Nantes et retiré à Rédon, donne son consentement et, comme cette donation était d'une grande importance, Glévian est affilié au monas-

cord au sujet d'un échange entre ces deux branches de l'ordre de St-Benoît. — De même on se demande si l'abbaye fut construite par les religieux de St-Serge ou fut commencée plus tard, en 1114, suivant les uns, en 1117, suivant les autres. — Enfin on ignore si les prêtres séculiers avec lesquels un conflit s'éleva au sujet des fonctions curiales étaient de Pornic ou de Sainte-Marie : en ce dernier cas, ils auraient été les successeurs des moines de St-Sauveur. Je serais, pour ma part, assez disposé à admettre que les nombreuses donations faites aux moines de St-Serge et rapportées par Cievas dans sa notice sur Pornic les auraient déterminés à se fixer là, tout en commençant la construction de l'abbaye de Ste-Marie, et que le conflit serait venu d'un défaut de clarté dans l'acte d'échange : ils se seraient crus autorisés à agir comme curés.

Remarquons, en passant, que les moines de St-Sauveur fondèrent, au XIIᵉ siècle, la chapelle de St-Etienne, à 2 kil. du Clion, dans la direction de la mer. Les Bretons s'y rendaient en pèlerinage, et de là vint que la fontaine voisine prit le nom de *Fontaine aux Bretons*, porté encore par le village. (Orieux. *Hist. et géog. de la L.-Inf.*, p. 529.)

Comme on le voit, toute cette période reste extrêmement obscure. Et cela se comprend. « Nous n'avons pas un livre du Xᵉ siècle, pas un du XIᵉ ni du XIIᵉ. Dans le diocèse de Nantes, le clergé régulier comme le clergé séculier n'a jamais pris la moindre précaution pour conserver ses titres. » (Léon Maître. *Comment les faits priment la tradition*, p. 7 et 8). Comment s'étonner, d'ailleurs, des contradictions qui fourmillent dans les histoires anciennes quand on lit dans un livre tout moderne, le *Guide illustré des chemins de fer de l'Etat*, des énormités comme celles-ci : *Sainte-Marie-de-Pornic : Elégante petite ville ombragée, près de Préfailles, — bons hôtels, — église du XIᵉ siècle*. Ce n'est pas une ville, mais un bourg, situé à 10 kil. de Préfailles, ne possédant qu'un seul hôtel, où l'on ne couche pas d'ailleurs, et l'église du XIᵉ siècle est abattue depuis longtemps. Et le *Guide Conty*, qui déclare

tère de Saint-Paul de Rome, dont Airard est toujours
resté abbé, tout en devenant évêque, ce qui, pour le dire
en passant, se concilie fort peu avec les prescriptions
des conciles, dont il se présentait comme étant le plus
ferme soutien et le plus strict observateur.

1117

D. Morice rapporte, en disant toutefois que cela ne
repose sur aucun titre, que des cianoines réguliers
de l'ordre de St-Augustin, ayant été classés de Doulon à
cause de leurs désordres, viennent s'établir à Pornic et
que, peu après, ils prennent possession du Prieuré de
Sainte-Marie.

Ce fait paraît pouvoir être admis. (1)

L'institution des cianoines de St-Augustin en France
remonte à l'an 748. Ils se relâcièrent promptement de
leur règle, et Nicolas II, dans le concile de Rome de
1060, ordonne que les clercs et cianoines de cet ordre
vivent en commun.

Leur introduction en Bretagne, ou tout au moins dans
le pays nantais, est de 1105. En les établissant à Doulon,
près Nantes, l'évêque Brice leur donne une paroisse voisine et leur accorde plusieurs exemptions. Quelques
seigneurs, de leur côté, viennent leur faire un certain
nombre de donations et les enriciir, et, ciose qui est ici
à remarquer, l'évêque leur accorde la *permission d'acquérir librement tout ce qu'ils pourront dans son diocèse.*

---

sérieusement que « la *Croix des Huguenots* fut érigée à la
mémoire des Vendéens morts en iéros à Pornic en 1793 » !
(*Plages nantaises*, p. 196).

(1) En effet, les moines de St-Serge auraient donné asile aux
cianoines de St-Augustin ; mais cette opinion n'est nullement certaine. Il est fort possible qu'il y ait eu éciange avec
l'abbaye de Geneston, appartenant à ces cianoines. Mais
M. Maître en fixe la date aux environs de 1150 et M. Anizon à
près de vingt ans plus tard.

Mais bientôt, dit un acte, qui trouvera sa place à l'article de Doulon (A), *la règle des chanoines fut presque réduite à rien*, les riciesses les avaient corrompus.

Après plusieurs menaces de l'évêque, qui en vient à mettre à Doulon des religieux de St-Martin de Tours, les cianoines se retirent et vendent leur église et leurs vignes pour 30 livres.

Dès lors, ayant des fonds et la *permission d'acquérir dans le diocèse*, rien d'étonnant de voir les cianoines de St-Augustin traiter avec les moines de Redon de la concession du prieuré de Ste-Marie, qui devient une abbaye de l'ordre auquel appartenaient ces cianoines et cesse de dépendre de Redon.

1206

Piilippe-Auguste, qui s'est emparé de Nantes après la mort du jeune Artiur, lâciement assassiné par son oncle le roi d'Angleterre Jean, surnommé sans terre, Piilippe ouvre une enquête pour savoir quels étaient, dans la ville de Nantes, les droits du comte et ceux de l'évêque.

Le premier témoin entendu est André, 3e abbé de Ste-Marie, vieillard âgé de quatre-vingts ans, qui dans sa longue carrière a vu se succéder 10 comtes et 10 évêques.

Les noms de ses deux prédécesseurs ne sont pas parvenus jusqu'à nous et cependant on ne peut partager l'opinion de D. Morice, qui porte le vénérable André comme premier abbé, sans réfléchir qu'alors il aurait eu, avec 80 années d'âge, 89 années de dignité abbatiale (1); le sentiment de Travers est donc celui qu'il paraît plus rationnel de suivre.

(A) Art. Doulon, arrondt de Nantes.

(1) Cette opinion est, au contraire, la véritable, si les chanoines ne se sont installés qu'en 1170. « André, dit D. Morice,

1224

Un traité est passé entre G..., 4ᵉ abbé de Sainte-Marie, et les moines de Saint-Serge d'Angers, propriétaires de la chapelle de St-André de Pornic, voulant, sans doute, car cet acte ne nous est pas conservé, empiéter sur le territoire de Ste-Marie (1).

1246

Aigobertus, 5ᵉ abbé de Sainte-Marie, prouve que le marais du Retord en Chauvé appartient à son abbaye (2).

1251

Le 6ᵉ abbé de Sainte-Marie, Geoffroi, reçoit quelques donations faites à son couvent par un prêtre nommé Cleret (3).

1312

Guillaume, 7ᵉ abbé, prend le titre de *Frater Guillelmus abbas portûs nitidi.* (4)

vivait sous le règne de Philippe-Auguste. Il fut témoin dans l'enquête faite, en 1206, sur les droits de l'évêque de Nantes. Comme il déclare avoir connu Brice, évêque de Nantes, et vécu sous ses successeurs, il paraît avoir été fait abbé en 1170 ».

(1) Ce traité fut passé en 1224.

(2) Aigobertus prouva par témoin, le mardi avant la fête de Saint-Gilles, 1246, que le marais de Ritort appartenait à son abbaye. (D. Morice).

(3) En 1251. — « En 1294, Geoffroy fonde le prieuré de Guermiton en la paroisse de Frossay et le donne à l'abbaye de Sainte-Marie de Pornic. » (Abbé Josnin. *La terre de Sion et ses seigneurs*, Bulletin de la S. A., 1885, 2ᵉ sem. p. 92).

(4) Carou conteste donc à tort cette dénomination. Il admet *portus nidus*, s'appuyant sur l'orthographe qui prévalut, dit-il, jusqu'à la Révolution : *Pornid*. Pour ma part, j'estime, au contraire que cette épithète de *nitidus*, brillant, convient parfaitement à Pornic. (Voir *Pornit*, p. 175 et 180). Cievas donne *Pornit, pornid, pornidum, porsnido, porsnit, portnit*.

1369

Guillaume, 2ᵉ du nom, 8ᵉ abbé, nomme un de ses religieux pour faire un rapport sur l'état des prieurés dépendant alors de l'abbaye.

1381

Pierre Moisan devint le 9ᵉ abbé de Sainte-Marie (1).

1426

Le dénombrement de cette année maintient à 30 le nombre des feux de la paroisse, et constate qu'il y a 6 nobles, 6 métayers et 12 mendiants, tous exempts de fouages, auxquels 86 individus doivent contribuer.

1429

Pierre Sauveing ou Sauvaing, 10ᵉ abbé, ayant remplacé Pierre Moisan en 1427 (2), tient un chapitre général, auquel assistent les prieurs de Chauvé, Cheix, le Cion, Sainte-Marie, la Plaine, Pornic, Guermitton (en Frossay) et de Haute-Perche, dépendants de son abbaye.

Les autres membres non présents sont ceux de Saint-

---

(1) Le 1ᵉʳ mars. — Il mourut en octobre 1427.

(2) Elu quelques jours après la mort de Pierre Moisan, il fut confirmé par Martin V le 1ᵉʳ février 1428 et tint le chapitre général le 28 juin 1450. D. Morice, à qui j'emprunte ces renseignements, ne cite que les prieurs curés de la Plaine, Pornit, Haute-Perche et Guermiton. — Ce fut vers cette époque que l'abside en plein cintre fût démolie et remplacée par un chœur ogival plus long, ce qui nécessita la coupure du souterrain qui permettait aux religieux de se rendre de leur abbaye, sise sur le terrain de la cure actuelle, soit au chœur à l'aide d'un escalier qui s'ouvrait derrière l'autel, soit sur les terres qui bordaient la mer. (Voir pour plus de détails *Voyage pittoresque*, etc., p. 35).

Laurent, de Bourgneuf, de Rohard (en Bouée), de Notre-Dame d'Esne (en Donges) et du Port-Saint-Père.

La réformation de cette année, ayant pour commissaires Jean Blanciet et Guillaume Chaune, indique les nobles, manoirs et exempts qui suivent :

Nobles. — Perrot Douillard et Jean Lebaucier, qui fut lieutenant de Nantes.

Manoirs métayers ou métairies nobles. — L'Espinay à Peronny de Fara ; la Seilleraye, à Blancie de Rarigo et à Macé Breil ; le Mandinais, noble et ancien, à Pierre Spadino(A) ; la Rivière, à André de Chamblane ; l'hôtel de Pélan, à l'évêque de Nantes ; le fief de Fay, au seigneur dudit fief ; la Vinaudière, à Gleguen, tailleur(B) ; la Piccaudière, aux enfants Hallouard (C) ; le Maupas, à Jean Couppegorge ; le fief du prieur de Sainte-Croix de Nantes ; la Forêt, au même prieur ; enfin une propriété indiquée seulement comme étant aux enfants d'Edouard Lomin.

Une ciose à remarquer c'est qu'aucun de ces noms de maisons nobles ne se retrouve aujourd'hui en Sainte-Marie, ce qui donne lieu de penser qu'il y a sur le registre une erreur du copiste.

Exempts. — Trois pauvres iommes du prieur de Sainte-Croix, qui n'ont coutume de payer.

1452

L'abbé Sauveing assiste aux Etats tenus à Vannes.

(A) Un Jean Spadine ou Spadino fit partie, en 1471; de l'assemblée des bourgeois, réunis par manière de conseil en la maison de ville de Nantes, à propos du différend survenu entre François II et l'évêque de Nantes Amaury d'Acigné.

(B) Il y a une grande similitude et probablement parenté entre Glequin, tailleur, et Gilles de Glesquin, l'un de ceux que le tailleur Landoys, devenu tout-puissant par sa capacité près le duc de Bretagne, fit condamner en 1483 pour crime de lèse-majesté.

(C) Un Etienne Hallouard, comme Spadine, fait partie de l'assemblée de 1471 ; de même du suivant Jehan Couppegorge.

1459

Le 16 juin, noble 1omme François Duplanty et Francoise du Cuźa, sa femme, déclarent tenir du sire de
Retz, à cause de sa c1âtellenie de Pornic, un 1éberge-
ment nommé du Silleau, contenant tant en maison,
courtil, garenne et autres choses contenant en tout deux
boisselées de terre.

1460

Olivier Sauveing, prieur de la Plaine, est c1oisi pour
remplacer, en qualité de 11e abbé de Sainte-Marie, Pierre
Sauvaing, son frère ou son oncle (1).

1461

Sous la date du 28 avril, noble femme Lyenor la
Roullière, veuve de Guillaume Pellerin, rend aveu au
sire de Retz comme c1âtelain de Prigny pour ce
qu'elle possède en Sainte-Marie, savoir 30 hommées de
vigne dans le fief ou canton nommé autrefois Roullie-
ras et alors Fief Pellerin.

1462

L'abbé de Sainte-Marie se rend aux Etats assemblés
à Vannes.

1467

Le 22 mai, Jean Leray, fils de Martin, Guillaume Leray,
fils de T1omas, et Perrot Gervaise, fils de Simon, du

(1) D. Morice le dit son oncle et ajoute qu'il tenait le siège
abbatial en 1460 et 1463 et eut pour successeur, en 1464,
C1arles d'Avaugon, qui obtint, le 10 octobre de cette même
année, un fief de Paul II, adressé à l'abbé de Villeneuve, au
grand-arc1idiacre de Nantes et au chefcier de l'église collégiale de Nantes, pour procéder au recensement des biens de
son abbaye, précédemment aliénés, et mourut en 1478.

village de la Raignais (1), rendent aveu au sire de Retz pour divers morceaux de terre qu'ils possèdent dans le Clion.

1478

Charles d'Avaugon, 12ᵉ abbé, obtient un bref du Pape pour recouvrer les biens de son abbaye, à savoir des dîmes que quelques débiteurs refusent de payer ; il meurt cette même année.

1479

Olivier Appert, 13ᵉ abbé, est confirmé par l'évêque de Nantes, alors Pierre Duchaffault, sans recours au Pape.

1484

Sur la démission d'Olivier Appert, qui meurt l'année suivante, Jacques Corbelli ou Corbeau est pourvu du siège abbatial et devient 14ᵉ abbé de Sainte-Marie (2).

1501

Le prieur ou curé, Michel d'Arangon, achète le plant de 14 hommées de vigne, pour lui et ses successeurs.

1513

De 1513 à 1520, l'abbé de Sainte-Marie établit comme suit les revenus de son abbaye. On trouve en son livre terrier :

(1) La Rinais.

(2) Olivier Apert donna sa démission entre les mains de Jean de la Balue, évêque d'Angers, le 6 juillet 1484. — Le 14 juillet fut nommé, à sa place, son neveu, Jacques Corbelli ou Corbeau, fils de Guillaume Corbeau et de Catherine Apert (D. Morice).

			L.	Sol.	D.
Dans la paroisse d'Arthon	4 arti. donnant un revenu de			06	06
Bourgneuf	3	--	1	08	08
Bouin	4		4	07	06
Bourg des Moutiers	8		1	14	»
Chauvé	9		2	07	»
Clion	16	—	5	15	»
Etienne M. Luc (St)	4		1	06	10
Frossay	1		1	»	»
Sainte-Marie	81	—	34	02	07
Saint-Mic1el	12		3	02	04
Mac1ecoul	3		2	»	»
Nantes	1		»	15	»
Plaine (la)	19		5	»	01
Père-en-Retz (St) et Ste-Opportune	8		2	14	04
Pornic			3	12	09
St-Viaud et St-Brevin	4		1	05	02
Vieillevigne	1		»	06	»
			71	03	09	(1)

Indépendamment de ces rentes en argent, il lui est dû 42 c1apons, 3 poulets et 169 boisseaux et un quartaut de froment, mesure de Saint-Père-en-Retz.

1521

Jean Heaume, descendant probablement de celui qui en 1430 était propriétaire du Pont-Berrunger en Saint-Hilaire, est nommé coadjuteur de l'abbé Corbelli, qui meurt quelque temps après, et Jean Heaume devient 15e abbé(2).

(1) Erreur d'addition : le total est : 66.19.57.

(2) Promu coadjuteur le 26 septembre 1521, il est qualifié d'abbé par acte du 11 janvier 1524. Il assista à l'entrée solennelle de Louis d'Acigné, évêque de Nantes (6 novembre 1541), prêta serment de fidélité au roi (1556) et institua pour c1ef

Une quittance du 16 7bre est ainsi conçue : « Nous
» Frères Je 1an Normat et Guillaume Papiot, religieux au
» Benoit Moustier et abbaye de Ste-Marie de Pornit,
» reconnaisson avoir reçu de monsieur Jacques, notre
» abbé, la *some* de 4 livres monnoie de Bretagne cha-
» cun pour notre droit de vestuaire esc1eu du jour
» St-Gilles passé, quelle some pour noz deuz val-
» lant 9^l 12^s tournoys, nous en tenons contentz et l'en
» quittons et de tout le tems passé le dit abbé, temoings
» nos signes manuels. »

du prieuré de Saint-Laurent de Bourgneuf, Jacques Desbou-
c1aux, religieux profès de son monastère (D. Morice).

M. du Bois a bien voulu me communiquer la copie du contrat
passé, le 28 août 1554, entre Jean Heaume et six religieux de
son abbaye, par lesquels ils s'obligent, ainsi que leurs successeurs, à « entretenir à perpétuité une lampe ardente en ladite
église du bourg de Sainte-Marie, devant l'image de Notre-
Dame, auquel est le sacraire ». Plus tard, les religieux se
déc1argèrent de l'entretien de la lampe, la donnant à la
fabrique, moyennant 80 livres, mais, bien avant 1776, le recteur de Sainte-Marie n'acquittait plus cette c1arge. — Je
regrette que la longueur de cette pièce ne me permette pas de
la donner en entier, non plus que de reproduire les détails
généalogiques très précis que M. du Bois a eu l'obligeance de
me fournir sur la famille d'Annebault. Sur la fuie, construite
ou reconstruite par Jean Heaume, puisqu'elle porte la date
de 1556, figurent des armes que M. du Bois a reconnues pour
être celles de Jean III d'Annebaut : *de gueules à la croix de vair.*
Fils de Claude, maréc1al de France, et de Françoise de Tournemine, Jean III, baron de Retz et de la Hunaudaye, c1evalier
des ordres du roi, genti11omme ordinaire de sa c1ambre, etc.,
mourut en 1562 des suites de blessures reçues à la bataille
de Dreux. — Il avait épousé : 1o Antoinette de la Baume ;
2o Claude-Catherine de Clermont-Vivonne, une des femmes les
plus spirituelles et les plus accomplies de son temps, qui
reçut, à titre de douaire, la pleine propriété de la baronnie
de Retz et l'apporta en dot à Albert de Gondi, en faveur
duquel cette terre fut érigée en duc1é-pairie en 1581.

1554

La peste s'est en quelque sorte parquée dans le pays de Retz. L'abbé demande pour lui et ses religieux la permission de réciter leur bréviaire séparément, et cela contrairement à leur règle, ce que leur accorde un des grands vicaires.

1557

L'abbé Jean Heaume nomme Guillaume Pineau prieur de Sainte-Anne de Rohard, chapelle, dit l'acte d'insinuation, située sur la paroisse de Savenay.

Rohard, placé aujourd'hui sur le territoire de la commune de Bouée, canton de Savenay, était un prieuré simple, conséquemment ne donnant point charge d'âmes et n'obligeant point à résidence, il......

1562

Jean Heaume meurt cette année ; il est enterré aux Chartreux de Nantes. Jean Hubert, son parent, devient son successeur et 16e abbé ; il reçoit des bulles d'expectative (1).

1566

Jean Hubert reçoit, cette année, sa bulle de nomination.

1580

L'abbé Hubert étant mort, Guillaume Giroust lui succède comme 17e abbé.

---

(1) Le 1er juin. Pie IV admit sa nomination le 20 juillet 1565. Il fut béni le 20 novembre par Philippe du Bec, évêque de Nantes. Pie V lui fit expédier ses bulles le 17 janvier 1566. — L'abbé Jean Guichard fut nommé, le 16 avril 1659, premier curé de Sainte-Marie, et le demeura 38 ans, période dont quelques-uns de ses successeurs approchèrent, mais qu'aucun n'atteignit.

A cette époque, le duc de Retz est regardé comme le fondateur de la paroisse.

1589

Les premiers registres de l'état-civil de Sainte-Marie qui soient conservés datent de cette époque.

1591

Guillaume Giroust meurt cette année.

Les troubles civils ne permettant pas de pourvoir à son remplacement, il ne lui est pas donné de successeur immédiat.

1600

Gaspard du Gay, chanoine de Notre-Dame de Paris et nommé 18e abbé depuis quelques années, devient le premier abbé commendataire de Sainte-Marie ; il rend aveu au roi (1) et se démet l'année suivante, se réservant une pension de 200 l.

1601

Guillaume Pineau, religieux de l'abbaye, en devient le 19e abbé (2).

1608

A l'article *coutume*, on a dit que l'abbé de Sainte-Marie (3) devait un pain et un pot de vin à chaque femme qui fait ses relevailles à l'église paroissiale.

Cette année, René Blezeau, alors prieur, a payé cette redevance par ordre de l'abbé régulier, Guillaume Pineau ; il forme à celui-ci une demande judiciaire ten-

(1) En la Chambre des comptes, à Nantes (1600).
(2) En 1617. — Avec lui finit la conventualité.
(3) « Le curé de Pornic, » dit Carou dans son *Histoire de Pornic*, p. 14.

dant à avoir le paiement des avances faites à celui-ci
pour cet objet.

1609

L'abbé afferme les dîmes du seul fief Bily 153 boisseaux de froment, mesure de Saint-Père-en-Retz.

Comme on l'a vu, la métairie du Retord, en Chauvé,
était une dépendance de l'abbaye ; il en est de même de
la métairie de la Haterie, en Sainte-Marie, ainsi que d'un
grand nombre de pièces détaciées.

La dîme générale est louée au 13e par le seigneur de
Retz, un tiers de cette levée revient à l'abbé.

1620

Guillaume Pineau, qui s'est toujours montré très zélé
pour le service divin et les droits de son abbaye, meurt
cette année.

Le Roi présente au Pape pour lui succéder Roger de
Conigan, prieur de Saint-Jean du Grais. En attendant
la bulle de nomination, Louis XIII nomme un commissaire pour recevoir les fruits de l'abbaye et faire l'inventaire du mobilier.

1640

Roger de Conigan, 20e abbé, meurt cette année. Aussitôt le Roi nomme Pierre Gérard pour régir et surtout
percevoir les fruits de l'abbaye, en attendant la nomination par le Pape d'Albert de Rousselet, 21e abbé.

1648

Le revenu de l'abbaye est porté à 3.000 l. et paye à
Rome une taxe de 131 florins.

1653

Albert de Rousselet garde peu de temps son abbaye. Le
Roi la donne à Baltiazar de Rousselet, son frère, clerc

du diocèse de Tours. Pendant la vacance, Pierre Gérard
est encore ciargé de l'administration.

1664

Un aveu de cette année établit que la dîme au 13ᵉ est
due à l'abbaye par le Plessis-Grimaud et par les déten-
teurs des pièces dites le canton des Aubenais, Mo-
quechien et Buéneuve.

1681

Une sentence de cette année déclare que les titres et
papiers de l'abbaye ont été dévastés et pillés.

Cette pièce ne dit point par qui le méfait a été commis ; mais, en se reportant à quelques années antérieures, on trouve qu'en 1675, lors de la publication des
ordonnances sur l'impôt du timbre et la vente privilé-
giée du tabac, il y eut quelques troubles, « qui, dit
» Mézerai, ne furent pas de durée, mais coûtèrent
» cependant la vie à quelques receveurs et commis,
» dont les séditieux brûlèrent les bureaux. » A Nantes,
deux femmes jouèrent le principal rôle dans cette révolte
et, l'une d'elles ayant été arrêtée, l'évêque de la Baume
est saisi et enfermé dans la ciapelle Saint-Yves (A) jusqu'à ce que la liberté soit rendue à cette femme.

Il est possible que le pillage de l'abbaye de Sainte-
Marie soit dû à cette émeute, qui s'étendit dans la campagne, à moins qu'elle ne soit due à une descente des
ennemis menaçant alors nos côtes (1).

(A) Cette chapelle, aujourd'hui disparue, était rue des Halles.

(1) « L'abbaye fut littéralement mise au pillage : on emporta les
fenêtres, les portes, les gonds et toutes les ferrures, les ardoises
et les plus belles pierres pour construire d'autres logements.
On fondit les deux clocies, et le bois, qui servit dans cette
circonstance, fut pris dans les ciarpentes. Le carrelage du
four, l'écielle du colombier, tout fut emporté. » *(Sainte-Marie,*

1688

Henri Charles de Rousselet de Château Regnault remplace comme 23ᵉ abbé Balthazar, son oncle, qui tint son

p. 25.) Tels sont les navrants détails que nous donne M. Léon
Maître, qui nous renseigne également sur l'échec de la mission de Pierre Bunel. — Les archives départementales contiennent une liasse (la 20ᵉ) curieuse sur ce peu recommandable
personnage, contre qui le vicaire perpétuel, messire François
André, revendiqua ses droits devant la cour du duché de Retz,
réunie à Pornic, le 22 juillet 1678. L'abbé André dit, entre
autres choses, que ses prédécesseurs avaient « pris le Saint-
Sacrement dans l'image de la Sainte Vierge, qui est au dos et
au dessus de l'autel pour l'administrer aux paroissiens et
autres qui ont requis. » Et le sieur Guillaume Picaud, âgé de
74 ans, la veuve Daviau, qui en a 72, la veuve Crespin, 71,
Rambaud et Chantreau, respectivement 67 et 63, — « ou environ », dit naïvement l'acte, — Augot enfin, attestent tous le
fait.

C'est, sans doute, à la disparition des religieux, qui étaient
là, comme partout, la providence du pays, qu'on doit attribuer l' « Etablissement du bureau de charité le 18 du mois
de Janvier 1682. Directeurs d'office : M. le Recteur, en son
absence, M. son vicaire ; M. du Boismacé ; M. l'allouée ; M. le
procureur fiscal ; les sieurs Martin Gicqueau et Mathurin
Bichon, fabriqueurs. — Directeurs d'élection : M. Paisnot,
prêtre, M. de la Tocquenais, M. du Boismen, M. du marais
Pesnot, les sieurs Jean Tardif de la Gauvinière, Georges
Mouraud, Honoré Ollivier, Pierre Dosset, Jean Bachelon,
Pierre Pelé. — On a nommé Secrétaire le sr Georges Mouraud, Receveur le sr Jean Tardif, distributeur de pain le
sr Cardon de la Corbeillère, directeurs des passants, des malades, des pauvres honteux : M. le Recteur ; garde meubles :
Madame de la Tocquenais. — On arrête que la distribution
de pain aura lieu chaque dimanche à la porte de l'église.
On quêtera dans les maisons au commencement de chaque
mois. Les quêteurs n'iront jamais seuls et le produit sera
remis au receveur qui en chargera son livre après l'avoir fait
signé de ceux qui le lui remettront. Que les membres du

abbaye pendant 35 années — Henri, aussitôt sa nomination, en afferme les revenus (1) et, sans plus s'en occuper, il meurt en 1693.

1693

Pierre Louis Orceault, 24e abbé, prend possession (2) de l'abbaye, que, quelques années après, il échange avec les chapellenies dont il est titulaire pour le doyenné de l'église cathédrale de Verdun.

bureau visiteront les malades, et que sept membres suffiront à l'assemblée. — (Signé) François André, recteur de Sainte-Marie ».

(1) Le 16 septembre.

(2) Le 23 août. Il avait obtenu ses bulles le 9 mai.

J'extrais des archives départementales la pièce ci-dessous, qui m'a paru particulièrement intéressante. « Ordonnances de Monsieur l'Abbé de Caumartin, Docteur de Sorbonne, Abbé de Buzay, grand Vicaire de Monseigneur de Nantes dans sa visite à Ste-Marie, le 9e juillet 1696. — Sur l'avis qui nous a été donné que la pluspart des paroissiens attendent trop tard à venir chercher des Confesseurs pour les malades, remettant quelquefois à la nuit, ou aux fêtes et dimanches ; Ce qui porte préjudice, tant à cause des Confesseurs, qui sont retirez de l'autel aud. jours, ou incommodez d'aller la nuit, la chose s'étant pu faire le jour, qu'aussi parceque cela met les malades en danger de mourir sans confession, nous avons ordonné, sur la réquisition de notre promoteur, que les paroissiens seront avertis par le sr Recteur au prône d'être plus exacts à venir à temps convenable demander des Confesseurs, pour éviter les inconveniens susdits.

Sur la plainte qui nous a été faite que les pères et mères de familles ne sont pas assez fidèles à envoyer leurs enfans et domestiques aux instructions et catéchismes, nous avons pareillement ordonné qu'ils seront dorenavant plus exacts à les envoyer aux instructions sous peine de refus d'absolution.

Laissées les présentes au sr Recteur de Ste-Marie pour être par lui publiées au prône et ensuite exécutées. Caumartin, vic. gén. Pour mond. sieur le grand vicaire : Minoche. »

1702

Le vicaire perpétuel de la paroisse est messire Guillemois, avec un revenu de 600 l.

Le pouillé manuscrit de cette époque reproche aux abbés de Sainte-Marie de n'avoir pas assez de zèle pour rétablir le monastère abandonné par eux, ce qu'ils pourraient faire en y employant les revenus qu'ils n'abandonnent pas, non plus que le produit de leurs menses et des offices claustraux, qui pourraient facilement entretenir sept ou huit chanoines (1). La paroisse était desservie par de simples prêtres, à la nomination de l'abbé.

1723

L'abbé Mesnier se démet de son titre entre les mains du Roi, qui nomme pour lui succéder, en qualité de 26e abbé, J.-B. de Lannux, prêtre de l'Oratoire, théologal de Toul et prédicateur de Sa Majesté (2).

---

(1) Ce reproche semble absolument immérité. « Le temporel primitif, à peine suffisant pour subvenir à l'entretien des pères et des novices, fut amoindri de bonne heure par la mauvaise volonté des descendants de leurs bienfaiteurs, » dit M. Maître, qui énumère toutes les déprédations dont les religieux furent victimes. (p. 23 et 24). « L'Abbaye, dit de son côté M. Anizon, ne pouvait pas suffire à l'entretien de son personnel et de ses vastes bâtiments ; son existence était donc fort précaire. » (p. 32). Jamais la voûte de l'église n'avait pu être terminée ; dans le caveau détruit en 1841, on trouva un calice d'étain, preuve d'une véritable pénurie.

(2) Joseph-Marie-Christophe Mesnier, docteur en théologie et doyen de l'église collégiale de Saint-Gengoult de Toul, avait obtenu ses bulles le 7 mars 1697 et pris possession le 9 décembre — Jean-Baptiste de Lannux, nommé le 29 novembre 1723, obtint ses bulles le 23 janvier 1724 et prit possession le 1er juin suivant par procureur. — En 1748, sept jésuites étant venus faire une mission à Pornic, Mgr de la Muzanchère s'opposa à ce qu'ils convoquassent les paroisses voisines, « qui

1751

Mre Berthou de Quervezio est nommé 27e abbé de Sainte-Marie ; il est en même temps cıantre dignitaire, grand vicaire et official de Nantes, où il a sa demeure près de Saint-Laurent.

L'église paroissiale est desservie par M^e Baıon en qualité de vicaire perpétuel.

1752

Les impôts prélevés sur ceux de Sainte-Marie, quî s'y trouvent sujets, s'élèvent à 947 l. 4 s. 2 d., savoir : pour capitation : 697 l. ; les 21 deniers pour livre : 60 l. 19 s. 9 d. ; dépense pour la milice : 28 l. 13 s. 9 d. ; fourrage et casernement : 160 l. 10 s. 10 d,   .

1764

Un aveu de cette époque fait connaître qu'il est dû à l'abbaye 6 boisseaux de froment par les villages de la Prudhommière, du Jaunais et de la Cornillais.

D'autres redevances sont dues sur les bois Grisse, la Durière, la Bregeonnière, la Cornillière, la Viollière, le Portmain, la métairie neuve des Granges, le fief Bily.

Des maisons en Pornic, St-Micıel et St-Père en Retz et le Pas-Bocıet, en Cıauvé, doivent également dîmes et rentes.

1769

L'abbé de Quervezio veut se soustraire au droit de racıat qu'il devait au duc de Retz pour la métairie des Noës ou des Noblets, pour le domaine de la Rochandière,

étaient dans l'habitude de se disputer pour la préséance de leurs croix et bannières. » A la fin de la mission, une nouvelle croix fut plantée sur le calvaire, en présence de quatre mille personnes.

pour les dîmes du fief de la Musse et enfin pour la vigne de la Coustan.. .

Il consulte trois avocats du barreau de Rennes, qui tous lui donnent tort en droit.

1770

L'abbé de Quervezio arrente à M. Quirouard, de Pornic, le moulin à vent de la Corbeillière, nommé aujourd'hui le Moulin l'abbé (1), — il avait sans doute, été édifié par l'abbé Corbelli, — un magasin et jardin à Pornic, moyennant la redevance annuelle et perpétuelle de 74 quartauts de froment, mesure de Pornic, et deux pièces de terre en Sainte-Marie pour 14 mesures semblables de pareil grain.

1772

Le vicaire perpétuel de la paroisse est messire Rocier (2).

(1) Le Moulin l'Abbé est à 1.600 mètres du bourg sur la route départementale de Pornic à la Plaine.

(2) L'abbé Rocier, 15e curé, du 9 juillet 1765 au 15 janvier 1787. — La pièce ci-après fera bien connaître l'état de la paroisse à cette époque :

« Brevet de la paroisse Sainte-Marie de Pornic, présenté à l'illustrissime et révérendissime Jean Frétat de Sarra, Evesque de Nantes, à l'endroit de sa visite faite le dix-huitième jour de septembre mil sept cent soixante-seize. — Recteur : Messire René-Nicolas Rocier, originaire de la paroisse de Sion en ce diocèse. — Prestres : il n'y en a point. — Fabriqueurs derniers sortis de ciarge : Jean la Raison, François Gendron. — Fabriqueurs en ciarge dudit jour onziesme mars mil sept cent soixante-seize : François Giraudet, Julien Raboteau. — Témoins sinodeaux : Jacques Garnier, Jean Tardif, Jean Porcier, Jean Crespin. — Patrons, revenus et ciarges de la cure. Ledit Recteur a déclaré qu'elle est en la présentation de M. l'abbé de Sainte-Marie de Pornic, qu'elle contient neuf cents communians, que les revenus consistent en cinq cents livres de portion congrüe sans dixmes; que les décimateurs sont M. l'abbé de Sainte-Marie, monseigneur le duc de Ville-

1778

M. du Pargo est nommé 28ᵉ abbé de Sainte-Marie (1).

roy, monseigneur le prince de Condé, M. du Bois de Chollet, M. de la Tocnaye, les moines de Saint-André d'Angers, et les moines de Blanc1e-Couronne.

Et a dit qu'à raison d'icelle, il est obligé de faire le caté-chis1e, et à l'administration des sacrements seulement, d'au-tant que M. l'abbé de Querverzio, abbé de ladite abbaye, ordre de Saint-Augustin, à la nomination du roy, doit tous les offices tant de ladite abbaye que dans l'église paroissiale, qui consistent en la grande messe paroissiale des dimanc1es et festes de l'année, en outre à l'office canonial tous les jours de l'année, matines, laudes, prime, tierce, sexte et none, vespres et complies, ce qui ne se fait plus ; que ledit sieur abbé est obligé à vingt écus d'aumône, qui doivent être distribués aux pauvres de la paroisse ; ledit recteur déclare qu'il a reçu de monsieur l'abbé une seule fois quatre-vingt-dix-neuf livres depuis près de douze ans qu'il est dans la paroisse, en outre que ledit sieur abbé est tenu à l'entretient de la lampe de l'église, ce qui s'acquitte ; déclare, en outre, ledit recteur n'avoir d'autre titre de cette obligation qu'un ancien brevet de 1666.

Il n'y a dans la paroisse que cette seule abbaye, qui vaut quatre mille cinq cents livres ; il y avoit autrefois une maison religieuse dudit ordre de Saint-Augustin démolie. — Prieu-rés : il n'y en a point. — Chapelles rurales : il n'y en a point. — C1apelles domestiques : il y en a une à la maison du Bois-macé, sans fondation, et où on ne dit plus la messe depuis longtems. — Bureau de c1arité : il n'y en a point. — Petites écoles : il n'y en a point. — Confrairie : celle du Rosaire, sans fondation et sans revenus. — Bénéfice : le béné-fice des guic1ards possédé, et desservi par missire Jean Connain, Recteur de la paroisse de Notre-Dame de Mon-faucon, et vaut de revenu quatre-vingt livres. La tradition porte que le titulaire doit une seconde messe les dimanc1es et festes de l'année. » Suivent la liste des fondations de messes c1antées pour B. Roul, V. Fouré, J. Leray, M. Por-c1er, E. Ollivier, F. Vigneux et sa femme, les femmes Guichard, Couronné, Guitteny, Vigneux, Moreau et sa sœur Marie Vigneux, et celle des rentes et revenus de la fabrique. — »
(Arc1ives départementales).

(1) Il était vicaire général du diocèse de Rennes.

1779

La seigneurie du Boismacé est à M. de Chevigné. Bref et Sableau, dit Ogée, appartiennent à M. le prince de Condé. Les Brefs sont dans le Clion et Sableau est en Sainte-Marie (1).

1780

Les fouages de Sainte-Marie s'élèvent, cette année, à ·894 [1].

L'abbé de Sainte-Marie fait le terrier de son abbaye, sur lequel se trouvent 20 propriétés lui payant des redevances.

1782

Le toit de l'église paroissiale est presque entièrement réparé cette année.

Approchant de l'époque révolutionnaire, et ayant fait connaître quelles étaient les propriétés de l'abbaye, il convient de dire un mot des droits seigneuriaux qui pesaient sur une partie de la commune depuis des siècles et qu'une seule nuit doit faire disparaître (2).

A cette époque, Gobard, sieur de Teillai, doit faire hommage, rachat et redevance au duc de Retz pour le fief de Mareil.

Mathurin de la Perdrix est tenu aux mêmes devoirs pour la métairie de l'Angle, connue encore aujourd'hui.

Du Bois Orhant doit également les mêmes devoirs pour le lieu noble du Bois Macé, celui du Bois Joly,

---

(1) Le Sableau, dont le nom a été conservé, se trouvait entre le bourg et la plage des Sablons. — M. H. du Bois y a découvert des substructions importantes.

(2) Tout cet alinéa est rayé à l'encre dans le manuscrit de Chevas. — Il est, d'ailleurs, superflu de faire remarquer que ces fameux privilèges, dont l'origine fut des plus légitimes, puisque des devoirs étroits y correspondaient, n'existaient plus guère que de nom.

pour la dépendance de son fief de la Guerche en Sainte-Marie et pour plusieurs autres morceaux de terre.

Le sieur du Bref doit également les mêmes droits pour les Brefs et le Sableau (1).

Le duc et la dame son épouse sont déclarés fondateurs de l'abbaye, l'abbé leur doit prières et oraisons.

Les moines de Buzai doivent au même seigneur et dame foi et hommage pour une même cession de terre en Sainte-Marie, appelée aussi Buzai.

Le presbytère est tenu des mêmes à devoir de prières et oraisons.

Mathurin Paynot leur doit foi, hommage, rachat et rentes pour un fief du Boismain en ....

Une grande quantité de terres de la paroisse sont qualifiés de fiefs et biens nobles.

Et tous ces droits du seigneur de Retz, et ceux que les possesseurs de ces biens prélèvent, établis depuis des siècles, s'évanouiront dans une nuit !

1789

Dans l'assemblée du mois de septembre, la paroisse de Sainte-Marie est du petit nombre de celles qui votent pour la continuation des pouvoirs impératifs à donner aux députés aux Etats généraux.

1790

Dans l'organisation de cette année, la paroisse de Sainte-Marie est mise au nombre des cinq formant le canton de Pornic.

Le 15 février, la première mairie est instituée. Sont nommés maire : R. Conain ; procureur de la commune : Michel Séguineau, et officiers municipaux, Julien Hardy,

---

(1) Cette phrase est biffée au crayon rouge.

P^re Chambron, Jean Mesnard, Mathurin Boutin et P^re Mary (1).

Le 21 novembre, à l'exemple de plusieurs autres ecclésiastiques, le curé Mouilleron et son vicaire présentent au district leur rétractation de l'adhésion qu'ils ont donnée à l'adresse du clergé du diocèse de Nantes à l'assemblée nationale.

Dans l'assemblée du district, du mois de septembre, proposition est faite et adoptée de partager le territoire de la commune de Sainte-Marie entre les communes de Pornic, du Clion, de la Plaine et de Saint-Père en Retz. Cette proposition n'a aucune suite ; les événements qui se préparaient l'empêchèrent probablement (2).

1791

Un recensement de cette année porte la population à 1.300 individus, il est à remarquer que ce chiffre est celui donné par Ogéé douze années plus tôt.

La municipalité dresse de la manière suivante l'inventaire des revenus ecclésiastiques :

(1) La municipalité fut instituée en vertu d'un décret rendu, le 12 novembre 1789, par l'Assemblée nationale. Il fut procédé, sous la présidence de M. de la Gauvinière, à la nomination du maire Roch Conain (ou Connain, suivant une pièce signée de lui et faisant partie de papiers découverts à Sainte-Marie par M. l'abbé Dominique et donnés par lui à M. le chanoine Briand), d'un procureur, de cinq échevins et de douze notables.

(2) La proposition fut faite le 24 septembre. Pour la réponse qui y fut donnée, voir l'*Excursion pittoresque*, etc., p. 15 et 16. — Cette même année, l'abbé du Pargo consentit à la démolition de ce qui restait de l'abbaye pour permettre d'agrandir le cimetière. (Ce cimetière a été transféré sur la route au N.-E. et bénit le 15 janvier 1870). — Les armes de l'antique abbaye qui venait de disparaître étaient *de gueules au porc-épic d'argent*.

L'abbaye, titulaire du Pargo, maison, terres, prés, deux métairies, rentes en blé et dîmes......................		4.066	»
Ce revenu n'avait jamais été porté qu'à 2.000 l. et ici on ne parle que des propriétés et rentes dues ou prélevées dans la commune.			
La cure, titulaire Mouilleron........	9	156	»
Le Legat des Guignards............	7	235	»
Les domaines appartenant à la cure de Provins (....)...................	20	461	»
L'abbaye de Blancie-Couronne (Chapelle-Launay), rentes en argent et froment........................		64	
L'abbaye de Saint-Serge d'Angers, en dîmes...........................		128	
L'abbé Poly de Saint-Tiebaud, grand vicaire de Nantes, trait de dîmes......		12	
La fabrique de Pornic, une borderie, prés et pâtureau,...................		194	»
	36	5.316	»

L'hôpital de Pornic possède un corps de ferme, non compris dans la déclaration, lui rapportant 830 l. 10.

Ainsi, c'était plus de six mille francs de revenu, suivant la déclaration elle-même, qui échappaient à l'impôt, non compris les droits seigneuriaux.

(1) Dans la déclaration des revenus ecclésiastiques de Pornic figure l'abbaye de Sainte-Marie de Pornic, titulaire du Pargo, pour une rente de 4 boisseaux de froment, 28 l. — Parmi les pièces que M. le chanoine Briand a bien voulu me communiquer, s'en trouve une intitulée : « Aiguillanneuf ou quête qu'ont faite les sieurs Michel Moreau et Pierre Mazellier pendant leur année de fabrique, 18 septembre 1791. (Sainte-Marie) ».

Le 6 février, M. Mouilleron et M. Fardel, son vicaire, refusent de prêter le serment, déclarant que, si pour le temporel ils reconnaissent l'autorité civile, pour le spirituel ils ne peuvent reconnaître que celle du Pape et d'une assemblée d'évêques, qu'ils obéiront .dès que ceux-ci auront prononcé (1).

Plus tard M. Fardel figure sur la liste des prêtres soumis à la déportation, mais on n'y voit pas M. Mouilleron.

Le Directoire ordonne au sieur Barion, procureur à Paimbœuf et ci-devant celui de l'abbaye de Sainte-Marie, de déposer au district les titres de l'abbaye.

Au mois d'août, Sainte-Marie est réunie, pour le spirituel, à la cure de Pornic, c'est à dire que le curé de cette paroisse y fera les fonctions de son ministère en attendant que l'évêque Minée puisse y envoyer un prêtre.

1792

A la fin de l'année, M. Avril est nommé curé par l'assemblée électorale (2).

(1) La courageuse déclaration de ces confesseurs de la foi est rapportée textuellement par M. Anizon (*Excursion pittoresque*, etc. p. 38-39. — Consulter également la *Semaine religieuse* et les beaux ouvrages de M. A. Lallié et de M. le chanoine Briand au sujet des persécutions auxquelles ces dignes prêtres furent en butte). Né à Batz en 1750, M. Mouilleron avait été vicaire à la Trinité de Machecoul avant d'être nommé curé de Sainte-Marie (15 mars 1787). Arrêté à Batz et emprisonné à Guérande, il dut s'embarquer au Croisic pour l'Espagne, passa de là en Angleterre et, de retour en France après la Révolution, mourut à Nantes, rue du Moulin, 14, ciez son neveu Louis Lehuédé (18 novembre 1802). Quant à l'abbé Fardel, né au Pouliguen, le 18 octobre 1766, il devint en 1805, curé de Batz, où il mourut, le 8 avril 1820.

(2) Cievas intervertit les faits. MM. Mouilleron et Fardel, ayant quitté le presbytère le 17 juin 1791, y furent remplacés,

1793

Tous les vases et ornements de l'église sont envoyés au district (1).

Au mois de juillet, les Royalistes envaïissent la commune et en enlèvent, après mille dégâts, les blés et instruments aratoires qu'ils peuvent découvrir ; une sortie de la garnison de Paimbœuf les force à s'éloigner (2).

1794

Les revenus de la Fabrique ayant été omis dans la déclaration de 1791, une déclaration supplétive est faite cette année ; elle porte les ïuit morceaux de terre que possède cette fabrique pour un revenu de 25 l.

le surlendemain, par M. Avril, vicaire de la Plaine. (Notons, en passant, que cette paroisse avait été desservie jusqu'en 1760 par un moine de l'abbaye de Geneston, qui, comme celles de Sainte-Marie et de Cîâteaubriant, appartenait aux Augustins). Le curé constitutionnel, ayant compris son erreur, disparut brusquement. L'évêque Minée n'ayant personne pour le remplacer, le district prit, le 11 août, un arrêté réunissant provisoirement Sainte-Marie à Pornic. Là, s'était installé, depuis le départ de M. Galipaud, qui, le 5 février, avait refusé le serment civique et avait été condamné à la déportation, M. Mouillard. Ce dernier écrivit, le 1er novembre 1792, une lettre assurant « qu'il dessert depuis un an au moins les trois quarts de la paroisse de Sainte-Marie, faisant les baptêmes, mariages et sépultures ; il demande de l'aide, mais l'évêque Minée n'a aucun prêtre à lui envoyer » (Cievas, *Pornic*, p. 52).

(1) Nouvelle erreur : ce n'est pas en 1793, mais en 1794 que les objets précieux furent envoyés à Paimbœuf par la fabrique, qui en dressa l'inventaire le 28 février. La municipalité se réserva une cloche « pour appeler ses membres aux réunions et pour sonner le tocsin en cas d'alarme ».

(2) Pornic fut enlevé, à deux reprises différentes, par l'armée royaliste, commandée, le 27 mars, par le marquis de la Rocie Saint-André, et, le 23 avril, par Ciarette.

Un recensement fait cette année donne le détail suivant des animaux domestiques qui se trouvent dans la commune : 42 chevaux et juments et 3 poulains, 42 bourriquets, 197 bœufs et 42 taureaux, 487 vaches et génisses, 3.300 moutons et béliers, 130 porcs et 7 chevaux.

La garde nationale marche plusieurs fois en 1793, comme cette année, avec celle du canton et entretient un poste au Porteau ; aussi le district demande-t-il qu'elle ne soit pas désarmée.

La commune reçoit le nom de Roche-Pelletier (1).

L'injonction faite à la municipalité de faire porter au marché de Pornic les blés et autres denrées ne reçoit pas son exécution, soit que l'autorité est impuissante, soit qu'elle professe cette maxime, d'un étroit égoïsme : chacun pour soi. L'agent national près le district en ayant fait un rapport, l'arrestation de la municipalité est ordonnée le 6 décembre, afin que ses membres déclarent quels sont les auteurs ou les soutiens d'une coalition représentée comme ourdie pour affamer le pays.

1795

La commune est fréquemment exposée aux irruptions de gens armés qui par bandes parcourent les métairies et en enlèvent les bestiaux, qu'ils prétendent leur avoir appartenu, et les conduisent dans la forêt de Princé. La municipalité arrête que le représentant du peuple sera prié d'ordonner qu'une garnison soit mise à Chauvé pour arrêter cette dévastation.

L'exercice du culte avait été suspendu dans cette

(1) « Le mot de *Marie* effrayait le district. Sous l'inspiration de ce sentiment, les révolutionnaires d'alors voulaient, comme ceux d'aujourd'hui, proscrire même les mots qui rappellent un souvenir chrétien » (*Voyage pittoresque*, etc., p. 40-41). Le nom de Roche-Pelletier fut imposé le 12 janvier 1794.

paroisse comme dans un grand nombre d'autres. (1)
Les habitants s'assemblent et déclarent que, conformé-
ment à la liberté des cultes et des droits de l'homme, ils
veulent conserver la religion de leurs pères ; en conséquence, ils demandent que le gouvernement leur laisse
leur église paroissiale pour l'exercice du culte catholique.

1796

Exposée aux pillages des Royalistes, Sainte-Marie
l'est également aux réquisitions républicaines, et, cette
année, pour fournir du bois aux troupes campées à la
Plaine, elle fait abattre les bois de la Tocnaie. (2)

1795

Baudouin est adjoint municipal.

1800

L'organisation de cette année ne change rien à celle
de Sainte-Marie, qui reste du canton de Pornic ; son maire
est en même temps son curé, M. Baudouin ou, comme
on le nommait, le père Baudouin, qui, après avoir été
obligé de quitter Rouans (v. cet art.), s'était rendu à Paris
dans sa famille et en était revenu à l'époque où, les troubles cessant en partie, il put exercer le ministère qu'il
avait embrassé.

(1) Cette phrase est rayée à l'encre dans le manuscrit. La
réclamation des habitants est du 17 novembre ; il y fut fait
droit. Leur église leur fut rendue, et l'abbé Beaudouin, qui était
arrivé le 25 avril et avait administré le spirituel de la paroisse,
exerça officiellement les fonctions de curé. — Cette même
année, rapporte Chevas, la chapelle Sainte-Anne de Pornic,
estimée 480 l., fut vendue. Elle datait de 1700.

(2) Le 11 septembre, Pornic tenta pour la seconde fois de
s'agrandir aux dépens de Sainte-Marie, en faisant poser à la
municipalité certaines questions insidieuses par le district
de Paimbœuf.

Nous qui l'avons connu, nous ne pouvons nous dispenser de lui consacrer une courte notice, ce sera probablement la seule qui aura jamais été faite sur le compte de cet ıomme de bien (v. à la fin) (1).

1805

Le culte, à l'abri du concordat et de la puissance impériale, avait repris toutes ses cérémonies intérieures. Le curé Baudouin veut davantage, il annonce que la procession de la Fête-Dieu sortira de l'église *en la manière qu'elle avait accoutumée.*

Cette annonce se répand bientôt dans les communes voisines et le 27 prairial (16 juin) toute la population de Pornic, de la Plaine et de Saint-Micıel se rend dans le petit bourg de Sainte-Marie ; pour la jeune génération, c'est un spectacle tout nouveau, et pour la génération qui s'en va un objet de vénération, et, on peut le dire, pour beaucoup un objet de curiosité railleuse, car on connaît l'extrême pauvreté de la paroisse, et on veut voir quelle pompe pourra déployer le pauvre et simple curé qui l'administre.

Favorisée par un temps superbe, la procession se met en marcıe et se rend au reposoir que, seul, le père Beaudouin a édifié ; bien qu'il ait quelques confrères à l'assister, il n'a voulu céder à personne l'honneur de porter l'ostensoir, qui, à la vérité, n'est qu'en étain, mais il est abrité sous un dais magnifique surcıargé d'or et

---

(1) Il est profondément regrettable que cette notice soit restée à l'état de projet, car M. Beaudouin était un de ces prêtres aussi remarquables par l'éclat de leurs vertus que par l'énergie de leur caractère. C'est à lui que Sainte-Marie doit d'avoir fait repousser deux nouvelles tentatives d'annexion, faites le 19 juin 1800 et en 1819. Le cumul des fonctions est un cas fort rare ; on n'en citerait, je crois, d'autre exemple qu'à l'île de Houat jusqu'à son érection en commune du canton de Quiberon (1891).

d'argent, ne le cédant en richesse qu'à la chape dont le prêtre est revêtu... Parmi les curieux étonnés ceux qui le sont davantage appartiennent à la paroisse, car ils n'ont entendu parler d'aucun achat et ces brillants ornements apparaissent pour la première fois à leurs regards....

Bientôt de sombres nuages obscurcissent l'horizon, menaçent d'un orage ; mais, tout entier à l'œuvre qu'il accomplit, le père Baudouin n'écoute ou n'entend les observations que lui font les marguilliers qui portent le dais, ni le tonnerre qui gronde, et, grave et recueilli, il monte à l'autel improvisé, bénit les assistants et reprend avec la même gravité le chemin de l'église... ; l'orage a marché aussi, et, les nuages venant à s'ouvrir, une pluie abondante inonde les assistants, qui abandonnent la partie. Le curé presque seul rentre dans le temple ; mais, hélas ! le dais si riche, la chape si brillante, le bonnet carré lui-même, n'ont plus leur forme et leur éclat ; toute cette richesse était disparue, car elle n'était qu'en.... papier.... Huit jours entiers, le curé s'était renfermé seul pour faire ses apprêts et étonner ses paroissiens.

Au dîner qui suivit, il soutient avec gaîté la raillerie des convives et nous, qui étions trop jeunes pour nous en souvenir, nous avons ouï dire que souvent il parvenait à mettre les rieurs de son côté, car personne ne pouvait nier et son esprit et sa simplicité évangélique.

Ce petit épisode n'est rapporté que pour faire voir quelle était la pauvreté de la paroisse qui, du reste, n'avait jamais été riche, malgré ou à cause des gros revenus de l'abbaye.

1811

La population du bourg est portée à 76 habitants (1).

(1) Il n'y avait alors guère plus d'une quinzaine de maisons ; ce nombre doubla en trente ans. Il est actuellement de 80 environ, comme nous l'avons vu.

1812

Comme maire, M. Baudouin combat avec une grande chaleur une mesure administrative qu'il croit contraire aux intérêts de sa commune ; on ne sait à présent s'il donna sa démission ou s'il fut reconnu qu'il ne pouvait conserver ses doubles fonctions ; mais ce qu'il y a de certain, c'est que M. Hardy est nommé maire de Sainte-Marie.

1820

Cette année, on coupe la voûte d'une cave de l'ancien couvent qui joignait l'église, on voit encore les restes de cette cave et on ne manque pas de dire dans le pays que c'était un souterrain par lequel les moines descendaient la nuit à l'office... quand ils y allaient, disait un jour le père Baudouin, qui, tout bienveillant qu'il était envers tout le monde, manquait peut-être de clarité envers ses anciens confrères et les hauts seigneurs du clergé (1).

1821

La demande de l'établissement d'un petit port à l'anse du Porteau est faite au Conseil général, qui, tout en reconnaissant son utilité et la convenance du lieu, rejette cette demande, faute de fonds (2).

(1) Cievas semble prendre bien au sérieux une boutade qui sur les lèvres de l'abbé Beaudouin n'avait que le caractère d'une inoffensive et... facile plaisanterie.

(2) Cette création n'eut été qu'une restauration, puisque c'était par le Porteau que se faisaient jadis les échanges avec Noirmoutiers. Quelques chaloupes y viennent d'ailleurs. Le site, agreste et grandiose, est le plus beau des environs. Lorsque la ligne des villas, qui s'étend toujours, aura gagné cette plage, peut-être sera-t-elle assez fréquentée par les baigneurs, car ils y trouveront la sécurité qui manque, malheureusement, aux Sablons.

1823

Le père Baudouin quitte sa cure, qu'il donne à sa paroisse, et, se bornant à sa pension ecclésiastique, il se retire au Sanitat de Nantes. M. Morel le remplace (1).

1831

Le 14 janvier, une ordonnance royale autorise la formation d'une association de propriétaires de prés et marais bordant le canal de Haute-Perche et les étiers latéraux, sous la dénomination de communauté des marais de Haute-Perche.

1836

Une ordonnance royale du 14 septembre enlève à la commune de Sainte-Marie, au profit de celle de Pornic, une contenance de 74 hectares, 50 ares, 08 centiares, 3 maisons et un moulin à vent (2).

(1) Nommé à Vigneux en 1828, il fut remplacé par M. Couton, vicaire à la Cathédrale, qui fut installé le 10 février.

(2) Pornic, qui avait joui des prérogatives féodales : châtellenie, siège de justice, prieurés, étouffait dans son étroite enceinte. Le nombre de ses habitants, qui était de 200 au XVe siècle, atteignait 1.200 à la fin du XVIIIe et était alors de 1.300 (il dépasse 2.000 aujourd'hui). — Grâce à l'énergie de son maire, M. Guichet, il obtint enfin, le 14 septembre 1836, une extension de territoire qui, toute faible qu'elle fût par elle-même, lui procurait des avantages d'une importance vitale. Elle lui attribuait, en effet, la fontaine de Tourte, dont l'usage et l'entretien donnaient lieu à des difficultés et à des rixes continuelles, la source ferrugineuse de Malmy et les plages depuis celle qui avoisine cette source jusqu'à la Noëveillard, plages dont la réglementation était virtuellement impossible jusque là. Aussi, en 1841, cette petite ville recevait-elle la visite de 3.000 personnes. Grâce à l'intelligente initiative de ses maires successifs : MM. Quirouard, Chollet, Bocandé, Thibaud, Landreau, Laraison, sa vogue, devenue considérable à partir

1839

On découvre un enfeu devant le grand autel de l'église de Sainte-Marie : en y descendant on trouve 3 tombeaux en marbre ; ce caveau peut avoir 3 m. 800 mill. de long sur 2 m. 274 mill. de large.

Il est à regretter que le curé (M. Couton) n'ait pas permis de faire des recierces dans ce caveau funèbre, lesquelles auraient pu mettre sur la voie de quelques faits ignorés (1). Les deux extrémités de cet enfeu sont murées en pierres sècies (2).

1840

M. Tiomas, maire de la commune, établit une sucrerie de betteraves à Sainte-Marie ; il abandonne son entreprise ; mais il rend un autre service à la commune par l'établissement d'un four à tuiles et à briques.

1842

M. Charpentier établit un second four à briques en Sainte-Marie.

de 1850, s'accentua encore depuis la transformation de Gourmalon. Cette affluence d'étrangers rendit indispensable l'ouverture d'une route directe entre la Noëveillard et Sainte-Marie, en 1855. La construction de nombreuses villas, la création d'un établissement hydrothérapique et de bains de mer, puis de bois aux Grandes-Vallées, etc., ont été pour Sainte-Marie une large.compensation de cette diminution de territoire.

(1) Cievas confond ici deux découvertes qui eurent lieu, la première en 1839 : celle d'une section du souterrain coupé au XVe par les murailles du chœur, mesurant environ 6 m. sur 3 m. et absolument vide, la seconde en 1841 : celle de l'enfeu des anciens abbés, qui contenait les trois tombeaux dont il parle ci-dessus. — (Voir *Excursion pittoresque*, etc, p. 33-35; et ma Notice sur *Notre-Dame du Tabernacle*, p. 14 et 15.)

(2) Cette pirase est rayée à l'encre.

Ici s'arrètent les notes de Chevas concernant l'historique de Sainte-Marie. Elles sont suivies d'une liste des
villages avec le nombre de feux, la direction par rapport
au bourg, leur distance à vol d'oiseau et quelques observations sur certains d'entre eux. Ceux qui voudraient la
consulter n'auront qu'à la demander au très aimable
M. Giraud-Mangin. Ils pourront également parcourir une
innombrable collection de documents qui se trouvent
aux Archives départementales et que l'érudit conservateur, M. Léon Maître, mettra complaisamment à leur
disposition (1). Ceux qui désireraient simplement avoir
quelques renseignements sur les événements plus modernes pourront lire les savants ouvrages de ce dernier
et de M. Anizon, ainsi que celui que j'ai moi-même
publié, l'année dernière, sous ce titre : *Notice archéologique et religieuse sur Notre-Dame du Tabernacle, précédée
d'un aperçu historique sur Sainte-Marie.*

Le Baron de WISMES.

(1) 1435-1789 : Inventaires de titres et de mobilier. Décla-
rations et listes de fondations. Testaments. Procès-verbaux
de visites. — 1524-1792 : Comptes de la fabrique. — 1609-1779 :
Titres de la fabrique. Dons et legs. Rentes. — 1609-1787 : Travaux de réparation de l'église, du presbytère, de la chapelle
Saint-Nicolas et des chemins. — 1629-1758 : Aveux aux seigneurs. Baux à ferme. — 1638-1713 : Contestation relative aux
limites de Saint-Gilles et de Sainte-Marie de Pornic, qui se
disputaient la mouvance de la maison de Montplaisir. —
1640-1751 : Impositions, quittances et affranchissements de
droits. — 1705-1781 : Rôles de fouages. — 1715-1790 : Délibérations. — 1783 : Inventaire de titres.

A 1.200 mètres du Croisic, au bord du chemin qui, de la route de Batz conduit à la Côte, au haut d'une légère éminence, surgit d'une corbeille de verdure, une jolie Chapelle en granit du XVIe siècle. D'un côté, elle touche à la grande Côte et à cette longue ligne de rochers qui la bordent, témoins de naufrages répétés, de bien nombreux sinistres ; de l'autre, elle aspecte cette petite mer intérieure à marée haute, cette vaste étendue de sable à marée basse connue sous le nom de *Traict*, nom qui semble, d'après le savant abbé de Drézigué, un dérivé du terme celtique *Triez* (grève), témoin lui aussi de bien des catastrophes. En effet, avant 1840, époque où la presqu'île fut mise en communication directe avec Guérande et les autres villes de l'intérieur, le traict était l'unique et dangereuse voie par laquelle on pouvait communiquer avec elles. Les nombreux voyageurs

qui le traversaient à l'heure très limitée où il était
praticable, étaient exposés à être surpris par le brouillard ou des pluies torrentielles, à s'égarer et à être
submergés. Heureux quand ils pouvaient gagner la
croix qui s'élève de temps immémorial au milieu de la
plaine sablonneuse. Cette croix tutélaire, entourée de
degrés qui en facilitent l'accès, a fréquemment offert
aux malheureux en péril, un asile momentané.

La Chapelle du Crucifix, d'un style très pur, est de
forme rectangulaire, avec un chevet à trois pans coupés.
Sa longueur est de seize mètres et sa largeur de sept
mètres 60 centimètres. Elle est éclairée par cinq belles
fenêtres ogivales dont trois dans le chevet, une dans
le mur du côté gauche de la nef et une au-dessus de la
porte principale. Les fenêtres sont couronnées d'un
fronton triangulaire orné de crochets sur ses arêtes. La
grande porte surbaissée en anse de panier, est couronnée d'un bandeau à contre-courbures également
orné de crochets, terminé par un panache et placé
entre deux pinacles. Le mur du côté gauche est percé
d'une porte plus petite exécutée sur le modèle de la
grande.

Son nom est celui du pays : Chapelle du Crucifix ou
de la Croix, comme Croisic ville de la Croix, dont les
armes sont : d'argent à la croix de gueules accompagnée
de quatre hermines cantonnées.

Elle a été élevée sur un tertre où, selon la tradition,
St Félix ou ses disciples baptisèrent, après leur
conversion, les derniers Saxons occupant, à l'embouchure de la Loire, l'extrémité de la rive droite. Cette
tradition a été parfois mise en doute. Ce qui cependant
paraît certain, c'est que, d'après les recherches faites
dans les vieilles archives de leurs églises, les curés
actuels du Croisic et de Batz ont constaté l'existence,
antérieure à la chapelle ogivale et sur son emplacement, de croix ou d'édicules rappelant quelques souvenirs mémorables. Le choix, d'ailleurs, qu'en fit

Rudolphe Karahès, son édificateur, de préférence à tant d'autres lieux aussi pittoresques et beaucoup plus rapprochés de Batz, sa demeure, est la confirmation des traditions religieuses se rattachant à ce petit coin de terre. Quant à la source située à ses pieds et où aurait été puisée l'eau qui servit à baptiser les néophytes, elle alimente parcimonieusement, encore aujourd'hui, l'étang voisin qui borde la route.

Deux bulles, l'une de Clément VII (Jules de Médicis) du 15 mai 1534, l'autre de Paul III (Alexandre Farnèse) du 27 mars 1540, accordent des indulgences à ceux qui contribueront à la conservation et à la réparation de cet édifice. Leur protocole permet de croire qu'il s'agissait de la reconstruction d'un ancien monument élevé, en un lieu déjà vénéré, par quelque chevalier revenu sain et sauf des Croisades ou ayant échappé miraculeusement à quelqu'autre grand péril.

Les bulles désignent, comme promoteur de l'édification de la Chapelle actuelle un certain Radulphe Karahès, dit la première, Rodolphe Khais, dit la seconde bulle, laïc et paroissien de Batz. Ces bulles accordent des indulgences à ceux qui, dans de certaines conditions et à certaines fêtes, visiteront la Chapelle, particulièrement le premier dimanche de mai, fête de l'Invention de la Sainte-Croix.

Radulphe Karahès devait être riche pour édifier un monument de cette importance. Il devait être commerçant, car au-dessous des armes de Bretagne placées à la droite de la première bulle, se voient probablement les siennes : un vaisseau voguant voiles déployées.

Voici la traduction de ces deux pièces due à un ecclésiastique du diocèse de Tours, ancien élève de l'Ecole des Chartes qui en a fait et laissé deux superbes photographies à M. l'abbé Clénet, le distingué curé du Croisic de qui nous les tenons.

1re Bulle

Alexandre d'Osti, Jean de Porto, André de Preneste, Evêques ;

Antoine, du titre des 4 Saints couronnés, Etienne Gabriel du titre de St Vital, Prêtres ;

Innocent de Ste Marie in Dominicà, Alexandre de Ste Marie in vià latà, Nicolas de St Vite in Macello, Augustin de St Adrien, François de St Marc, Gérôme de St Georges à la toison d'or et Odet des Sts Serge et Bacc us, Diacres ;

Par la Miséricorde Divine, Cardinaux de la Ste Eglise Romaine, à tous et c acun des fidèles qui verront les présentes lettres salut éternel dans le Seigneur.

Plus nous portons fréquemment l'esprit des fidèles aux œuvres de c arité, plus nous pourvoyons salutairement au salut de leurs âmes. Désirant donc que la c apelle du St Crucifix situé dans la paroisse de St Guénolé de Batz, près le port du Croisic, Diocèse de Nantes, à laquelle, comme nous l'apprenons, notre c er fils dans le C rist Radulphe Karahès, laïc, paroissien de ce lieu, porte une singulière dévotion, soit entourée d'honneurs convenables et toujours vénérée par les fidèles et que dans les structures et édifices elle soit convenablement réparée, conservée et maintenue et qu'elle soit convenablement pourvue de livres, de calices, de luminaires, d'ornements ecclésiastiques et autres c oses nécessaires au culte divin ; Donc, afin que les fidèles affluent eux-mêmes d'autant plus volontiers par dévotion vers cette c apelle et prêtent la main plus promptement à sa réparation, sa conservation, son maintien et qu'ils se voient plus abondamment, recréés par le don Céleste de la Grâce, Nous Cardinaux susdits, inclinés surtout par les supplications umblement présentées sur ce point par le même Radulphe, confiants dans la miséricorde du Dieu tout puissant, dans l'autorité des Sts Apôtres Pierre et Paul, Nous accordons cent jours d'Indulgences à tous et à chacun des Fidèlés de l'un et l'autre sexe qui vraiment pénitents et confesses, visiteront dévotement cette chapelle et feront l'aumône, à savoir : le Vendredi Saint, aux fêtes de l'Invention et de l'Exaltation de la Ste Croix, de tous les Saints, de la Nativité de N. S. J. C. depuis les premières Vêpres aux deuxièmes inclusivement.

Les présentes devront durer des temps perpétuels. En foi des quelles Nous avons muni de Notre Sceau ces présentes lettres.

Donné à Rome, dans nos demeures, l'année de la naissance de N. S. mil cinq cent trente quatre, le quinze du mois de mai ; Du Pontificat de Notre Très St Père dans le Christ Clément septième, Pape par la Divine Providence la onzième année.

E GALTERI

Pièce ornée d'enlúminures représentant en haut, au centre N. S. J. C. en Croix, entre la Ste Vierge et St Jean. Dans l'angle à droite St Pierre et St Paul tenant de leurs mains le voile de la Ste Face. A gauche St Rodolphe Evêque et St Rodolphe Abbé, patrons du suppliant Karahès. Au-dessous, à droite, les armes du Pape Clémenl VII. A gauche, les armes de Bretagne et, au-dessous, un navire voguant sur la mer les voiles déployées, sans doute le blason du suppliant Karahès, riche armateur.

2me Bulle

Justin d'Osti, Antoine de Sabine, Vincent de Preneste. Mathieu d'Albano Evêques ;

Benoist du titre de St-Eusèbe, Martin du titre de St-Marcel, François du titre de Ste-Croix de Jérusalem, François du titre de St-Praxède, Antoine du titre des 4 Sts Couronnés, Philippe du titre de St-Martin des Monts, Jérome du titre de St-Clément, Jean du titre de

Ste-Cécile, Gaston du titre de St-Apollinaire, Jean-Marie du titre de St-Vital, Jean-Pierre du titre de St-Sixte, Christophore du titre de St-Eustac1e, Pierre du titre de la Basilique des Douze-Apôtres, prêtres ;

Innocent de Ste Marie in dominicà, Alexandre de Ste Marie in vià latà, Nicolas de Ste Marie in Cosmedià, Augustin de St Adrien, François de St Marc, Jérôme de St Georges au voile d'or, Odet des Sts Serge et Bacc1us et Guido Ascanius des Sts Vite et Modeste in Macello martyrs, Diacres.

Par la Miséricorde divine Cardinaux de la Ste Eglise Romaine à tous et à c1acun des fidèles qui verront les présentes lettres, salut éternel dans le Seigneur.

Plus nous portons fréquemment l'esprit des Fidèles aux œuvres de C1arité plus nous pourvoyons salutairement au salut de leurs âmes. Désirant donc que la C1apelle ou l'oratoire sous l'invocation de la Ste Croix, près le Croisic, sur le territoire de Guérande, du diocèse de Nantes, à laquelle, comme nous l'apprenons, notre c1er fils dans le C1rist Rodolp1e K/1ais, laïque de ce même diocèse, constructeur de cette c1apelle, porte une singulière dévotion, soit entourée d'honneurs convenables et toujours vénérée par les fidèles et que, dans les structures et édifices elle soit convenablement réparée, conservée et maintenue et qu'elle soit convenablement pourvue de livres, de calices, de luminaires, d'ornements ecclésiastiques et des autres c1oses nécessaires au culte divin ; Donc, afin que les fidèles affluent eux-mêmes d'autant plus volontiers par dévotion vers cette c1apelle et prêtent la main plus promptement à sa réparation, sa conservation, son maintien et qu'ils se voient plus abondamment recréés par le don céleste de la Grâce. Nous Cardinaux susdits, inclinés surtout par les supplications humblement présentées sur ce point par le même Rodolp1e, confiants dans la Miséricorde de Dieu tout puissant, dans l'autorité des Saints Apôtres Pierre et Paul, Nous accordons cent jours d'Indulgences

à tous et à chacun des Fidèles de l'un et l'autre sexe qui,
vraiment pénitents et confessés, visiteront dévotement
cette Chapelle et feront l'aumône aux fêtes et jours de la
Nativité de N.-S.-J.-Christ, de la Conception, de la Bien-
heureuse Vierge Marie, du Vendredi Saint, de la Sainte
Croix dans les mois de mai et de septembre, depuis les
1res vêpres jusqu'aux 2mes inclusivement.

Les présentes devront durer des temps perpétuels. En
foi desquelles nous avons muni de notre sceau ces présentes lettres.

Donné à Rome, en nos demeures, l'année de la Naissance de N.-S. mil cinq cent quarante, le 27 mars, Du
Pontificat de N. St Père dans le Christ Paul IIIme, Pape
par la Divine Providence, la VIe année.

E. GALTERI

*Pièce ornée d'enluminures : au centre N.-S.-J.-C. sur la
Croix entre la Ste Vierge, et St Jean, au pied de la Croix.
À droite de la Croix St Pierre, à gauche St Paul. Au dessous à droite, les Armes de Bretagne. A gauche, écu mi-
partie 1o d'or au chêne de sinople chargé de glands d'or.
2o de gueules à une ancre renversée d'argent. Boîtes des
sceaux des Cardinaux.*

Aux fêtes indiquées dans les bulles susdites, le clergé
de la paroisse se rendait à la Chapelle du Crucifix. Nous
citons, d'après Caillo fo 248, la pièce suivante qui montre combien étaient vives les passions qui agitaient les
esprits à l'époque des guerres de religion, au commencement du xviie siècle :

« Procès-verbal des insolences de ceux de la religion.

« In nomine Domini. Amen. Je, Vicaire perpétuel des
» Eglises de Batz et du Croisic rapporte que ce dimanche
» 3me jour du mois de mai 1626, environ les 5 à 6 heures
» du soir, retournant processionnellement de la Cha-
» pelle du Crucifix érigée à l'entrée de l'enclos de la dite
» ville du Croisic en laquelle se gaignoit, le dit jour, le
» pardon de pleinière indulgence octroyé par N.-S. P. le

» Pape Paul III et apportant en N.-D. de Pitié, principale
» Eglise du lieu, en toute dévotion et solemnité, avec le
» poisle, Ciappes, luminaires, iymnes et cantiques,
» croix et bannières élevées, suivy de la plupart du peu-
» ple de la dite ville, tant iommes que femmes, même
» de nombre d'estrangers, marciands, trafiquants au dit
» lieu, le très sainct et très Auguste Sacrement de l'Autel
» qui avoit été exposé à vénérer et adorer au peuple, tout
» iceluy jour, en la dicte ciapelle et arrivé au coing du
» jardin et maison qui autrefois furent aux Moysans et
» maintenant à ionorable femme Jeanne Lemétrailler,
» estant sous le poisle porté par quatre notables iabi-
» tants, environné des prestres et clers chantant et tenant
» iautement entre nos mains le Custode où reposoit le
» précieux corps de N.-S.-J.-C. visiblement apparent à
» travers la voirine de la dite custode, seroit survenu à
» l'improviste Maîstre Daniel Jollan, dit Des Rocies, advo-
» cat faisant profession de la religion prétendue reformée,
» monté sur un cieval qui, au grand scandale de tout
» le peuple et mespris du très précieux sacrement, en
» dérision de notre religion, auroit avec tumulte portant
» à sédition, traversé assez furieusement entre la croix
» et la bannière qui précédoient le St Sacrement au
» travers de multitude de jeunesse et escholiers, enfants
» de la dicte ville, iceluy la teste couverte et monstrant
» signe de cholère et menaçant d'une main, ce qui trou-
» bla grandement l'ordre de la dicte procession ; et
» d'autant que le dict Jollan est coutumier de faire
» telles algarades et tumultes portant à sédition comme
» jâ, par cy-devant je luy ay vu faire, au grand estonne-
» ment et murmure d'un ciacun, en deux autres proces-
» sions et semblables occurrences, j'ay rédigé par escript
» ce mien procès-verbal pour servir en justice où besoing
» sera, les dicts moys et an que devant, soubs mon signe
» et d'une partie de ceux qui estoient présents. »
Signé: Ricordel, vicaire (suivent les signatures des
sept autres prêtres).

Un aveu du 15 juin 1679, passé devant le Notaire de Guérande porte la mention suivante : « La chapelle du » Crucifix couverte d'ardoizes, sise au dict Croisic » comme elle se contient, se debourne de toutes parts, » les advenues et chemins à icelle chapelle ». (Arch[ves] de la Loire-Inférieure. Chambre des Comptes. Domaine de Guérande. 14me vol. B. 625).

Anciennement, les femmes de marins faisaient des neuvaines, et des pèlerinages à la Chapelle du Crucifix et à celle de St Goustan situées aux deux extrémités de la paroisse, pour demander à Dieu, par l'intermédiaire des Saints qu'on y révère, que leurs maris fissent des voyages aussi heureux que rapides. Puis, leurs dévotions faites, elles balayaient elles-mêmes la chapelle et, recueillant la poussière, elles la jetaient en l'air, du côté qu'il fallait que le vent soufflat, pour conduire leurs maris ou leurs amoureux à bon port, en chantant : sur l'air du vieux chant breton « an ani goz ».

 « Tourne vent, Tourne girouette !
 » Suis la poussière que je te jette. »

Nous terminerons par une légende un peu naïve que nous avons trouvée dans un opuscule imprimé à Nantes, chez Vincent Forest et Emile Grimaud en 1868, intitulé « Deux chapelles du Croisic ».

« C'était dans la nuit de Noël, bien avant l'aube, il y » a longtemps de cela. Un ouvrier vitrier revenait seul » à pied du bourg de Batz au Croisic. Comme il passait » devant la Chapelle du Crucifix, il s'aperçut qu'elle » était intérieurement éclairée. Poussé par la curiosité, » il y entra et vit l'autel brillamment illuminé. La nef » était absolument déserte. Il s'avança derrière le sanc- » tuaire. Un prêtre était là revêtu de ses habits sacerdo- » taux et qui semblait attendre un répondant pour » monter à l'autel. D'un signe, il enjoignit à l'ouvrier » de prendre la place du clerc absent. Plus mort que » vif, le vitrier obéit, suivit le ministre de Dieu et

» l'assista de son mieux dans la célébration du Saint-
» Sacrifice. La messe terminée, tous deux rentrèrent
» derrière le sanctuaire ; mais, aussitôt le prêtre congé-
» dia du geste son acolyte en lui faisant, en signe de
» remerciement, une reconnaissante inclination de tête.

» Plus tard, peut-être bien à la Noël suivante, le vitrier
» repassant, après la mi-nuit, au même endroit, vit se
» reproduire un pïénomène identique : Mêmes illumi-
» nations, même absence de fidèles, même prêtre der-
» rière le sanctuaire, même service réclamé et rendu.
» Depuis lors, plus jamais on n'entendit parler de l'offi-
» ciant et de son clerc ».

On pourrait rectifier ce que cette conclusion aussi
brusque qu'inattendue a de cïoquant, par une tradition analogue que l'on trouve, entres autres, dans la
« légende de la mort » d'Anatole Lebraz, vol^{me} 2, f° 396.
Pour avoir négligé de porter en temps opportun les derniers sacrements à un agonisant qui les réclamait, un
prêtre est condamné en expiation à revenir, chaque nuit,
attendre près de l'autel qu'un vivant consente à répondre
sa messe. Alors sa dure pénitence prend fin. Mais, presque
toujours l'impression que ressent le répondant est telle
qu'à partir de ce moment, il dépérit, s'étiole et meurt.

Avec la révolution cessèrent les cérémonies du culte
dans la Cïapelle du Crucifix. Devenue propriété de
l'Elat en 1791, puis désaffectée, elle servit de magasin
d'Artillerie jusqu'au jour où elle fut acquise de l'Administration des Domaines, le 5 septembre 1858, par
M. Josepı Bigarré, curé du Croisic, sur l'évaluation à
600^r faite par un expert, M. Cıarles Bougoüin.

En 1863, elle fut cédée par M. l'abbé Bigarré au baron
Caruël de St Martin, propriétaire près de là, du cïâteau
de St Nudec, commuue de Batz qui, un certain nombre
d'années plus tard, en commença la restauration. Le
campanile, abattu, peu de temps avant, par la foudre,
fut réédifié. La cıarpente endommagée par l'humidité
et les infiltrations pluviales, fut remplacée par une

charpente de même forme en pitchpin. La couverture
en ardoises fut renouvelée. Les travaux ont été achevés,
en 1896, par son gendre et sa fille, le comte et
la comtesse de Partz. Lorsque, en cette même année,
on procéda à un dallage en ciment, on mit à
jour une quantité d'ossements qui furent scrupu-
leusement réintégrés dans le sous-sol et parmi lesquels
devaient se trouver ceux de Rodolphe Karahès, son
édificateur.

Des vitraux élégants décorent les fenêtres. Les
armes de M. Caruël de St Martin et de sa femme née
Green de St Marsault (1) si cruellement victime, le
4 mai 1897 du terrible incendie du Bazar de la Charité,
rue Jean-Goujon à Paris, se voient dans l'une des
fenêtres du chevet; celles de M. et Mme de Partz, au-
dessus de la porte principale.

Le temps n'est plus, mais nous l'avons connu, où,
dans la presqu'ile du Croisic, sur une longueur d'environ quatre kilomètres longeant l'Océan, n'existaient que
deux constructions, la Chapelle du Crucifix à l'Est, la
sémaphore en ruine au couchant.

Ils ont disparu pour toujours les derniers des vieux
saxons, tout de blanc vêtus, aux longues guêtres, aux
larges braies plissées, à l'ample tunique de toile, au
vaste chapeau en feutre noir, à bord relevé, étendant de
grands draps sur l'herbe rase de ce qu'on appelait dans
le pays « la Côte sauvage », pour battre au fléau, instru-
ment primitif, la moisson des champs voisins ;

Disparu également « le *chércheux* d'épaves » qui, au
lendemain des tempêtes, accourait dès l'aube, suivi de
ses petits, pour sonder de regards avides les rochers
et les plages, en quête de proies providentielles faciles
à saisir, faciles à dissimuler ;

(1) Voir pour ce nom le dictionnaire des anciennes familles
du Poitou par Beauchet-Filleau, 2me édition.

Disparu aussi, et on ne peut le regretter, le sinistre douanier, coupant de ses dents, pour s'approprier son alliance d'or, le doigt annulaire d'une jeune femme dont la vague avait déposé le corps dans la baie dite du « Sable menu », ainsi que nous l'a conté, en 1851, une maîtresse d'hôtel, Jeanne Bertio, qui dans sa jeunesse, avec quelques compagnes, surprit le misérable en train d'exécuter son répugnant méfait ;

A l'endroit où, jadis, la vue se prolongeait au loin, se profilent aujourd'hui, à l'approche du soir, les ombres de simili-manoirs aux donjons plus ou moins prétentieux ;

Là où fleurissait la petite bruyère rouge, court actuellement un chemin macadamisé incessamment sillonné d'automobiles soulevant des nuages de poussière ;

Tout change, même les réconfortantes effluves marines auxquelles trop souvent se mêle l'âcre senteur du pétrole incandescent.

Seule la chapelle du Crucifix, artistement restaurée, plus solide que jamais sur ses assises granitiques rejointoyées, sans avoir rien perdu de sa grâce antique, continue à assister, témoin impassible, à toutes les transformations qui, depuis bientôt quatre siècles, s'accomplissent à ses alentours.

A. DE VEILLECHÈZE.

LE CHATELIER & L'ÉGLISE FORTIFIÉE

DE

Moisdon-la-Rivière

Arrondissement de Châteaubriant

Moisdon, désigné dans les anciens titres sous la dénomination de : Meduoid, Medaon, Maesdon, Maydon, Maisdon, nous représente dans la partie sud du bourg, la configuration d'un promontoire, dominant la vallée dans laquelle coule la rivière du Don. Sur le sommet, on relève dans le cadastre de cette commune, section M, des parcelles de terre nos 64, 65, 66 et 67, désignées sous l'appellation de Camp. Cette situation commande l'ancienne voie romaine de Nantes à Rennes, ainsi que le passage de la rivière, au gué de la Chaussée.

A la partie Est du lieu dit Le Camp, le terrain s'incline, avec une déclivité assez prononcée, vers le petit val des Hume, alias des Honnes, cachant dans ce replis de territoire les nos 78, 79, 80 et 81, même section M, l'étendue désignée sous le nom : Le Chatelier. Cette position était à l'abri des bandes barbares et soldatesques, qui suivaient la voie du Don.

N'ayant retrouvé aucune indication précise qui me permette de fournir des renseignements sur l'occupation du Camp, par les Romains, je vais borner mon étude sur le Chatelier, qui fut l'endroit où les premiers habitants de Moisdon vinrent s'établir. Les travaux exécutés par la culture ont changé la disposition des lieux, la topographie primitive ne peut en être décrite. On retrouve sur cet emplacement beaucoup de scories, et des habitants dignes de foi, m'ont déclaré qu'il y a une cinquantaine d'années, on retrouvait des murs en pierres sèches, ayant la configuration ronde, et dans l'intérieur des enceintes se trouvait encore du machefer. .

La désignation de Chatelier, ne peut point être attribuée aux agents qui confectionnèrent le cadastre, car dans l'aveu fait à la fin du xve siècle par le prieur Guy Gaudière, du Prieuré de Moisdon, à la Cour de la Roche-en-Nort, dont il relevait, il est dit : « Un hommée de » terre en boys et garanne, nommé le Chastelier, et une » pièce de terre appelée le pré à Mestre Frise près acjac-» zantes les unes des aultres en la dicte paroesse, près le » bourg de Maydon, contenant le tout en boys et » garanne que prè et pasture trente cinq journaulx de » terre environ (arch. de Maine-et-Loire f. St-Flo-» rent) ».

Les Chateliers furent les asiles protecteurs où les premiers habitants de notre sol, venaient mettre à l'abri, leurs personnes, leurs familles et ce qu'ils possédaient. A la période barbare succéda l'ère du Christianisme, et il n'est pas étonnant que les habitants de Moisdon ne fissent de leur église, un asile de refuge fortifié, comme vous le démontrera une pièce que je transcrirai dans la suite de mon récit. Avant d'arriver à cette démonstration, je dois relever une erreur faite par plusieurs historiens, qui ont prétendu que l'Eglise de Moisdon dépendait du Prieuré.

Ces deux établissements ont chacun une histoire indépendante l'une de l'autre.

L'église existait avant le onzième siècle et dans les archives de St-Florent il est dit : qu'en 1083 le Prêtre Judical du consentement de Rodaldo et Jordane ses enfants, unit au Prieuré qui s'était formé depuis peu à Medaon, le tiers des dîmes et des droits qu'il avait sur les oblations, les sépultures et les prémices de la paroisse. Cette transaction fut passée sous l'épiscopat de Mgr Quiriac, et ce n'est que sous l'épiscopat de Mgr Bernard, que les moines Bénédictins furent chargés du service religieux de la paroisse, pour mettre fin à des désordres.

L'église actuelle a conservé de sa construction primitive, la partie centrale possédant d'énormes piliers en maçonnerie, sans grâce, sans ornements, dont les c1apitaux sont remplacés par une simple cornic1e représentant l'extrémité d'une poutre taillée en biseau. La partie qui formait l'ancien chœur, a été remplacée par un autre sanctuaire. Quant à la nef de style roman secondaire avec ses petites fenêtres, à sa voûte ogivale primitive, reposant sur les murs latéraux avec ses entraits de c1arpente, cac1és par des lambris de bois. A la partie médiane se trouve un entrait avec tailloirs à ses deux extrémités, d'où part du milieu de la nef un poteau vertical ou poinçon, supportant la poutre faitière qui soutient les arbaletiers à leur partie supérieure. Le poinçon a la forme d'une colonnette dont les entraits sont moulurés.

En 1467, le droit de possession de l'Eglise par le Prieuré, était réclamé par le prieur Guy Gaudière. Les 1abitants, rassemblés le 28 mai avant la grand'messe, dans le presbytère de Maedon, formèrent un syndicat, et nommèrent certains d'entre eux pour défendre leurs intérêts. L'acte fut dressé par Ja-Dumoley, passeur, dans lequel il est dit :

« Considerans le bien publique et l'utilité de la dicte
» paroesse, d'un mesme et commun assentiment ont fait,
» constitué establi et ordonné par ces présentes, font
» constituent, establissent, et ordonnent les présents
» députés et messagerr ez plégements. (suit une énu
» mération de 1rente noms, parmis lesquels se trouve
» celui de Je1an Regnaud, que nous verrons comme
» fondé des Paroissiens dans la pièce que nous donne
» rons plus loin).

» Lesquels constituant, establissant l'un d'eulx l'aultre
» et c1acun diceulx, soul et espectant en toutes et
» chacunes leur causes et affaires quelxconques et

» esinances en courts et ciacune devant tous et ciacun
» juges tant de court laye que court sècülierre, par
» cause et à chacuns. Les dits constituans et chacuns
» ont donné et donnent plain pouvoirs et assentiment
» de les deffendre devers tous et contre tous, tant en
» suite que defens..... etc suit plusieurs articles (Acte
» sur parciemin Arci. de Maine-et-Loire).

   » Plegt général de Méleray le huictième jour d'Aougt
» l'an mil quatre cens soixante et sept. Sur ce que Jeian
» Filleu, maczon d'huy comparu et deffandu par et en
». la personne de Jeian Riciart, Procureur Général de
» ce jour, prouvé par leurs lettres de céans, à l'encontre
» des Paroessiens de Maidon, comparuz et deffanduz par
» et en la personne de Jeian Regnaud, Procureur
» Général de jour d'iuy, prouvé par leurs lettres, que
» autrefois par céans monstre de heritaige, ayant été
» jugé entre eulx, à l'evocation du dict Filleu, et que
» devoient faire les dicts Paroessiens selon leur pielz, le
» cogneu et enqueste et recherchemens. Affin ce cogneu
» on trouvé que entre eulx fust sur ce piédé en matière
» deue. Lequel Regnaud Procureur des dicts Paroes-
» siens a l'endroit produit et apparut en jugement un
» jugement du dict mon souverain Seigneur et son
» Conseil et en la forme qui en suit :

   « Au dict mon Souverain Seigneur et son Conseil
» supplient iumblement vos subjectz les Paroessiens
» de Maedon près Ciateaubriant et exposent :

   » Que de tous temps et à la mémoires de ciacune
» l'église Parociial du dict lieu de Maedon a esté en
» l'estat qu'elle estoit ung an a environ. En laquelle
» église y a ung très beau clocier levé sur une maçon-
» nerie et est la dicte église forte et deffansable l'une des
» plus de l'evesché de Nantes iors la ville. Et que
» estemps passés tant durant le siège du prieuré que en
» autre temps qu'il y a eu guerre sur les marcies et
» frontières d'environ, les dictz Paroessiens et autres
» plusieurs d'icelles lemectes ont retiré et recuilly leurs

» personnes et biens en icelle église. Et par aucun
» temps ont fait maçonner et murer la grant porte et
» fait fousse et douve au devent d'un petit huys ou porte
» estant en la dicte église devers le midy et passoient
» par sur la dicte fosse par une petite planche en la
» dicte église. Et après la retiroient. Et par la force de
» la dicte église et de la deffence qui y a esté faicte ont
» les dicts supplians, deffenduz leurs personnes es
» biens et d'autres plusieurs, de la prinse, course,
» roberie et pillerie des annemys et gens de guerre
» fréquentens les dictes marches et jamais n'y eut en la
» dicte église fors seullement les dictes portes et huys.
» Et que ce néantmoins au temps de la Toussaint
» dernière et quelque soit partant l'an Frère Pierre
» Corbin, qui autrefois fut le Prieur du dict lieu de
» Maedon et en a fait la résignation comme l'on dit à
» Frère Guy Gaudière. Et le dict Gaudière mesmes
» demourant au dict Prieuré, en muant l'estat ancien de
» la dicte église et se attribuant droit et pocession pour
» eux Jehan Filleu maczon et aultres ou nom deulx,
» avoient écorché démaconné partie du mur de la dicte
» église devers le dict Prieuré, dont l'une des mesons
» est près de la muraille de la dicte église, et oultre le gré,
» et volonté des dicts paroessiens clandestinement et à
» leur deceu ; par nuyct et aultrement. Ont fait sièges
» à asseoir gens en la dicte demaconnerie et escor-
» cheure pierrée et maconnée. Et auvecques ce, ont faict
» ung pertuys ou fenestre comme à passer la teste d'un
» homme, par laquelle ils ont veue et regart en la dicte
» église, ce que jamais n'avoient eu.
    » Et disent et ventent que au moien de la rupture et
» telle quelle maconnerie qu'ilz ont fait ou dict mur et
» de la pocession et saesine que dempuis ils en ont
» eue, ils feront ouverture et ropture d'une partye du
» dict mur et y feront faire huys ou porte pour entrer
» en la dicte église, et autrement les troubler et impes-
» cier sur leur procession et saesine. Quelle chose

» serait contre la fourme et estat anciens, ou grant pré-
» judice et domaige des dict paroessiens. Car par
» lentrée qui serait faicte du dict Prieuré en la dicte
» église, les dicts Prieurs leurs gens et serviteurs et
» aultres qui seroient au dict Prieuré y pouroient
» entrer quant bon leur sembleroit et mesmes y avoir
» regart et vue. Et par celuy lieu pouroit la dicte église
» en laquelle sont les callices, ornemends et autres biens
» de fabrique estre pillée et robbée, et autres plusieurs
» inconvénients en avenir aux dicts paroessiens et à la
» dicte église, dont vous estes protecteur et garde, en
» leur grant préjudice et dommaige.

» Et oultre nous ont exposé que le onzième jour de
» may dernier les dicts paroessiens avoient proposé par
» la Court de Meleray, à l'encontre du dict Filleu, que
» comme ils eussent fait amonester en la dicte église de
» Maidon de cieux qui avoient fait édifié et commencé
» a ediffier une manière de fenestraige en certain lieu
» de là dicte église, en droit duquel édifice par devant
» estoit rompu en droit l'autel de Saint Jacques, devers
» le dict Prieuré de Maidon, qui en veinssent en cognes-
» sance et amendemens et que dempuis le dict monitoire
» le dict Filleu avoit cogneu, avoir fait le dict esplect en
» la dicte église.

» Et avoient les dicts paroessiens demandé respons,
» et conclut que le dict Filleu affin dicte fait réparation
» amende qu'il devoit mectre le dict mur a premier
» estat, cesser de plus esplèter et l'esplet estre dict non
» préjudiciable aux dicts Paroessiens, etc... »

Cette affaire ne put être jugée par la Cour de Meleray
par l'opposition que firent les parties, qui déclarèrent
que le fait touche l'église, dont le Seigneur de Chateaubriant est garde et protecteur. Elle fut renvoyée en la
Cour de Nantes, devant le Duc et son conseil (Arch. de
Maine-et-Loire).

Le Duc François II, maintint par mandement les

paróissiens de Moisdon dans la possession de leur église. (Arcı. de la Loire-Inférieure).

Messieurs,

L'église de Moisdon, asile et forteresse, dresse encore ses vieux murs au milieu de ses ıabitants. La tour qua-drilatérale, ayant sur cıacune de ses faces deux fenêtres bordées de grès ferrugineux, redit à. la généra-tion présente que leurs Pères veillaient de là, sur la contrée, et que ces ouvertures, espèces de meurtrières, servirent à les défendre contre leurs ennemis. Le petit Huys du midi, quoiqu'osbstrué, nous montre encore le cintre de l'entrée; mais les douves seules qui entouraient l'édifice ont été comblées.

N'est-ce pas la vie intïme, le souvenir, je dirai même plus, le cœur de ce pays qui vit encore et qui vient nous redire les jours d'espérances et d'angoisses du passé.

L'orgueilleuse et bizarre maladie que Horace dénomme : *Exegi Monumenlum*, c'est-à- dire le : J'ai construit ce monument, guette ces vieux murs, car il est à constater que dans la contrée cette épidémie a déjà faucıé presque toutes les vieilles églises.

En attirant l'attention des membres du congrès sur ce monument ıistorique pour le sauver de la contagion, j'ose encore espérer que le cri poussé au XVᵉ siècle par les ıabitants de Moisdon pour conserver la possession de leur vieille église, aura dans leur cœur la réper-cussion de l'écho, afin qu'ils en empêcıent la destruc-tion.

Cent soixantè ans avant Jésus-Cırist, le poète Terence disait : « *Veritas odium paril, obsequium amicos*, la francıise fait des ennemis, la flatterie des amis !

Que nous importe cet axiome, nous membres de Sociétés ıistoriques et arcıéologiques, qui dans un vieil édifice après en avoir étudié la partie artistique, retrou-vons toujours une valeur morale, dont la disparution dans ses suites peut avoir de grandes conséquences.

En terminant cette courte notice sur l'unique église fortifiée existant dans cette contrée, je ne puis m'empêcıer d'exprimer cette pensée envers les destructeurs de' nos vieux monuments : c'est que dans leurs actions, on ne découvre que le sentiment du pâle reflet de leurs croyances.

Mıs DE BALLY DE VERNON

Membre de la Société Archéologique de la Loire-Inférieure.

(*Lu à la réunion archéologique du Congrès de l'Association Bretonne à Châteaubriant, le 13 septembre 1904.*)

Considérations

sur les

Origines de Doulon et de son église

Doulon est une de ces petites agglomérations qui se sont formées sur la rive droite de la Loire, assez près du fleuve pour jouir du coup d'œil de la vallée et assez loin pour éviter les inconvénients des inondations. Son territoire fertile, couvert de jardins et de beaux domaines, est compris entre la voie romaine de Nantes à Angers et la Loire. Les autres bourgs placés sur la même ligne, comme Chassay ou Sainte-Luce, Thouaré, Mauves, le Cellier ont une histoire très ancienne ou des noms d'origine latine qui les classent parmi les localités les plus vieilles du Département; leurs assises reposent sur les ruines romaines. Elles sont rattachées à la cité romaine de Nantes par un bas chemin qui traverse d'abord Doulon à la sortie de la ville ; on pressent donc, à la seule inspection de la carte topographique, que Doulon a été romanisé de bonne heure par son contact avec les populations des alentours (1).

Les documents incontestables écrits sur le petit bourg de Doulon ne remontent pas plus haut que le xiie siècle. Leur série commence par une charte de 1105 qui met

(1) De Nantes à Varades, les bourgs assis sur le versant de la rive droite ont donné lieu à des découvertes des époques romaine ou mérovingienne sans exception.

en scène un riche propriétaire (*vir dives et præpotens*),
nommé Harscouet, de la famille des sires de Retz (1).
Il se trouvait propriétaire de l'église de Doulon, c'est-à-
dire qu'il jouissait de tous les revenus, dîmes, oblations,
droits mortuaires du cimetière, etc., par suite d'une
usurpation, alors trop commune, qui privait les desser-
vants de leurs émoluments et éloignait sans doute bien
des aspirants du service des autels. Tourmenté de
remords, il prit le parti de se démettre au profit des
chanoines soumis à la règle de Saint-Augustin ; mais en
donnant l'église et le cimetière, il se réserva les deux
tiers des dîmes qui, sans doute, étaient très fructueuses.
L'évêque s'empressa d'accepter le don et de le transmettre auxdits chanoines ; il voulut même augmenter
la générosité d'Harscouet en offrant *toutes les églises du
diocèse dédiées à saint Médard*, qui étaient placées sous
sa juridiction (2) et en les exemptant de toute redevance, même synodale.

Il y a plusieurs particularités à noter dans cette
charte épiscopale, mais la plus curieuse est celle qui se
rapporte au culte de saint Médard. On est surpris que
l'évêque Brice, après avoir installé les chanoines dans
une église dédiée déjà au même patron, nous le savons
d'une façon certaine par une charte de l'année 1106 qui
fait mention d'un prieur de saint Médard de Doulon,
les invite à prendre possession de toutes les églises de
son diocèse vouées au même saint, plutôt que de telle

(1) « Is tandem compunctus corde, quas injuste et contra
Deum aliquandiu possiderat, ecclesiam videlicet, cimiterium
et decimæ partem tertiam in manu mea reliquit.

..... Eamdem ecclesiam cum cimiterio et prefata parte
decimæ in perpetuum possidendam concessi »

(Dom Morice, *Hist. de Bretagne, preuves*, 1, 509.)

(2) « Ecclesias quoque quæ sub ditione nostra in honore
beati Medardi fundatæ sunt aut erunt eisdem dare decrevimus » (*Ibidem*).

ou telle autre (1). Cette concession atteste d'abord, d'une
façon péremptoire, que certains auteurs, comme M. de
la Nicollière, se sont mépris quand ils ont voulu placer
un évêque nantais du nom de *Mars* dans toutes les
paroisses qui semblent rappeler son nom, comme Saint-
Mars-du-Désert, Saint-Mars-la-Jaille, Saint-Mars-de-
Coutais (2). Toutes ces églises avaient *saint Médard*
pour patron, elles n'ont pas cıangé de vocable, parce
que le peuple, dans son ıabitude de pratiquer la con-
traction, a transformé Saint-Médard en Saint-Mars,
comme ailleurs on a fait Merry de *Medericus*.

Une autre lumière jaillit du même document. Il paraît
nous indiquer que les églises, dédiées à saint Médard
passaient pour être bien dotées et qu'elles étaient
considérées comme réunies par un lien indissoluble, ou
comme l'efflorescence d'une même soucıe, dont les
brancıes étaient inséparables. Comment se défendre de
cette pensée quand on se rappelle les circonstances qui
ont amené l'introduction du culte de ce saint personnage
de Soissons jusque dans l'ouest ? En lisant le recueil des
actes ıistoriques de l'abbaye de saint Médard de
Soissons, la maison mère de laquelle dépendaient la
plupart des prieurés placés sous la même invocation,
nous apprenons que Cıarlemagne résolut de soumettre
l'église des SS. Donatien et Rogatien lès Nantes à la
juridiction et à l'influence des abbés de Soissons (3), non
pas tant, sans doute, pour reıausser l'éclat de ce centre

---

(1) « Laurentio canonico tunc priore S. Medardi de Dolon ».
Ibidem, col. 512.

(2) *Revue historique de l'Ouest*, 1899, 2ᵉ et 8ᵉ livraisons.
Voir la réponse dans Annales de Bretagne, année 1900. —
On trouve Saint-Mars aussi, en Riaillé, comme nom de
masure féodale (Arcı. dép., E. 256-257).

(3) « Idem Carolus abbatiam ss. martyrum Donatiani et
Rogatiani in pago Nannetensi abipso *fundatam*, sancto Medardo
contulisse dicitur » (*Gallia christ.*, in diocesi Suessionensi).

religieux et de ce foyer de piété, que pour résister à la diffusion de l'esprit breton en lui donnant comme contre-poids la présence des religieux de l'Ile-de-France qui devaient se rassembler dans la nouvelle communauté, *sous le patronage de saint Médard.*

Les desseins du Grand Empereur s'accomplirent, en ce qui touche du moins l'occupation de l'église par les religieux de Soissons. Ceux-ci vinrent très nombreux, car la dotation impériale en comportait 70, leur colonie fut réduite au chiffre de 30 par le pape Eugène III, vers 824, et, malgré cette compression, la vie religieuse demeura si intense dans cette communauté que le souvenir s'en perpétua à travers les troubles causés par les Normands jusque dans les premières années du XIe siècle (1).

Le recrutement du personnel se faisait toujours avec le concours de l'abbaye de Soissons, et, cependant, il ne semble pas certain que l'abbaye des Enfants Nantais chargée de garder leur tombeau et de chanter leurs louanges, ait changé de titre pour prendre celui de saint Médard. C'est en vain que les étrangers venus de l'Ile-de-France auraient tenté d'amoindrir l'éclat et la popularité du renom des deux Frères martyrs, les Nantais ne l'auraient pas souffert.

La coexistence de plusieurs cultes dans un seul sanc-tuaire n'est pas sans exemple dans l'histoire de l'Église, je le sais, elle est même fréquente dans les monuments contenant un *martyrium* en sous-sol. L'église supérieure porte le vocable d'un saint quelconque, comme saint Pierre ou saint Paul, et la crypte porte le nom d'un confesseur local ou d'un martyr ; saint Irénée, était à Saint-Jean de Lyon, sainte Blandine, à Saint-Martin

(1) « Nam tempore antiquo plurima fuit in ipso [monachorum] multitudo » (Charte de 1004. Arch. Nat^{les}, série L, 227, liasse 2, n° 1).

d'Ainay, saint Paulin de Trèves, à N.-D. des Martyrs, etc.
Les Enfants nantais auraient pu reposer dans le chœur
d'une église dédiée à saint Médard assurément, mais
l'histoire ne fait pas mention de cette association qui
répugnait sans doute aux Nantais très attachés à leurs
martyrs; quand on désigne leur église dans les différents
actes de fondation ou de transaction, le rédacteur ne se
sert jamais du terme de Saint-Médard-lès-Nantes
au bourg de Saint-Donatien de Nantes. Le roi Eudes
énumérant les possessions de l'abbaye de saint Médard
de Soissons dont il accorde la confirmation en 893,
dit : *abbatia sanctorum martyrum Donatiani et Roga-*
tiani in pago Nannetensi. (Mabillon, *De re diplomatica,*
557 et Dom Bouquet, tome IX, 460). La notice de l'abbé
Ursion dans la *Gallia Christiana* se sert des mêmes
expressions ainsi que le *Monasticon gallicanum.* Dans
la charte de donation de l'année 1004 de l'évêque
Héroïcus et du comte de Nantes, concédée à l'occasion
de l'affiliation de l'église des Enfants nantais à l'abbaye
de Déols en Berry, on se sert du terme de *locus sancti*
Donatiani et Rogatiani pour la désigner (1). En 1123, la
charte de Louis le Gros énumérant les églises situées
sous les murs ou dans la banlieue dit: *ecclesia S^{ti} Dona-*
tiani et Rogatiani (2). Que faut-il en déduire si ce n'est le
fait que le culte de saint Médard n'a pas pris racine au
bourg de St-Donatien bien que les religieux de Soissons
y soient venus établir une colonie nombreuse (3). Ceux-
ci n'ayant pu réussir à implanter leur patron au cœur
de cette paroisse nantaise et voulant, malgré tout,
répondre aux vœux de Charlemagne ont essaimé sans
doute sur le territoire voisin portant le nom de Doulon,
à l'est de Nantes, et y ont fondé une communauté avec

(1) Archives nationales, L 227 (*ibidem*).
(2) D. Morice, *Hist. de Bretagne, preuves, 1,* col. 547-549.
(3) Le fait est attesté par le mot *multitudo* inséré dans la
charte de 1004.

église sous l'invocation de saint Médard, vocable que Doulon n'a jamais cessé de porter.

Ce préambule sur la nature et le titre de l'institution religieuse fondée à Saint-Donatien, était indispensable pour parvenir à déterminer les commencements de l'institution qui fonctionna à Doulon et pour faire l'application des ciartes qui appartiennent à ciacune d'elles quand elles sont laconiques. S'il est prouvé en effet que l'abbaye de *Saint-Donatien* n'a jamais porté d'autre titre, nous sommes autorisé à revendiquer pour Doulon les fondations faites sous le titre unique de Saint-Médard et alors nous arrivons à donner à cette localité au moins deux siècles de plus d'existence. Au lieu du XIIe siècle, nous partirions du Xe. Sous Alain Barbetorte, la banlieue de Nantes possédait un établissement que ce prince désigne lui-même sous le nom de *monasterium Sancti-Medardi* (1), il nous dit que son territoire occupe un espace de quatre mille en longueur et de deux mille de largeur, qu'il renferme des bois, des eaux, des prés, des terres incultes et cultivées, et, comme tous ces biens sont vacants, il en dispose pour l'abbaye de Landevenec située dans le Finistère. Ces traits conviennent aussi bien au territoire de Doulon qu'à celui de Saint-Donatien. Doulon est bordé par les prairies de la Loire, les pêcieries n'y manquent pas plus que les bois, son emplacement offrait autant d'avantages que l'autre, sinon plus, pour y faire vivre une communauté de religieux. Toutes deux pouvaient vivre et se développer simultanément sans se nuire, bien qu'elles fussent rapprociées, de même que les fondations si nombreuses qui se trouvaient accumulées sur un même point autour des tombeaux

---

(1) « Ejusque terram quatuor miliaria in longitudine, in latitudine duo milliaria cum silvis et aquis et pratis terrisque cultis et incultis et omnibus ejus apendiciis » (*Mélanges historiques*, v. pp. 562-563), cartul. de l'abi. de Landevenec par MM. Le Men et Ernault).

des principaux personnages des diocèses de Lyon, d'Autun et de Vienne.

La mesure superficielle qu'Alain emploie pour fixer les limites de sa donation soulève quelques difficultés d'interprétation parce que la lumière n'est pas faite sur l'organisation territoriale des paroisses. Quand on parle du temporel et des revenus du monastère de Saint-Donatien, on est tenté de croire que l'établissement doté est distinct de la rectorerie de la paroisse, comme s'il existait à côté du clergé régulier, un autre clergé séculier pourvu d'une dotation spéciale : c'est une illusion à dissiper. Quand un prince donne un monastère à un autre, il transporte du même coup en toute propriété un immense territoire et tous les revenus, le service paroissial tout entier au bénéficiaire du diplôme, et il en est de même partout où les abbayes mérovingiennes et carolingiennes ont pris possession d'un territoire, les limites de leur juridiction temporelle et spirituelle se confondent avec celles de la paroisse, et il en fut ainsi tant que le clergé régulier fut le plus nombreux, jusqu'au jour où la Féodalité vint réclamer sa part dans le partage du territoire et de la puissance (1).

A l'époque où nous sommes transportés par la charte d'Alain Barbetorte, la Féodalité n'est pas organisée complètement, elle a bien dépouillé l'évêque des deux tiers de la souveraineté de la ville de Nantes, mais elle lui a laissé la jouissance complète de certaines paroisses au nombre desquelles se trouvent Saint-Donatien et Doulon. Nous sommes donc fondés à croire que ces deux fiefs ecclésiastiques sont toujours restés invariablement fixés dans les limites que nous connaissons et

---

(1) Il est bien sûr que le périmètre de nos paroisses est basé sur le cadastre des concessions romaines comme celui des diocèses a perpétué à peu près les limites des *civitates*. Dans la Loire-Inférieure, les paroisses étaient en général d'une immense étendue et fixées dès le VIe siècle.

dont l'Etat moderne a fait des circonscriptions de communes. Dans ces conditions, nous constatons que la paroisse de Saint-Donatien couvrant les deux rives de l'Erdre depuis Nantes jusqu'à Sucé ne peut être en cause dans un document où un bienfaiteur fait donation d'un territoire de quatre mille de longueur sur deux mille de largeur; j'aime mieux y voir Doulon qui s'étend sur une longueur de 4 kilomètres le long de la Loire.

Une donation pouvait s'appliquer à trois objets différents : un prince ou un évêque pouvait transmettre à une communauté le droit de propriété, la souveraineté féodale ou. la juridiction spirituelle d'un territoire. L'acte d'Alain Barbetorte est évidemment une concession de propriété de même que la cıarte de l'évêque Héroïcus (1), tous deux abandonnent les revenus des terres incultes ou à cultiver dans les limites qu'ils assignent, la basse justice et toutes les redevances inventées par le fisc, mais l'évêque reste le suzerain au point de vue féodal : on sait que Doulon et Saint-Donatien n'ont jamais cessé de faire partie de la mouvance épiscopale jusqu'en 1790. Reste la juridiction spirituelle qui certainement n'a jamais été partagée et divisée dans les paroisses confiées au zèle des abbayes et c'est là le cas

(1) « Ego Heroïcus episcopus dono totum unum molendinum, etc. Item terram quæ ab ipso monasterio distinditur usque in fossarium sancti Andrœ usque quo perveniatur in fluvio Herde sive usque ad pontem Petre vel usque ad fontem merdosam et quantumcumque aliı monacıi visi sunt ıabere vel possidere ». (Donation de l'église de Saint-Donatien à l'abbaye de Déols en 1004.)

Limitée à ces jalons, la dotation aurait été insuffisante. L'évêque ajoute sans doute ce qu'il s'était réservé en propre pour sa mense la totalité des biens donnés à l'abbaye sur les deux rives de l'Erdre. Les premières donations sont immenses. Saint Filibert a reçu d'un coup l'île de Noirmoutier, l'abbé de Quimperlé reçoit l'île de Belle-Ile en plus de la ville de Quimperlé.

des deux paroisses de Saint-Donatien et de Doulon, tout au moins dans la période qui nous occupe.

La dénomination dont se sert le prince est remarquable et significative, il donne un établissement qu'il appelle le *monastère de Saint-Médard*. S'il avait en vue de donner la communauté que les autres documents appellent le lieu de *Saint-Donatien* ou l'abbaye de Saint-Donatien, il n'aurait pas manqué d'employer les mêmes termes, car il devait lui en coûter, à lui Breton, d'avouer que sa terre avait été conquise par des religieux francs ; il n'aurait pas substitué à la légère un saint franc à un saint local. S'il l'a fait, c'est qu'il y a été contraint par la nécessité (Chronique de Nantes, éd. Merlet, pp. 13, 25 et 66).

Avec la charte d'Alain Barbetorte nous sommes transportés au milieu du xe siècle ; nous y rencontrons à côté de ce monastère de Saint-Médard, deux églises de Nantes : Sainte-Croix et Saint-Cyr, deux autres plus éloignées du chef-lieu : Sucé et Batz, il s'agit donc bien de possessions attribuées à Landevenec dans le diocèse de Nantes ; aucune erreur sous ce rapport n'est possible. Le monastère de Saint-Médard, qu'Alain offre aux religieux du Finistère, est vacant parce que les religieux de Soissons ont été dispersés par les irruptions successives des Normands, en 843, 853, 886 et 919 ; il l'offre, comme l'évêque Héroïcus et le comte de Nantes, en 1004, offriront le monastère de Saint-Donatien à l'abbaye de Déols en Berry pour le repeupler. Il n'y a rien là d'invraisemblable pour ceux qui connaissent l'histoire de la rénovation des chrétientés par la collaboration de tous les concours sans distinction de diocèses.

Alain Barbetorte n'appelle pas les religieux de Landevenec à fonder une paroisse ou à créer un centre nouveau de ferveur, il leur donne un établissement tout fait qu'il dénomme *monasterium sancti Medardi* qui est abandonné par suite des malheurs du temps et auquel il veut redonner la vie. Ce document ne nous surprend

pas, puisque par d'autres pièces nous savons que Ciarlemagne passe pour l'introducteur du culte de saint
Médard dans l'Ouest, ou tout au moins à Nantes ;
sa politique n'a pas dû souffrir de lenteurs ni de
retards, car son bras puissant savait dompter les résis-
tances.

La date la plus récente qu'on puisse assigner à la
fondation du monastère de Doulon est le ixe siècle,
c'est-à-dire l'époque antérieure à l'année 843, date de la
première invasion de Nantes par les Normands, car il
n'est guère croyable que les religieux de Soissons aient
entrepris de multiplier leurs établissements en voyant la
rage que déployaient les Barbares contre la civilisation.
Les règnes de Ciarlemagne et de Louis le Débonnaire,
leur promettant plus de calme et de sécurité, conve-
naient mieux aux efforts de leur zèle. On a vu, en effet,
que la communauté de Saint-Donatien avait compté
soixante-dix religieux, avant d'être réduite à trente,
en 824, décroissance qui se termina par le départ des
religieux de Soissons.

Rien, dans l'examen arciéologique de l'église et du
cimetière du vieux bourg de Doulon, ne viendra démen-
tir nos conjectures et nos interprétations ; au contraire,
tout ce qui reste debout, comme tous les débris qui
sortent de terre annoncent que cet emplacement est
iabité depuis une iaute antiquité. Comment pourrait-
on en douter quand on voit la quantité de tuiles et de
briques à rebord, lourdes et épaisses, qui joncient les
ciamps de la ferme établie dans les bâtiments de la
cour Saint-Laud, principal édifice du bourg (1). Il y en

(1) Ces tuiles sont absolument les mêmes que celles qui se
rencontrent à Mauves, aux Cléons, à Nantes, au Gâvre. Elles
ont un aspect uniforme et une pâte qui traiit bien leur fabrication. Les villas antiques ont duré jusqu'au temps de Ciarlemagne.

a moins dans le cimetière, parce que le sol naturel est
rehaussé par des remblais de sable ; cependant, j'ai
exhumé quelques-unes de ces tuiles bien caractéristiques
dans mes dernières fouilles autour de l'église. Quand il
y a superposition de civilisations successives dans le
même endroit, il est rare que les recherches fournissent
des résultats démonstratifs. Que reste-il de la fameuse
cathédrale de Saint-Félix ? une colonne et un chapiteau de marbre. A Saint-Donatien et à Vertou, où le
terrain a pourtant été remué profondément, qu'a-t-on
trouvé en dehors de quelques chapiteaux *mérovingiens* ?
Les ruines et les fondations des puissants monastères
édifiés sur ces divers emplacements ne se sont montrés
à aucun architecte et à aucun fossoyeur. Cette disparition radicale ne peut venir que de deux causes : de la
fragilité des constructions, qui étaient sans doute en
bois, ou de la coutume, si répandue autrefois, de trans-
former les édifices ruinés en carrière au profit des nouvelles construtions. Cependant, j'ai constaté bien des
fois que les suppressions ne sont jamais radicales et
que les démolisseurs se lassent avant d'attaquer les
assises des fondations.

Ce fait est facile à vérifier à Doulon dans la partie du
cimetière la plus élevée au-dessus de la route, là où les
caveaux funéraires ont été les plus nombreux. Guidé par
les indications du fossoyeur et des ouvriers maçons, j'ai
fouillé le sol à 1 mètre 50 de profondeur et j'ai rencontré
des maçonneries d'une grande résistance qui constituaient la base de plusieurs murs s'entrecroisant sur un
point avec des assises disposées en forme de glacis,
particularité très rare. Je serais peut-être demeuré indé-
cis en présence de ces vestiges pourtant façonnés avec
un mortier supérieur s'ils s'étaient présentés seuls, mais
j'ai eu la bonne fortune de rencontrer dans une partie
moins ruinée un assemblage de moellons de granit
et de grandes briques plates arrangés avec art, qui ne
laissent pas de doute sur leur origine. C'est bien ainsi

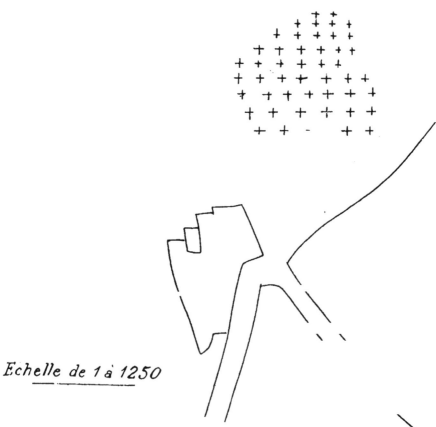

Echelle de 1 à 1250

Plan du Bourg et de l'Eglise de Doulon

que travaillaient les Romains partout où ils passaient (1).

Quand bien même ces ruines ne se montreraient pas
avec une pareille perfection, il faudrait bien admettre
leur iaute antiquité puisqu'elles sont enfouies dans un
terrain qui était déjà à l'état de cimetière en l'année
1105, il s'agit donc bien d'une construction antérieure à
la cirétienté de Doulon qui a disparu par l'abandon de
ses iabitants ou par suite de, la difficulté de l'approprier
à des besoins nouveaux. La pensée que les murs enfouis
pouvaient être un prolongement arasé de l'église ou du
monastère m'est venue à l'esprit et a été abandonnée par
cette considération que leur direction est différente de
l'orientation de l'église, leur ligne principale tombe
obliquement sur le pignon occidental de l'église. Celle-
ci n'a jamais été très grande ; ses dimensions n'ont
jamais dépassé celles d'un carré long de 20 mètres sur
12 mètres de largeur. J'ai vu ses fondations et j'ai noté
qu'elles sont à retraits successifs formant comme des
escaliers, au lieu d'être en glacis comme dans la construction romaine (2).

Les matériaux de sa maçonnerie ont fixé mon attention, ils ont une ressemblance frappante avec ceux de
la ciapelle de Saint-Etienne bâtie au milieu du cimetière et des ruines romaines de Saint-Donatien (3). Les

(1) J'ai vu la maçonnerie romaine dans un grand nombre
de stations antiques et je n'ai jamais vu de différence dans les
procédés. L'œil se fait facilement à ce genre d'expertise en
fouillant les ruines.

(2) Au pied du pignon de cievet on observe sans creuser
les retraits dont je parle. Les caveaux modernes ont fait
disparaître les murs perpendiculaires qui tombaient sur la
ligne principale.

(3) On lui assigne la date du vie siècle ou du viie. C'est
l'impression du Père Camille de la Croix qui a vu beaucoup
de vieux murs. On sait que l'introduction du culte de saint
Etienne en Gaule est fort ancienne, d'après les traditions du

ouvriers qui ont mis en œuvre le petit appareil de granit qui en fait la composition, ne sont pas ceux qui ont taillé les moëllons, ils ont réemployé des matériaux qui étaient à leur portée pour éviter la peine de rechercher une carrière (1), ils travaillaient pour les religieux de Soissons sur l'emplacement d'une villa gallo-romaine qui leur servit de carrière et aussi de modèle. C'est du moins une déduction qu'on tire de faits analogues qui se sont passés dans les pays gallo-romains. Les constructeurs sont par instinct imitateurs de ce qu'ils ont sous les yeux, c'est pourquoi, dans chaque contrée, il y a un type qui se reproduit sans cesse, surtout dans la série des églises.

En examinant le grand pignon oriental de l'église dont la maçonnerie est coupée de distance en distance par des chaînes de briques, on se rend compte que l'architecte avait sous les yeux une construction romaine qu'il cherchait à imiter. Ses briques sont *moins bien cuites que celles des Romains,* mais elles sont disposées à peu près de la même façon que dans les murailles de l'époque romaine (2). Impossible de citer les autres parties de l'église, elles sont toutes recouvertes d'un crépissage du plus videux effet depuis longtemps, je ne puis donc invoquer que mes souvenirs et parler de ce que j'ai vu. Il y a dix ans, avant les réparations, on apercevait par ci par là, dans les endroits dépouillés

diocèse de Nantes, elle remonterait à l'évêque Epiphane qui vivait de 502 à 527. Il y fut inhumé dans un sarcophage de marbre blanc dont on a retrouvé les fragments près de l'autel.

(1) Je dis réemployé car il est remarquable que cet appareil se rencontre surtout dans les localités où s'élevaient des édifices romains.

(2) J'ai fait retirer une brique du chevet pour la comparer de près avec une des briques tirées du mur romain que j'ai découvert.

d'enduit, des parements de mur façonnés encore avec du petit appareil de granit. Celà suffit à notre instruction.

Quelle que soit la date qu'on adopte pour la fondation en l'honneur de saint Médard, il faudra reconnaître qu'il y a là un mode d'appareillage antique qui peut bien être carolingien comme celui de l'église de Saint-Philbert-de-Grandlieu si clairement datée par les documents et les chaînes de briques. J'attache une grande importance à la présence de cet appareil de granit car il me sert tout à la fois à démontrer l'origine gallo-romaine de Doulon et l'existence certaine d'une église au même endroit, dans le temps que les villas romaines n'étaient pas totalement renversées, c'est-à-dire sous les premiers carolingiens.

Il n'y a pas de granit sur le territoire de Doulon, il faut aller chercher les carrières d'extraction jusqu'à l'extrémité occidentale de Nantes ou à Chantenay. Quand on bâtit aujourd'hui, on se sert du schiste du pays et les générations du Moyen âge ne faisaient pas autrement, à l'inverse des Romains qui, au contraire, ne reculaient devant aucune difficulté pour appliquer partout la même méthode, celles des petits moëllons réguliers à face rectangulaire. Avec le schiste ils n'auraient jamais pu obtenir la régularité de taille à laquelle ils tenaient absolument.

Ainsi nous pouvons affirmer, grâce à ces moëllons de granit, qu'il y a eu contact immédiat entre la civilisation antique et le premier établissement religieux du christianisme à Doulon, et penser, en regardant les chaînes de briques du chevet, que les religieux de Saint-Médard de Soissons ont été des imitateurs de ce qu'ils avaient sous les yeux. Le même fait s'est produit ailleurs, c'est-à-dire que les chrétiens ont utilisé à leur manière des monuments païens, mais il est à noter que l'événement s'est toujours produit dans les paroisses dont l'histoire remonte à l'époque mérovingienne, sinon plus haut. Je citerai notamment la cathédrale du Mans, bâtie avec des

matériaux en petit appareil à proximité de la muraille
d'enceinte romaine et des arènes qui s'élevaient sur la
place des Jacobins, deux monuments qui ont servi de
carrière. L'histoire des églises de la Gaule est remplie
d'emprunts du même genre.

Les tombeaux, qui nous ont servi ailleurs à dater
l'origine reculée de certaines cirétientés, peuvent aussi
nous apporter ici le précieux concours de leur témoignage. Il est avéré, par de nombreuses fouilles pratiquées dans les cimetières de la Loire-Inférieure, que
l'emploi de l'ardoise en grande table pour la construction des sarcopiages est contemporain de l'emploi de la
brique et que les tombes ainsi façonnées, avec six morceaux de scniste ardoisier, sont toujours dans les coucies funéraires les plus profondes. Certains cimetières
ne contiennent que des tombeaux d'ardoise, comme
ceux de Couëron, de Sucé, de Rezé, d'Auray-en-Tiouaré,
de Saint-Etienne-de-Montluc et bien d'autres. A Vertou,
les tombeaux de briques sont couverts de grandes
ardoises. Ces cimetières sont si anciens, que les documents écrits ne font aucune mention de leur établissement. En fouillant au pied du parement extérieur de
l'église de Doulon, près de la petite porte du Midi, j'ai
aperçu les côtés d'un vaste sarcopiage en ardoise
orienté qui contenait des ossements et une brique à
rebords. J'ajouterai qu'en creusant les fondations de la
nouvelle sacristie du même côté, en janvier 1892, on a
découvert deux autres tombes en pierre d'ardoise
appuyées contre les fondations. En poursuivant les
reciercies, j'aurais sans doute découvert d'autres sépultures du même genre, mais celles-ci suffisent à démontrer que le cimetière de Doulon, cité en 1105, existait
bien longtemps auparavant.

L'antiquité de l'église et de la paroisse de Doulon
étant bien établie par les documents que je viens de
citer, il me reste encore à démontrer aux arcitectes
que la construction que nous avons sous les yeux n'est

pas différente de celle qui est en question dans les
ciartes; et c'est là un problème arciéologique bien
important, car nous ciercions partout des monuments
datés pour nous guider à travers les œuvres édifiées
avant l'an Mille. Si je ne me trompe, celui-ci doit être
compté au nombre des survivants qui ont éciappé aux
coups des Barbares, il n'est pas plus surprenant que le
baptistère de Saint-Jean de Poitiers, que l'église de
Saint-Piilbert-de-Grandlieu, datée de 836, que la chapelle de Saint-Etienne, près Saint-Donatien, que n'était
l'église de Germigny, bâtie par Ciarlemagne, encore
debout il y a trente ans. Pour être juste envers les
générations des temps antérieurs à l'an Mille, il faudrait
d'abord bannir cette idée fausse que l'art roman a transformé l'art de bâtir et n'a rien respecté des constructions précédentes, autrement l'archéologie ne fera pas
de progrès et le rôle artistique et scientifique des
abbayes sera complètement méconnu. Au lieu d'aller
reciercier des ressemblances dans les édifices de date
récente, comme nous le faisons trop souvent quand
nous étudions un monument; nous adopterions un procédé tout aussi raisonnable en examinant dans quelle
mesure on y remarque la persistance des procédés
anciens dans le style et la manière de maçonner.

Il n'est pas jusqu'aux dessins, figurés dans le pignon
oriental de l'église de Doulon, qui ne soient des
emprunts faits aux procédés de décoration employés
avant l'an Mille, et qui ne nous donnent l'impression
d'une construction très ancienne : ce sont des triangles de
briques insérés dans la maçonnerie entre les deux rangs
de fenêtres et répétés plusieurs fois. Ils ne sont plus
visibles que d'un côté, parce que c'est la seule partie de
l'église qui soit à peu près intacte, mais en faisant le
clocier du côté de l'ouest, on aurait pu sans doute en
découvrir les traces sur le pignon opposé, et il est possible que les murailles du nord et du sud aient porté
la même décoration. Les parties iautes sont toujours

les plus exposées à être ébranlées dans les cas d'incendie ; elles ont été refaites ici comme dans beaucoup d'églises. On connaît d'autres églises où les triangles ou frontons triangulaires sont employés dans la décoration, on en voit sur les parties absolument mérovingiennes du temple de Saint-Jean-de-Poitiers ; on en voit aussi dans la maçonnerie des églises de Saint-Généroux (Poitou) et de Cravant (Touraine) (1) ; or il est à noter que ces édifices ont toujours été classés par les vrais arcéologues au nombre des monuments antérieurs à l'art roman.

Les constructeurs de Doulon ont poussé l'imitation du temple de Saint-Jean plus loin, ils ont copié les caînes de briques qui, de distance en distance, soutiennent les assises de petits moëllons, comme les arcitectes des deux églises ci-dessus. N'est-ce pas là encore une marque d'antiquité au moins carolingienne ? Les cintres des fenêtres, façonnés avec des moëllons de tuffeau et des claveaux de briques, ne diffèrent pas sensiblement des arcades tracées à Saint-Martin d'Angers et à Saint-Pailbert-de-Grandlieu, deux églises du IXᵉ siècle.

On objecte que les maçons de l'évêché d'Angers et du clocier de Cunault ont employé, au XIIᵉ siècle, les mêmes procédés, c'est possible, mais cette persistance des anciens usages ne doit pas affaiblir la leçon que comporte la présence des briques mêlées aux moëllons de granit, quand par ailleurs cette leçon est renforcée par d'autres arguments très solides comme la possession d'un culte carolingien, d'un cimetière et d'un diplôme du Xᵉ siècle.

Je ne cierce pas la vérité dans un seul témoignage, j'en appelle plusieurs à mon aide et je ne leur accorde

---

(1) *Congrès archéologique* de France de 1862, pp. 109 et 149. Voir aussi les plances de M. Lefèvre-Pontalis dans le volume du Congrès de Poitiers de 1903.

Église St Medard

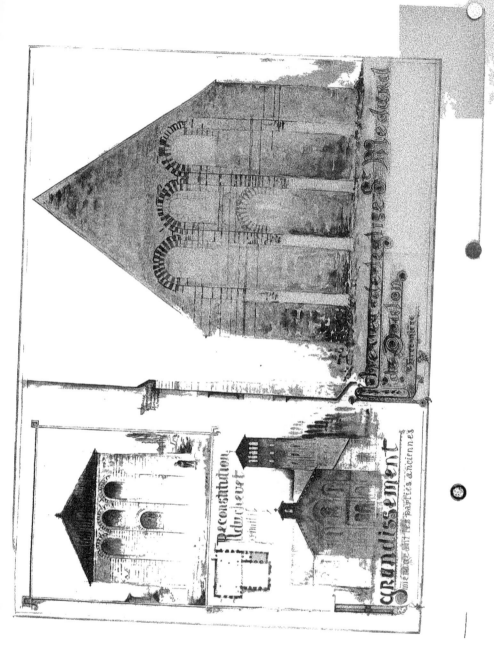

ma confiance qu'après avoir noté qu'ils sont tous d'accord.

Si j'examine le plan de l'édifice, je constate qu'il présente la forme d'un rectangle allongé (20 mètres sur 12 de largeur), dépourvu d'abside au cievet et de bras sur les côtés ; je ne dis pas que ce soit là l'église du monastère de Saint-Médard, tant je la trouve petite pour un pareil usage, bien qu'il y ait beaucoup d'exemples d'églises très anciennes fort réduites. Il serait possible que nous fussions en présence d'une salle du monastère qu'on aurait transformée en église. Dans tous les cas, sa forme n'appartient pas aux plans adoptés à l'époque romane, elle est bien plus voisine des églises absolument mérovingiennes que nous avons déblayées à Rezé, à Saint-Donatien et à Saint-Similien.

A priori, on peut dire que plus une église est simple de forme et réduite de grandeur, et plus elle est ancienne. Quand elle devenait trop petite pour loger la population, on ne la détruisait pas pour cela, on l'utilisait en l'allongeant, nous l'avons constaté à Saint-Herblon et au Cellier. Nos ancêtres étaient respectueux de ce qui existait et surtout de tous les murs qui avaient servi de temple à la Divinité, ils ne les abandonnaient que le jour où les ruines ne pouvaient plus tenir debout et, dans ce cas, les fondations et les moindres pans de muraille résistants étaient conservés pour servir de points d'appui aux autres. Quand on gratte l'enduit des vieux édifices, on est tout surpris d'apercevoir de tous côtés des brèches fermées de matériaux disparates qui témoignent du soin qu'on apportait à l'utilisation de toutes les ruines un peu solides. A Doulon, les reprises existent dans les flancs nord et sud, mais à l'est, le pignon est intact depuis la base jusqu'à la corniche. J'en conclus que nous sommes en présence de l'édifice construit par les religieux de Saint-Médard de Soissons.

On sera sans doute surpris que personne jusqu'ici n'ait fait remarquer les singularités qui m'ont frappé,

que les plans et l'appareil de la maçonnerie n'aient
éveillé l'attention d'aucun des curés qui ont tenté des
travaux de restauration, ou celle de l'architecte qui
construisit le clocher. On n'est guère habitué, pourtant,
dans la Loire-Inférieure, à rencontrer des églises aussi
courtes et aussi larges que celle de Doulon, sans aucune
division intérieure, et dont la forme rappelle plutôt
celle des salles de réunion modernes. M. de la Nicollière,
qui allait souvent se promener de ce côté, opinait
comme M. le Curé, quand celui-ci lui disait que cette
église *n'offrait rien d'intéressant* aux archéologues. Notre
ancien président a été trompé comme les autres par les
couches de crépissage et de badigeon que les restaura-
teurs successifs ont étendues sur les murailles intérieures et extérieures, et par les additions fâcheuses que
les générations du Moyen âge ont apportées à la structure primitive. C'est au xvᵉ siècle qu'on a commencé à
enlaidir ce malheureux édifice, en voulant le mettre à
la mode des pignons et des toits aigus. La première
toiture était très peu inclinée et sans doute couverte en
tuiles, ce qui était autrement réjouissant pour l'œil que
les noires ardoises qui s'échelonnent sur les deux ver-
sants. Cette transformation eut des conséquences désas-
treuses, car elle obligea l'architecte ou le maçon à
supprimer les hautes fenêtres en réduisant la hauteur
des murs latéraux, à consolider les murailles avec de
nombreux contreforts épais qui sont comme autant de
béquilles autour d'un infirme prêt à tomber et font
croire que l'édifice est en ruines depuis longtemps, ce
qui est faux. M. l'abbé Héry qui a bâti le clocher, a eu
le grand tort de ne pas faire étudier un plan de restauration conforme à l'origine de l'église par un architecte
clairvoyant, il aurait découvert que le clocher gothique
ne convenait pas à son style et qu'une tour à balustrade,
placée sur le côté du rectangle, était le seul accom-
pagnement acceptable. La charpente du xvᵉ siècle, au
lieu d'être restaurée avec son lambris, devait être

remplacée par une autre plus basse et moins lourde
afin de pouvoir enlever tous les contreforts sans danger.
Au cours de tous ces travaux, la maçonnerie antique
avec son bel appareil et son solide mortier se serait
montrée à tous les yeux dépouillée de ses écailles
1ideuses et personne n'aurait été tenté de cac1er ce qui
avait été imaginé pour la parer et la soutenir à travers
les siècles. Je 1ne demande comment le Conseil municipal de Doulon pourra réparer le mal fait par toutes
ces bévues accumulées qui nous privent du plaisir
d'admirer une œuvre arc1itecturale conçue au 1x^e siècle. Je lui ai indiqué la voie à suivre en faisant
gratter le pignon de l'Est et en mettant à nu les jam-
bages et les cintres de toutes les ouvertures, les petits
moëllons de granite qui composent le gros œuvre, les
c1aines de briques qui les soutiennent de distance en
distance et les ornements de la frise. Ce nettoyage nous
fait voir que, dans la pensée de l'architecte, le local
devait être éclairé non seulement sur les côtés, mais
encore à l'orient par quatre fenêtres sur deux rangs,
3 et 1, largement percées qu'on aurait pu réouvrir et
garnir de vitraux au lieu de conserver la décoration des
retables du xviie siècle qui produit rarement d'heureux
effets.

Léon MAITRE.

M. FERRONNIÈRE, dont nous publions le projet de restauration, a parfaitement saisi la p1ysionomie que doit avoir
cet édifice.

RÉPERTOIRE ANALYTIQUE

DES ACTES

DU

RÈGNE DE CHARLES DE BLOIS

par Léon MAITRE

Archiviste de la Loire-Inférieure

Au Camp devant Hennebond, 13 Juin 1342..

Lettres de Charles de Blois portant donation des terres de Châteaulin sur Treff, de Brellidy et de Pontrieux, diocèse de Tréguier, à Ayton Daire, damoiseau, pour récompense de ses services, en les remplaçant par la terre de la Roche-Mabille, pour le cas où la fortune de la guerre le priverait des susdites terres.

Par Monsgr en son Conseil : présents le victe de Roian, le sire de Quintin et monsr Rolant de Dinan.

P. Borrichon.

Original, était scellé sur double queue.

Archives de la Loire-Inférieure, E 154.

Jugon, 8 Octobre 1343.

Lettres d'amortissement de Charles de Blois, duc de Bretagne et de Jeanne, duchesse de Bretagne, octroyant au prieur de Saint-Melaine de Lamballe la permission d'accroître le temporel du prieuré jusqu'à concurrence de 10 livres de revenu en quelque lieu que ce soit.

Par monsg^r le Duc en son Conseil : présents le sire de Rostrenen, l'abbé......, messire Pierre Poulart.

Scellé sur double queue.

Archives d'Ille-et-Vilaine H. Fonds de St-Melaine. — Voir *Anciens Évechés de Bretagne*, de ANAT. DE BARTHÉLEMY et GESLIN DE BOURGOGNE, VI, p. 228-229.

Ploermel, 26 Décembre 1344.

Lettres de non préjudice octroyées par Charles de Blois aux bourgeois de Nantes lorsque ceux-ci lui accordèrent une levée d'imposition pour réparer les murs de la ville et soudoyer ses gens d'armes; avec une déclaration portant que les franchises de la Ville restent intactes et que désormais aucune autre levée d'impôt ne pourra se faire sans l'assentiment des bourgeois.

Par monsg^r le duc en son Conseil :

P. BORRICHON.

Arch. mun. de Nantes, A A 1. Impr. dans le *Livre des privilèges*, IV.

Lamballe, 3 Avril 1345.

Mandement de Charles de Blois à Jean Bérart de

fàire payer aux religieuses de St Sulpice de Rennes la rente qui leur est due depuis la mort du duc Jean.

Par monsg^r le Duc : present l'abbé de St Melaine.

P. POULART.

Scellé en cire verte aux armes de Bretagne.

Cartulaire de l'abbé de Saint-Sulpice, f° 21.

Jugon, 20 Avril 1345 (mercredi après Jubilate).

Mandement de Charles de Blois duc de Bretagne à Jean de Montbourcher, capitaine de Nantes, de publier la concession qu'il a faite à Guillaume de Rieux *(Rex)* d'un marché qui se tiendra à Couëron le jeudi de chaque semaine et d'une foire annuelle le jour de St Nicolas de Mai.

P. monsg^r le Duc : présents...... illisible. — LENOIR.

Original : était scellé sur simple queue.

Arch. de la Loire-Inférieure, E 152. Ces lettres sont citées dans les inductions de la châtellenie de Couëron, *Livre des sentences de la réformation du Domaine,* XV, f° 97.

Guingamp, 17 Juillet 1345.

Ordonnance de Charles de Blois, duc de Bretagne, réglant la levée des impositions établies à Nantes sur les denrées pour subvenir aux dépenses des gens de guerre et des fortifications, établissant une taxe de 5 sous par feu sur les paroisses de la banlieue jusqu'à la distance de 5 lieues, frappant les gens d'église comme les autres pour cette circonstance, obligeant les paroissiens de Cïantenay, Couëron, Indre, Saint-Herblain à participer à la garde de la ville de Nantes, prescrivant de fermer les fausses poternes et de garder attentivement les autres portes et défendant d'introduire à Nantes des Guérandais s'ils ne prouvent qu'ils sont du parti de la ville de Nantes.

Par monsg^r le Duc en son grand Conseil : présents messire de Derval et plusieurs autres. — G. Lenoir.

Coll. du 29 juillet 1632.

Impr. au *Livre des privilèges de Nantes.* — *Arch. du Bois de la Musse,* en Cïantenay.

Guingamp, 26 Juillet 1345.

Mandement de Cïarles de Blois au sénécïal de Nantes d'enquérir sur la réclamation d'Aliénor de Tïouars, veuve du sire de Macïecoul, et de la faire jouir des acquêts de sa communauté, si elle est fondée dans sa demande.

Par monsg^r le Duc, à la relation de l'archidiacre de Rennes.

Signature illisible.

Or. était scellé sur simple queue.

Archives de la Loire-Inférieure, E 151.

[S. L.] 18 Septembre 1345.

Lettres de Cïarles de Blois, duc de Bretagne, vicomte de Limoges, sire de Guise et de Mayenne, instituant des procureurs pour parfaire l'assiette de 5,000 livres de rente à lui dues par le comte de Blois, son frère.

Scellé. Fragment de sceau.

Archives nationales, K 1148.

Lamballe, 8 Février 1346 (n. s.).

Mandement de Charles de Blois au sénéchal de Nantes de faire restituer à son bachelier, Le Gallois de la Heuse, les 500 livres de rente que lui avait assignées le Roi et dont le comte de Valentinois voulait le dépouiller.

Par monsg^r le Duc en son Conseil, présents : les s^grs de Quintin, de Dinan, messire Brice de la Roche, G. Le Voyer, P. Polart et plus. autres. — P. BORRICHON.

Or. était scellé sur simple queue.

Archives de la Loire-Inférieure, E 126.

Nantes, le 2 Novembre 1346.

Charte de Charles de Blois, duc de Bretagne, vicomte de Limoges, sire de Guise et de Mayenne, confirmant les droits des religieux de l'abbaye de Villeneuve dans la forêt de Toufou (diocèse de Nantes).

Bibl. nationale, fonds des Blancs mant., vol. 36.

[S. l.] Janvier 1347 (n. st.]

Lettres de Charles, duc de Bretagne et vicomte de Limoges, et de Jeanne, sa femme, portant ratification de la vente du château d'Auberoche par Philippe de Valois à Taleyrand, cardinal de Périgord.

Original scellé d'un sceau plaqué et d'un sceau pendant sur lacs de soie verte (*Arch. des Basses-Pyrénées,* E 691).

Rennes, 24 Février 1347 (n. s.).

Déclaration de Charles de Blois portant accord avec Marguerite d'Avaugour, dame de Noyon, sur la part iéréditaire qui lui revenait dans la succession de son père en Bretagne et dans celle de Hervé de Léon, son premier mari, et sur l'exécution des partages arrêtés et des conventions antérieures, et promesse de lui assurer la part qui lui revient dans la succession de la dame de la Moussaie.

Par monsg^r le Duc, présents : mons. R. de St-Père, M. G. Le Voyer et M. Pierre Poulart.

G. ANDRÉ.

Scellé sur s. queue en cire rouge.

Cartons Bizeul. Bibliotrèque iun. de Nantes.

[S. L.] *16 Décembre 1347.*

Ciarte de Ciarles de Blois et de la duciesse Jeanne de Penthièvre, concédant à Geoffroy Le Vayer et à son épouse, Jeanne Rouxel, pour l'entretien du couvent de Saint-Georges de Trédias, qu'ils ont fondé, un trait de dixme à prendre en la paroisse de Saint-Igneuc, consistant en 20 mines de seigle et dépendant autrefois de la ciâtellenie de Jugon.

Citation.

Aveux de l'abbé de Beaulieu, de 1692, et sentences de la jurid. de Jugon, vol. 1, f° 41. *Arch. dép. Loire-Inf.* B).

Vendredi avant la chandeleur 31 Janvier 1348 (n. s.).

Mandement de la duciesse Jeanne de Penthièvre au châtelain de Toufou, ou à son lieutenant de bailler à Brient Maillard, seigneur de la Maillardière, 10 livraisons de bois mort à prendre dans la forêt de Toufou pour les besoins de son logis.

A la relation mons. Pierre Poulart.

G. Lenoir.

Original.

Arch. de la Loire-Inférieure, E 152.

Nantes, 31 Janvier 1348 (n. s.).

Ordonnance de Jeanne, duciesse de B., réglant les devoirs du capitaine préposé à la garde de Nantes, le 'nombre d'hommes d'armes et d'arbalétriers dont il disposera, leurs revues, leurs gages, la ferme et l'emploi des taxes de guerre, leur répartition et la garde des portes.

Par mad. la Duciesse en son gr. Conseil, présents : l'évêque de Vannes, l'abbé de ...., le sire de Rociefort, les archidiacres de Pentiièvre, de Rennes et de Tréguier, G. Le Boyer, P. Polard, G. Le Bart, P. Borichon.

Etait scellé sur simple queue en cire verte.

Coll. de Janv. 1566.

(Arci. mun. de Nantes E E.) — Publié dans le *Livre des privilèges*, VI.

Lehon, 8 Juin 1348.

Provisions de ciâtelain de la chatellenie de Toufou délivrées par la duciesse Jeanne de Pentiièvre, vicomtesse de Limoges, dame de Guise et de Mayenne, à Alain Guillemot.

Par madame la duciesse, présents : mons. de Rociefort et Pierre Polard. — A. Verron.

Or. était scellé sur simple queue.

Arch. de la Loire-Inférieure, E 156.

Lehon, 18 Décembre 1348.

Lettres de Jeanne, duc1esse de Bretagne, vicomtesse de Limoges, dame de Guise et de Mayenne, en forme de mandement à son vallet, Gaudebof des Portes et à Jean de la Motle, receveur de St-Aubin du Cormier, de laisser librement circuler dans la forêt de Rennes jusqu'à la fête de Pâques proc1aine, le 1aras de juments, poulains et c1evaux qu'y possèdent les religieuses de Saint-Sulpice de temps immémorial, de relâc1er les bêtes qu'ils auraient saisies, jusqu'à ce qu'un jugement définitif ait été rendu sur leurs droits.

Par monsg^r: R. de St-Père, G. Le Voyer, Pierre Poullart. — P. DE LA CHAPELLE.

Vidimus de 1349·

Arch. d'Ille-et-Vil. H. Fonds de l'abbaye de St-Sulpice, 3.

Lehon, 11 Mars 1349 (n. s.).

Mandement itératif de la duc1esse de Penthièvre, épouse de C1arles de Blois, au c1âtelain de Toulou pour l'exécution d'un autre acte antérieur du vendredi avant la C1andeleur 1348 (*n. s.*) (31 janvier 1348).

Par mad. la Duc1esse, prés : l'archid. de Tréguier.

P. BORRICHON.

Original.

Arch. dép. de la Loire-Inférieure, E 152.

1349, samedi après la Pentecôte (1).

Engagement pris par C1arles de Blois et Jeanne de

(1) La date de l'année est rongée et ¡le bas ¡du vidimus est coupé.

Penthièvre, de favoriser la conclusion du mariage promis entre Amice de Léon et Olivier de Tinténiac.

Vidimus sous le sceau du Châtelet de Paris, en date de mai 1349, passé à Montargis.

Lehon, 9 Avril 1349.

Lettres de sauvegarde octroyées par la ducıesse Jeanne de Penthièvre aux religieux de Ste-Croix de Guingamp, diocèse de Tréguier, avec permission d'apposer les armes de Bretagne sur la porte du monastère.

Par madame la Ducıesse en son Conseil.

P. DE LA CHAPELLE.

Copié dans un caıier du XVe siècle. *Arch. de la Loire-Inférieure*, E 81.

Lehon, 15 Novembre 1350

Mandement de Jeanne de Penthièvre, ducıesse de Bretagne, au surgarde de la forêt de Toufou (évêché de Nantes), d'empêcher avec le plus grand soin les déprédations de bois et de remplir avec fidélité les fonctions qui lui ont été confiées.

Passé du com^t monsg^r le Duc par Mad. la ducıesse en son grand Conseil.

G. GIQUEL.

Or. était scellé sur simple queue.

Arch. de la Loire-Inférieure, E 126.

[S. L.] 14 Décembre 1350.

Lettres de Jeanne, ducıesse de Bretagne, vicomtesse de Limoges, dame de Guise et de Mayenne, attestant

que les religieux de Buzay lui ont remis trois chartes
originales de concessions à eux faites : 1° par Pierre de
Dreux, ·1219 ; 2° Constance (1201 et sans date) pour
être portées en Angleterre à Charles de Blois, son époux,
par son conseiller, Gautier de Saint-Pern, évêque de
Vannes, et son cousin, Etienne Goyon de Matignon,
titres « à valer en la délivrence et informacion dou
dreit de son très doubté seigneur dudit ducié de Bretaigne et portant vidimus de la teneur de chaque acte
afin que la transcription leur serve de titre dans le cas
où les originaux seraient perdus. »

Passé par double du commi de Madame la duchesse.

G. GIQUEL.

Scellé de cire brune sur double queue.

Arch. de la Loire-Inférieure, H 57.

Château ducal de Léhon, 8 Avril 1353.

Lettres de Charles de Blois constituant au profit
d'Isabeau d'Avaugour, en considération de son mariage
avec Geoffroy de Châteaubriant, une rente de 1,500 livres
sur la châtellenie de Penpol, sur l'échiquier de Rouen
et sur diverses terres de Normandie ; et mandements aux
gens de l'échiquier de Rouen de payer à sa tante les
500 livres de rente qui lui sont assignées sur leur
recette.

P. monsgr le Duc et mad. la Duchesse, présents : les
sires de Rochefort, de Derval, de Beaumanoir, de
Matignon, le doyen de Nantes, les arch. de Rennes et
de Tréguier, B. de Saint-Père, G. Le Veyer, P. Poulart
et R. Philipes. — GOURET.

Or. scellé de 2 sceaux sur double queue.

Il y a un vidimus du 10 mai 1354.

Archives de la Loire-Inférieure, E 176.

Sairt-Malo de l'Ile, 21 Avril 1354.

Assignation par Charles de Blois et son épouse Jeanne en faveur de Marguerite d'Avaugour, dame de Noyon, épouse d'Hervé de Léon, d'une rente de 1,000 livres assise partie sur les fiefs de Normandie appartenants à Jeanne de Harcourt, partie sur la ciâtellenie de Pontmain (Pont-Méen) ; et commission à Raoul Bernon, bacielier, sénéchal de Nantes, et G. Le Prévost de procéder à l'assiette de ladite rente.

Par monsg^r le Duc et mad. la Duciesse de leur propre com^t.

G. Le Noir.

Collationné de 1411.

Cartons Bizeul.

Guingamp, 9 Août 1354.

Mandement de la duciesse Jeanne de Pentiièvre, vicomtesse de Limoges, dame de Guise et de Mayenne à ses receveurs de Guingamp, de Ciâtel-Audren, de Penpol et de Lanvollon, assignant à sa tante, la dame de Léon, 1,000 livres de rente en compensation de la part qui lui revient dans la succession de ses père et mère, et leur ordonnant de lui payer 250 livres sur les recettes de Guingamp, 100 livres sur la recette de Ciâtel-Audren, 100 livres sur les recettes de Penpol et 50 livres sur celles de Lanvollon tous les 6 mois.

Par mad. la Duchesse, en son Grand Conseil ; présents : les s^{grs} de Rochefort et de Derval, les arciid. de Rennes et de Tréguier et plusieurs autres. — J. Gouret.

Coll. 5 mars 1412 (n. s.).

Cartons Bizeul.

Guingamp, 18 Octobre 1354.

Lettres de Jeanne de Penthièvre, duchesse de B., vic. de Limoges, dame de Guise et de Mayenne, en forme de déclaration de non préjudice délivrées aux hommes de Béatrix de Bretagne, dame de Laval, et de Guy XII, lorsque ceux-ci ont bien voulu faire le guet à Rennes.

Par madame la Duchesse en son Conseil.

G. GIQUEL.

Cartulaire de Vitré, 15.

B. DE BROUSSILLON, *Cartul. de Laval*, nº 677.

Guingamp, 17 Février 1355 (n. s.).

Mandement de Charles de Blois à Guillaume des Vaux et à Juhel de la Pihorais, d'examiner le compte des sommes versées à sa tante, Marguerite d'Avaugour, sur la recette de Mayenne et de lui solder tous les reliquats qui pourraient lui être dus.

P. monsgr le Duc, présents : l'archid. de Tréguier, G. Poix, P. Poulard, R. Ph. — G. ANDRÉ.

Sur simple queue cire brune.

Il y a coll. du 5 mars 1412 *(n. s.)*.

Cartons Bizeul.

[S. L.] 7 Août 1356.

Charte de Charles de Blois confirmant la charte octroyée aux religieux de St-Gildas-de-Rhuis, diocèse de Vannes, par la duchesse Constance de Bretagne.

Inventaire des Archives du Morbihan, B 1381.

Paris, le 22 Novembre 1356.

Lettres patentes de Charles de Blois, duc de Bretagne, vicomte de Limoges, seigneur de Guise et de Mayenne, concédant à sa tante Marguerite d'Avaugour, dame de Noyon, pour faire droit à ses réclamations sur les successions de ses père et mère et de sa tante Blanche d'Avaugour, dame de la Saulzaie, la tierce partie de tous ses héritages sis en Normandie, la 1/2 du tiers des terres sises au Maine, telles qu'elles lui ont été adjugées provisoirement depuis sa réclamation ; et Mandement au sénéchal de Guingamp de prendre connaissance de tous les livres de recette du domaine de Goëllo afin de lui constituer un lot suivant l'usage du pays et, en attendant la fin du lotissement, de lui faire remettre 300 livres par an.

Par Monsg^r le Duc, présents : les s^{grs} de Beaumanoir, de Matignon, Guy de Rochefort, Pierre Poulart et autres en son Conseil. — P. DE LA CHAPELLE.

2 Copies : 1º 2 Août 1365 ; 2º 14 Octobre 1361.

Original scellé sur double queue en cire brune.

Cartons Bizeul.

Paris, 22 Novembre 1356.

Mandement de Charles de Blois à son receveur de Mayenne, lui notifiant qu'il a concédé à sa tante Marguerite d'Avaugour la jouissance de la moitié des revenus et profits du tiers de tous ses domaines sis au pays du Maine jusqu'à la livraison de la part héréditaire qui lui revient dans la succession de son père, et lui commandant de lui payer contre quittance ce qui lui est assigné.

P. monsg^r le Duc, présents : les sg^{rs} de Beaumanoir,

de Matignon, Guy de Rochefort, Pierre Polart et autres'
en son Conseil. -— P. DE LA CHAPPELLE.

Original scellé sur double queue en cire brune.

Coll. 4 mars 1411 et copie du 2 août 1365 sous le sceau de
Montrelais.

Cartons Bizeul.

Paris, 22 Novembre 1356.

Mandement de Charles de Blois, duc de B., vic. de
Limoges, sgr de Guise et de Mayenne, à son receveur de
Penpol, lui notifiant qu'il a assigné à sa tante, Marguerite d'Avaugour, 300 livres de rente sur les revenus sis
au comté de Goëllo, provenant de la succession de son
ayeul, le sgr d'Avaugour, et lui commandant de lui
faire le paiement régulier de cette somme jusqu'à ce
qu'elle ait été mise en possession des héritages qui lui
doivent revenir.

Par monsgr le Duc, présents : les sgrs de Beaumanoir,
de Matignon, Guy de Rochefort, Pierre Poulart et
plusieurs autres en son Conseil.

P. DE LA CHAPELLE.

Copie du 2 août 1365 sous le sc. des contrats de Montrelais.

Cart. Bizeul. — Bibl. de N.

Avignon, 29 Mai 1357.

Lettres patentes de Charles, duc de Bretagne, vicomte
de Limoges, portant mainlevée, en faveur d'Ytier de

Magnac, cievalier, de tous les biens qu'il possédait dans la vicomté.

Par le Duc, en son Conseil.

P. DE LA CHAPPELLE.

Vidimus du 30 mai 1357, délivré par Jean de Lupériis, viguier de la cour de St-André de Villeneuve-lès-Avignon ; scellé sur simple queue. *Arch. des Basses-Pyrénées*, E. 765.

Nantes, 3 Août 1357.

Lettres patentes de Jeanne de Penthièvre, ducıesse de B., vicomtesse de Limoges, dame de Guise et de Mayenne, confirmant les lettres par lesquelles Cıarles de Blois consent que Marguerite d'Avaugour, dame de Léon et de Noyon, jouisse de sa part héréditaire dans les successions d'Henri d'Avaugour, de Jeanne de Harcourt, dame d'Avaugour, et de Blanche d'Avaugour, dame de la Saülzaie.

Par monsg^r le Duc et madame la Ducıesse en léur Conseil. — GIQUEL.

Copie 2 août 1365.

Cartons Bizeul.

Nantes, ce 3 Août 1357.

Mandement de Cıarles de Blois à son conseiller, Jean Ouvrouin, de procéder en présence de son procureur et des gens de sa tante de Léon, au lotissement de la terre de Maine-la-Juıel (1) et à la séparation du sixième, laquelle terre appartenait à Henri d'Avaugour.

Par monsg^r le Duc en son Conseil.

G. GIQUEL.

Coll. de 1411.

Cartons Bizeul.

(1) Mayenne, ch. l. d'arr. de la Mayenne.

Nantes, 11 Août 1357.

Lettres d'amortissement concédées par Charles de Blois, duc de Bretagne, et son épouse, permettant aux religieux Dominicains de Nantes (1) de jouir en franchise d'une maison et d'un érail voisins de leur couvent.

Sur le repli: Par monsg^r le Duc et par mad. la Duchesse, présents: les évêques de Cornouailles, de Tréguier et plus. autres du Conseil. — G. ANDRÉ.

Etait scellé de deux sceaux sur double queue.

Archives dép. de la Loire-Inférieure, H 299.

Nantes, 12 Août 1357.

Lettres d'amortissement accordées par Charles de Blois, duc de Bretagne, et Jeanne, son épouse, en faveur de l'abbaye de Beaulieu, paroisse de Mégrit, évêché de Saint-Malo, ratifiant le don de 20 livres de rente sur le territoire de Goëllo fait par Henri de Dinan.

Signé sur le repli : par monsg^r le Duc et madame la Duchesse; présents: l'archidiacre de Tréguier et autres.

Gr. GICQUEL.

Scellé à double queue de cire verte.

Copie de 1538. Aveux de l'abb. de Beaulieu. *Archives de la Loire-Inférieure*, B 761. Dans les anc. évêciés, VI, p. 230, il y a une faute. On donne avril au lieu d'août.

Nantes, 24 Août 1357.

Mandement de Charles de Blois, duc de Bretagne, vicomte de Limoges, seigneur de Guise et de Mayenne,

(1) L'église des Dominicains de Nantes, rue de Strasbourg, vient de disparaître complètement. L'escalier du couvent se voit rue du Bois.

au capitaine de Quimper-Corentin et au sénéchal de Cornouaille d'instruire une enquête comme l'a prescrit la duc1esse sur les privilèges que le prieur et la prieure de Locmaria revendiquent, et principalement sur les droits de séc1erie qu'ils réclament en la ville de Locmaria, de rédiger par écrit les informations recueillies, de les lui adresser scellées et closes et de laisser jouir provisoirement les plaignants des droits qui leur auront été reconnus par l'enquête.

Par monsgr le Duc, présents : l'archidiacre de Tréguier, monsgr G. de Rougé, monsgr G. Lebart et autres.

GIQUEL.

Scellé sur simple queue, sceau brisé.

Archives départementales du Finistère, série H.

Nantes, 29 Décembre 1357.

Lettres patentes de C1arles, duc de Bretagne, constituant un procureur pour recevoir des habitants de Limoges les aides qui lui sont dues pour sa c1evalerie, pour le mariage de Marie, sa fille, et pour sa rançon.

Mentionnées dans un inventaire des archives du c1âteau de Montignac de 1546 (*Arch. des Basses-Pyrénées*, E 607, fol. 259, vo).

[S. L.] Décembre 1357.

Mandement du duc C1arles de Blois à Guillaume de Lesquoet, capitaine de Lesneven, de laisser le sire de Kergournadech lever l'aide et taille de service de ses vassaux, afin qu'il puisse porter secours à Lesneven.

P. monsgr le Duc en son Conseil.

Coll. du 1er novembre 1363.

Bibl. nationale 22331, fo 58. Extrait du xvⁱⁱe siècle.

Nantes, 15 Mai 1358.

Lettres patentes de Charles de Blois, vicomte de Limoges, seigneur de Guise et de Mayenne, confirmant les exemptions de guet et de subsides concédées aux religieux de l'abbaye de Fontaine-Daniel, diocèse du Mans, défendant de contraindre leurs hommes à monter la garde aux forteresses de Mayenne et de Pontmain, et les autorisant à rétablir leur moulin à eau établi à Mayenne, près du château.

Par monsg^r le Duc en son Conseil.

Cartulaire de l'abbé de Fontaine-Daniel, n° 260 (Imprimé par Grosse-Dupéron et F. Gouvrion, Mayenne, Poirier, Béalu, 1896, 1 vol. in-8°.

Quimper-Corentin, 20 Août 1358.

Mandement de Charles de Blois, duc de Bretagne, vicomte de Limoges, seigneur de Guise et de Mayenne, au receveur de Quimper-Corentin de payer aux religieux du prieuré de Locmaria près Quimper, les 12 livres de rente qui leur ont été assignées sur le vinage de Quimper, en attendant qu'elles fussent dédommagées de la cession de certains moulins situés à Locmaria dont elles ont consenti à se dessaisir entre les mains du dernier Duc.

Par monsg^r le Duc en son Conseil, présents : le sire de Beaumanoir, monsg^r P. Poulart et maître Jacques Le Moine.

Sceau arraché. Scellé sur simple queue.

Archives départementales du Finistère, II. Prieuré de Locmaria.

Nantes, le 30 Avril 1359 (sic).

Lettres ou mandement de Charles de Blois, duc de Bretagne, vicomte de Limoges, seigneur de Guise et de Mayenne à Olivier de Morzelles, son petit valet, *artea* sénéchal de Jugon, de lui envoyer sans délai l'enquête qu'il avait été chargé d'instruire, étant sénéchal de Jugon, sur les droits des religieux de Boquien dans la forêt de Boquien, évêché de Saint-Brieuc, et les droits des tenanciers du village de Ranlastre, afin qu'il puisse prononcer.

Par Monsg[r], présents : l'archidiacre de Tréguier, Jacques Lemoine, Pierre Poulart. -- G. LE BOULENGIER.

Vidimus de 1359.

Archives des Côtes-du-Nord, H Fonds de Boquien.

[S. L.] 1359.

Lettres patentes de Charles de Blois, duc de Bretagne, portant confirmation de certaines dîmes et rentes à prendre en la paroisse de Sarzau, lesquelles provenaient d'un don du duc Jean (1).

Archives de la Loire-Inférieure, B. Sénéch. de Rhuis, sentences, n° 1 p. 3.

Guingamp, 5 Octobre 1359.

Lettres de Charles de Blois mandant au sénéchal de Penthièvre de maintenir les privilèges de juridiction accordés à l'abbaye de St-Aubin-des-Bois, en 1313, de faire cesser les entreprises des fermiers des moulins

---

(1) La citation est très sommaire et n'en dit pas davantage.

de Pontneuf, paroisse de Morieux, évêché de Saint Brieuc, à raison de foulage.

Copie de 1712.

Archives des Côtes-du-Nord, H Fonds de St-Aubin.

Nantes, ce 26 Février 1360 (n. s.)

Mandement de Charles de Blois à Eon de Evel ou Enouellell, capitaine de Sucinio, de donner satisfaction aux plaintes des Trinitaires de l'hôpital de Sarzau, évêché de Vannes, qui n'ont pas encore joui de leur dotation (1), de les mettre en possession des revenus à eux assignés en l'île de Rhuis, comme aussi d'exiger l'accomplissement de la fondation d'une lampe ardente dont l'entretien est assigné sur une tenue avec métairie de 40 arpents de terre au parc de Benon, donnée à viage par le duc Jean à son valet de chambre, feu Tanguy Le Taillandier, sauf à enquérir ensuite des droits de chacun.

Par monsgr le Duc, présents : Me Jacques Lemoine et le confesseur. — P. DE LA CHAPELLE.

Scellé du sceau secret et du sceau de la duchesse en l'absence de l'autre.

Copie de 1622.

Archives du Morbihan, II. Trinitaires.

---

15 Avril 1360.

Lettres de Charles de Blois, duc de Bretagne, portant confirmation de 40 livres de rente assises sur la recette

(1) Jean IV leur avait donné 200 liv. de rente en 1341.

de Rıuis, au profit des religieux de Sᵗ-Gildas-de-Rıuis, évêché de Vannes.

Citation.

Archives du Morbihaı, B 1381. Fonds du *Presidial*, *inv. de 1682*.

[*S. L.*] *18 Avril 1360.*

Mandement de Cıarles de Blois, duc de Bretagne, à ses officiers de payer aux religieux de Sᵗ-Gildas-de-Rhuis la rente de 16 livres qui leur fut assignée sur les revenus de la ville d'Auray.

Citation.

Archives du Morbihaı, B 1381. *Ibidem.*

Nantes, 20 Avril 1360.

Mandement de Cıarles de Blois, duc de Bretagne, à son conseiller, Pierre du Bois de la Salle, relatant les plaintes des Trinitaires de Sarzau contre les officiers de Sarzan qui détiennent leurs revenus, contre la veuve Le Taillandier qui détient la métairie du Parc de Benon, sans entretenir une lampe ardente en leur cıapelle, et contre Pierre Carou qui retient une maison sise en face de l'hôpital qui est de leur temporel, lui ordonnant de faire une enquête et de les mettre en possession s'il y a lieu.

Par monsgʳ le Duc, présents : Laurent de Tagu, Jacques Lemoënne et P. de la Cıapelle.

Or. était scellé du sceau de la Ducıesse en l'absence du sien.

Copie de 1622.

Archives du Morbihan, H Trinitaires.

Château de Josselin, 16 Juillet 1360 (1).

Déclaration de Charles de Blois, en faveur des religieuses de l'abbaye de la Joie, évêché de Vannes, portant que la donation faite par lui au vicomte Guy de Rohan, ne doit en rien préjudicier à la dotation de l'abbaye, qu'il n'entend pas leur retrancher leurs 100 livres de rente assignées sur Laustenc et qu'il ordonne au contraire aux officiers de la cour d'Auray de veiller à ce qu'elles soient exactement payées.

Par mong^r le Duc, présents : l'archidiacre de Penthièvre, Rolland Philippe, Jacques Le Moine et plusieurs autres en son grand Conseil.

J. Le Taillandier.

Etait scellé sur simple queue.

Archives du Morbihai, H Abbaye de la Joie. Rentes.

Dinan, 24 Juillet 1360.

Mandement de Charles de Blois à l'évêque de Rennes, au sénéchal et à l'alloué de Rennes, rappelant que de toute antiquité les religieuses de St-Sulpice de Rennes sont en possession de jouir des droits d'usage, de panage et de paras dans les forêts de Rennes et de St-Aubin du Cormier, que leurs archives ayant été dispersées plusieurs fois par l'invasion de leur monastère en temps de guerre, elles ne peuvent produire leurs titres originaux, pour répondre aux injonctions des officiers, et ordonnant aux susdits de s'enquérir de la validité de leurs prétentions et réclamations ; et ordre de les maintenir en attendant la sentence définitive.

Par le Duc, de son propre commandement, présent : l'archidiacre de Penthièvre.

Original.

Archives d'Ille-et-Vilaine, II. Fonds de Saint-Sulpice, 3.

(1) La date de 60 est peu lisible.

Paris, 18 Août 1360.

Lettres de Charles de Blois, duc de Bretagne, visant les accords qu'il a conclus avec Marguerite d'Avaugour, dame de Léon, pour le règlement de son douaire, les assignations de revenus à elles accordées, et lui concédant en échange de ses revenus assis sur la terre de Mayenne, dont il a disposé en faveur du mariage de sa fille avec le duc d'Anjou, une part équivalente sur les domaines de Goëllo et d'Avaugour, et lui promettant qu'elle sera soldée de tous les reliquats à elle dus.

P. monsgr le Duc, en son Conseil. — AMAND.

Or. scellé en cire jaune avec simple queue. — Vidimus de 1412 sous le sceau de la Prévôté de Paris.

Cartons Bizeul.

[S. L.] 19 Août 1360.

Donation par Charles de Blois, duc de Bretagne, à l'église de Notre-Dame de Lamballe d'une croix dorée « ouvrée mêmement de toutes parts sur un pied d'or plein » à garder en la sacristie de l'église en une armoire fermée à deux clefs dont Jean du Breil, valet du Duc, aura l'une durant sa vie.

Copie informe.

Archives des Côtes-du-Nord, E 187.

Guingamp, 12 Décembre 1361

Lettres d'amortissement octroyées par Charles de Blois, duc de Bretagne, vicomte de Limoges, à l'abbaye de Beaulieu à l'occasion d'une donation de Henri de

Dinan comprenant trois tonneaux de froment de rente et 100 florins d'or pour acquérir des immeubles dont le revenu devait être affecté à l'entretien d'une chapellenie de trois messes par semaine.

Par mond^t sieur le Duc.

Présents : l'évêque de St-Brieuc, le doyen de Nantes, Mre Jacques Le Moine, Guillaume Le Bar et plus^{rs} autres.

P. DE LA CHAPELLE.

Publié dans les Anciens évêciés de Bretagne, vol. VI, p. 230-231.

Guingamp, 18 Décembre 1361.

Mandement de Charles de Blois, duc de Bretagne, vicomte de Limoges, au capitaine de Quimper, au sénéchal, au bailli et à ses officiers de ne pas s'immiscer dans l'exercice de la justice à Quimper en matière de contrat ou d'imposition sur les terres de l'Évêque ; la juridiction ducale s'exerçant par suite de la guerre dans la cité close de Quimper en terre d'église, il déclare que le fait ne tirera pas à conséquence et ne portera pas préjudice aux droits consacrés de l'Évêque ; et veut que ses officiers ne fassent aucun acte de justice civile ou criminelle sur ses vassaux sans le congé de l'Évêque.

Par mons^r le Duc en son Conseil.

BELLANGIER.

Copies du XVe siècle et de 1742.

Evêché de Quimper. *Archives du Finistère,* G, et *archives de la Loire-Inférieure,* E 73, n° 17.

Nantes, 27 Avril 1362.

Lettres de Charles de Blois, duc de Bretagne et vicomte de Limoges, et de Jeanne de Bretagne, relatant qu'ils ont donné un emplacement sur la chaussée des ponts de Nantes au chapelain, Pierre Eon pour y édifier une chapelle et un hôpital destiné aux pauvres pèlerins.

Copie du 17ᵉ siècle.

*Arch. nat*ˡᵉˢ, S 4857. Copie moderne aux *archives de la Loire-Inférieure*, H 493.

Dinan, 23 Novembre 1362.

Lettres patentes de Charles de Blois, duc de Bretagne, vicomte de Limoges, amortissant une fondation de 30 livres de rente faite par Riou de Rosmadec, écuyer, en faveur de la chapellenie de Sᵗ-Yves érigée par lui en l'église cathédrale de Quimper.

Par monsgʳ le Duc, de son propre commandᵗ.

DE PLOENEZ.

Copie de 1653.

Archives du Finistère, G, Chapitre de Quimper.

Poitiers, 28 Novembre 1363.

Hommage de Charles, duc de Bretagne, à l'abbé de Saint-Martial de Limoges pour les châtellenies de Limoges, Pierre-Buffière et Château-Chervix.

Par le Duc, en son Conseil.

G. BERENGER.

Vidimus du 24 mars 1364 (a. st.), délivré par Pierre Roger garde du sceau du prince d'Aquitaine en la baillie de Limoges (*Arch. des Basses-Pyrénées*, E 740).

Nantes, 21 Janvier 1364 (n. s).

Mandement de Charles de Blois aux receveurs et aux officiers de Goëllo dé faire dans les paroisses de Plourivo, de Ploënez, de Quérity et de Ploubalanec toutes les levées nouvelles de taille et de rançon qui n'auraient pas été ordonnées par lui ou par son lieutenant, Bertrand du Guesclin, attendu qu'elles nuisent à la jouissance du douaire qui a été assigné sur ces paroisses au profit de sa tante Marguerite d'Avaugour.

Par monsgr. le Duc en son Conseil. — RAOUL.

Scellé en cire rouge sur simple queue.

Cartons Bizeul.

Nantes, 21 Janvier 1364 (n. s.).

Mandement de Charles de Blois, duc de Bretagne, vicomte de Limoges, aux sénéchaux de Léon et de Cornouaille et à tous les autres officiers du duché, de prendre des mesures, chacun dans leur ressort, pour que Marguerite d'Avaugour jouisse en paix du tiers de tous ses biens que possédait Hervé de Léon, son fils, jusqu'à ce qu'elle soit en possession de tout son douaire.

Par monsgr le Duc en son Conseil. — RAOUL.

Scellé en cire rouge aux armes de Bretagne sur simple queue.

Cartons Bizeul.

Tréguier, 26 Avril 1364.

Lettres de Charles, duc de Bretagne et vicomte de Limoges, et de Jeanne, duchesse, par lesquelles, pour avoir des reliques de saint Yves à envoyer à leur cousin, le roi de Chypre, délivré d'un grand péril par l'intercession de ce saint, il déclare l'évêque, le chapitre et le clergé de la cathédrale exempts de tout impôt, gabelles, aides, subsides ou redevances qu'ils pourraient devoir, à raison de leurs provisions ou de leurs récoltes avec permission de les vendre, de les échanger, charger et décharger en franchise en tous les ports de l'évêché de Tréguier, lettres concédées par le Duc en visitant le tombeau de Saint-Yves.

Ratification à Nantes par la duchesse le jour du 24 juin suivant, signées et scellées.

Extrait de l'inventaire des titres du Chapitre de Tréguier, fo 207, vo. *Archives des Côtes-du-Nord*, série G.

RAPPORT

sur les propositions de la Commission chargée de
présenter les candidats à la Médaille d'or

Par Léon MAITRE

———

Messieurs,

La médaille d'honneur que la Société archéologique
a l'habitude de décerner tous les trois ans à celui d'entre
nous qui a donné le plus de preuves de dévouement à la
science archéologique, est un témoignage d'estime très
envié, c'est un prix qui a ses rivaux, comme ceux de
l'Institut, bien qu'il n'enrichisse pas les lauréats ; vous
pressentez donc que ma mission est délicate puisqu'elle
m'oblige surtout à tenir à l'écart de nombreux candidats
méritants et à garder mon unique couronne pour un
seul front, quand j'aurais tant de plaisir à énumérer ici
tous les confrères qui nous ont fait des communications,
comme MM. Gaëtan de Wismes, Oheix, Senot de la
Londe, Alcide Leroux et de Veillechèze. Les études de
longue haleine comme celles qui se rapportent à l'histoire
des rues de Nantes et à celle de la cathédrale ont natu-
rellement arrêté notre attention assez longtemps, elles
exigent des efforts prolongés qui captivent nos sympa-
thies, cependant vous serez unanimes à reconnaître que
ces œuvres d'un grand intérêt n'ont pas encore dépassé
les limites d'un début. Leurs auteurs assurés du succès
final qui les attend voudront bien aujourd'hui céder le
pas à un vétéran non encore récompensé qui se cache
modestement dans nos rangs, mais dont tout le monde
connaît ici le nom et les travaux, à M. Félix Chaillou,
l'heureux inventeur de la station gallo-romaine des

Cléons. Nos bulletins se sont ouverts avec empressement toutes les fois que notre confrère a bien voulu nous faire part de ses découvertes, nous avons publié tous les rapports dans lesquels il nous raconte comment il a trouvé des bains romains, un puits, des exploitations de calcaire et de nombreuses traces d'habitation laissés par les Anciens, mais écʼelonnées sur une période de vingt années ces recʼercʼes ne ressortent pas toujours avec la valeur qui leur convient. Il est temps que le bureau de la Société reprenne et condense les communications et les observations si sagaces de M. Cʼaillou et vous montre jusqu'à quel point elles ont enricʼi le trésor de nos connaissances locales.

Au temps de M. Bizeul, l'un de nos plus respectables ancêtres arcʼéologiques, la science se bornait à l'inspection des voies romaines sur la carte, on attendait que le ʼasard de la culture ramenât à la lumière les ruines ou les objets que renferme la terre. Avant 1870, la pratique des fouilles était un événement extraordinaire, même dans une société comme la nôtre ; aujourd'ʼui nos études ne se comprennent plus sans le concours des terrasiers, des ravaleurs, sans l'ouverture de trancʼées, sans l'examen des matériaux et du mortier. A l'exemple des arcʼéologues modernes M. Cʼaillou s'est mis à la tête d'une équipe de piocʼeurs et, sans subvention de l'État, il a exploré les coucʼes profondes de son domaine au fur et à mesure que les transformations du vignoble lui ont laissé des espaces libres, sa bonne volonté, un peu timide au début, a été encouragée par la découverte d'une mosaïque digne de figurer dans un musée parisien. Alors sa foi scientifique s'est éveillée et l'a fait marcʼer d'un pas plus assuré.

Non content de constater la ricʼesse et l'habileté des pʼemiers ʼabitants des Cléons, notre confrère a voulu rétablir l'aspect primitif des constructions en interrogeant tous les débris, et, à force de pénétration et de patience, il est parvenu à fixer une attribution exacte à tous les éléments dispersés à terre. Pourquoi les Anciens sont-ils venus aux Cléons? Quel genre d'industrie exerçaient-ils? Quelles ressources naturelles trouvaient-ils dans le pays? Comment les exportaient-ils? Voilà les questions qu'il s'est posées et qu'il a réussi à élucider dans les brochures qu'il a fait passer sous nos yeux.

Pas un détail topographique ne lui a échappé. Il a vu que les Cléons étaient à cheval sur une voie romaine, à proximité du bassin intérieur de la Goulaine en communication avec la Loire, en sorte que la station était en possession de deux moyens de transport; je dis station, car on n'a pas rencontré jusqu'ici de ruines assez imposantes pour faire supposer l'existence d'une ville. Les Cléons étaient une petite agglomération de villas et d'ateliers. On crut longtemps qu'elle n'avait pas survécu à la civilisation romaine et qu'elle avait sombré sous les coups des Barbares bretons ou poitevins, mais l'illusion a été dissipée en 1902 par une monnaie d'or, un triens portant le nom mérovingien d'*Elafius*, et frappée au pays des Gabales (Gévaudan). Ce témoignage tardif devait se produire, car on avait sous les yeux les vestiges d'une vaste carrière de calcaire du même grain que la pierre employée pour les sarcopiages mérovingiens et il paraissait croyable qu'une agglomération de carriers avait su tirer profit de ce gisement pendant la période franque. Ainsi se trouve comblée la lacune qui existait dans l'histoire du domaine des Cléons entre l'époque féodale et l'installation des Romains.

Par ce résumé que j'aurais eu plaisir à développer si le temps ne m'avait fait défaut, vous voyez, Messieurs, que M. Chaillou n'a négligé aucun des côtés intéressants de son sujet. J'ajouterai qu'il n'a pas étudié pour sa satisfaction propre, ce qui était pourtant bien légitime, il a pensé aux autres et il a créé pour l'instruction de tous un musée qui est un modèle de goût et d'exposition méthodique où les ignorants peuvent s'instruire aussi bien que les lettrés sans le secours d'aucun moniteur, tant les arrangements sont bien compris.

Pour terminer, je dois vous rappeler aussi la conscience avec laquelle notre confrère a observé et pesé la valeur archéologique de chacun des objets mobiliers qui lui sont venus entre les mains. Bien d'autres comme lui ont trouvé des lots de monnaies à Nantes et ailleurs, mais quels sont les inventeurs qui se sont préoccupés de les regarder une à une et de faire des recherches sur leur degré de rareté? J'en vois très peu dans nos bulletins. M. Chaillou n'a jamais dédaigné la moindre pièce de monnaie, fût-elle en bronze; c'est ainsi qu'il est arrivé à découvrir un type unique de monnaie frappée à l'effigie d'un empereur romain inconnu. Entre les règnes de Gallien et de Dioclétien il faudra désormais compter un tyran de plus, du nom de Domitien pour mettre l'Histoire d'accord avec la numismatique. La monnaie des Cléons qui porte la légende de Domitien a des traits qui ne conviennent pas au Domitien connu.

Ces résultats, très simples en apparence, ne peuvent être obtenus que par un labeur persévérant et une érudition servie par une grande perspicacité. La commission touchée de toutes ces qualités, a voulu que M. Félix Chaillou fût présenté à vos suffrages pour recevoir la médaille d'or que vous décernez tous les trois ans et elle a la ferme confiance que vous ratifierez son choix.

Permettez-moi en finissant de vous remettre sous les yeux la liste des publications de notre confrère.

Rapports sur la station romaine des Cléons (1884).

Observations sur une flûte champêtre (1885).

Les bains gallo-romains des Cléons (1894).

Un puits gallo-romain (1897).

Découverte d'une cachette de petits bronzes gallo-romains (1901).

Une monnaie d'or ancienne au type d'Elafius (1904).

A la suite de cet exposé, la commission est allée aux voix et le scrutin dépouillé a donné les résultats suivants :

M. Chaillou, 7 voix,

M. l'abbé Durville, 3 voix,

M. Blanchard, 1 voix.

TABLE

Nantes — Imp. A. DUGAS et Cie, qual Cassard, 5.